진眞짜
무술 이야기

진짜 무술 이야기

발행일   2022년 1월 26일

지은이   해당(海堂) 이광희
펴낸이   손형국
펴낸곳   (주)북랩
편집인   선일영   편집   정두철, 배진용, 김현아, 박준, 장하영
디자인   이현수, 김민하, 허지혜, 안유경   제작   박기성, 황동현, 구성우, 권태련
마케팅   김회란, 박진관
출판등록 2004. 12. 1(제2012-000051호)
주소   서울특별시 금천구 가산디지털 1로 168, 우림라이온스밸리 B동 B113~114호, C동 B101호
홈페이지 www.book.co.kr
전화번호 (02)2026-5777   팩스   (02)2026-5747

ISBN   979-11-6836-138-6 03690 (종이책)   979-11-6836-139-3 05690 (전자책)

(주)북랩 성공출판의 파트너
북랩 홈페이지와 패밀리 사이트에서 다양한 출판 솔루션을 만나 보세요!
홈페이지 book.co.kr   •   **블로그** blog.naver.com/essaybook   •   **출판문의** book@book.co.kr

작가 연락처 문의 ▶ ask.book.co.kr
작가 연락처는 개인정보이므로 북랩에서 알려드릴 수 없습니다.

진眞짜 무술 이야기

아무도 몰랐던
대한민국 전통무술의 진면목

해당(海堂)
이광희

북랩 book Lab

무술은 전쟁과 밀접한 관계가 있다. 무술은 어느 시대 갑자기 나타난 것이 아니다. 수많은 전쟁 속에서 동족이나 같은 민족끼리, 혹은 다른 민족끼리의 세력 다툼에서 생겨나고 진화·발전된다. 뿐만 아니라 그 나라의 문화와 환경 속에서 몸짓으로 진화되며 병법으로서 체계적으로 발전되는 것이다.

　무술의 역사학을 말하자면 그 시대 정치와 문화, 전쟁 속에서 생과 사의 치열한 혈투 속에 계속 체계적으로 승화되는 과정을 거쳐 하나의 병법으로 군사무술이 탄생된 것이 아니고, 오랜 역사와 함께 더욱 진화되어 발전된다. 이러한 점에서 볼 때, 먼저 문화권의 측면에서 보면 한중일은 한자의 문화권이다. 수박, 각력, 각저, 무술, 무예, 무도, 유술 등은 한중일이 다 사용하는 어휘적 표현이며 시대에 따라 변천되어가고 있다. 이 어휘적 표현을 가지고 한중일의 어느 나라에 기원을 두고 있느냐의 역사 정립을 제시하는 것은 매우 위험한 발상이다.

한중일 삼국은 항상 전쟁 속에서 살아왔기 때문에 동시에 발전할 수밖에 없다. 그중에서도 한국과 일본은 서로의 경쟁 구도와 함께 문화의 소통에서 동시다발적으로 발전했던 것이 주지의 사실이다. 즉, 당나라와 신라 등 연합에 의해 백제가 멸망했던 시기부터 한일 갈등은 시작되었으며 통일신라시대에 김양의에 의해 백제의 후예들이 일본으로 넘어갈 때부터 더욱 심각한 양상이 벌어지며 이것이 곧 훗날 임진왜란 등과 같은 거대한 전쟁 속에 휘말리는 시점을 주는 것이라 조심스레 생각해본다.

무술의 명칭 역시 시대에 따라 어휘적 표현이 달라지게 되는데 그 역시 왜 그 명칭으로 기록되어 있는지 역사적 통사를 먼저 알고 해석을 해야 하며, 개인이 쓴 역사 서술보다는 그 시대에 정확하게 통사로서 기록과 국가에서 진정된 역사물과 신문기록 등으로 전개해야 한다.

특히 현재 무술사에서 이러한 기반으로 연구하고 무술체계를 정립한 인물이 무술계의 이광희 총재님이다. 또한 정확한 검증을 위해 국제 학술지에 투고하여 게재됨으로써 이를 증명하고 있기에 이번에 출판되는 『진짜 무술 이야기』가 많은 무술인들에게 읽히고 그들이 올바른 역사관을 가졌으면 한다. 뿐만 아니라 우리 무술인들에게 무술의 세계관을 볼 수 있는 혜안을 준다는 점에서 『진짜 무술 이야기』는 훌륭한 저서이다.

이 저서에서는 우리나라 상무의 기반이 되는 무술의 소중함과 동시에 자주적 강건한 기틀을 마련하기 위해서 무술교육이 필요하다고 언급하고 있기에 많은 사람들에게 널리 읽히기를 다시 한번 간절히 바란다. 끝으로 이 저서를 집필하고 출간하기까지 고생한 이광희 총재님에게 큰 박수와 축하를 보내드리며 이만 추천사를 갈음하고자 한다.

2021년 겨울
용인대학교 교수
무도사학 송일훈 박사 배상

이광희, 김주화

다섯 살 때부터 무술을 배웠으며 구구단을 외우기도 전에 발차기부터 배웠다. 삶은 인생의 어떠한 갈림길에서 시작된다고 생각을 하기도 하지만 곰곰이 생각을 해보면 무엇을 배우냐에 따라서 운명이 바뀌기도 한다. 어렸을 때 몸이 약해서 시작했던 무술(武術)이 나의 천직이 될 줄은 미처 몰랐고 그냥 물 흐르듯이 여기까지 왔다. 한번도 이에 대해서 후회를 해본 적도 없고 다시 태어나도 무술을 업(業)으로 삼고 싶다는 마음은 변함이 없다. 현시대에 무술을 직업으로 삼고 살아간다는 것은 어떻게 보면 3D 직종의 종사자들보다도 더 힘들고 고된 일이다. 따라서 무술인은 누구나 될 수도 없고 아무나 돼서도 안 된다고 생각한다. 철저한 자기관리와 성실함은 기본이고, 강직하고 일관성 있는 성품이 아니라면 그저 흉내만 내는 어설픈 사람이 될 것이다. 만약 어설픈 사람이 또 다른 누군가를 가르친다면 무술은 정말로 가치 없는 쓰레기가 되어 버린다.

예로부터 무술은 나라와 민족을 지키는 수단이었고 삶을 영위하는 데 있어 중요한 한 부분이었다. 전쟁과 전쟁을 거듭하며 발전하고 또 새롭게 변화하였다.

우리나라는 예부터 검(劍)의 나라였고 활(弓)을 제일로 다루었으며 또한 유술(柔術)로 단련된 민족이었다. 가장 대표적인 나라가 바로 백제(百濟)다. 필자는 근현대 우리나라의 무술(武術), 무도(武道)가 일본무술이라는 잘못된 상식을 바로잡기 위해서 약 20여 년간 연구하며 조사하였고 마침내 「백제 군사무술의 기원과 일본 군사무술의 경로와 유입에 관해」라는 논문을 써서 세계 최초로 일본의 검술 및 체술, 즉 병법이 고대 한반도의 백제로부터 전해져서 시작됨을 밝혀내고 국제학술지에 등재하는 쾌거를 올렸다. 이제 우리는 우리의 역사를 바로 세우고 후학들에게 올바른 역사와 무도관을 심어주어야 하며, 무술인으로서 자부심과 긍지를 가져야 할 것이다. 사실 이번에 책을 출간하는 것이 쉽지만은 않았다. 대학원의 학업과 사상체질 대체의학의 공부, 그리고 백제 관련한 역사의 검증 등 너무나 빠듯한 일정 속에서 틈틈이 집필을 하는 것이 여간 고단한 일이 아니었다. 그러나 이 모든 것이 순조롭게 이루어질 수 있었던 것은 내조 덕분이었고 송일훈 박사님의 응원도 한몫했다. 그리고 필자가 모든 것을 이루기 위해 끝없는 묵상과 기도를 했는데 그 기도가 하나님에게까지 상달되어서 이루어졌다고 믿으며 진정으로 하나님께 너무나 감사하는 마음뿐이다.

마지막으로 많은 사람들이 이 책을 읽고 진실을 알았으면 하는 마음이며, 무술계가 보다 나은 모습으로 발전하기를 진심으로 바란다.

2021년 겨울

海堂 이광희

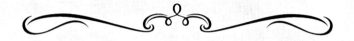

마르퀴즈 후즈후
Marquis Who's Who
등재

국제학술지에 필자의 논문이 등재가 되고, 그 공적을 인정받아 세계 3대 인명기관인 마르퀴즈 후즈후에 정식으로 등재되는 쾌거를 올렸다. 여기서 멈추지 않고 더욱 정진하여서 무술계에 조금이나마 도움이 되는 사람이 될 것을 다짐한다. 많은 성원에 진심으로 감사한다.

※ 마르퀴즈 후즈후는 120년 이상의 전통을 가진 인명기관으로 미국 인명정보기관(ABI), 영국 국제인명센터(IBC)와 함께 세계 3대 인명기관으로 꼽히는데 1899년 미국에서 발간, 매년 정치·경제·사회·교육·의학·과학·예술 등 각 분야에서 영향력 있는 인물을 선정해 프로필과 업적을 등재하고 있다. 경력 및 공적 그리고 사회의 기여도 등에 의해 등재 인물을 선정한다.

차 례

| 제1부 |
海堂 선생의 진짜 무술 이야기

| 제2부 |
海堂 선생의 무술 역사 이야기

제1부

海堂 선생의
진짜 무술 이야기

01.
인류 최초의 싸움은 가인과 아벨에서 시작

인류 최초의 인간인 아담이 그의 아내 하와와 동침하여 가인을 낳고 그 후 또 가인의 아우인 아벨을 낳았는데 가인은 농사꾼이며 아벨은 양을 치는 사람이었다. 세월이 지난 후 가인은 땅의 소산(곡식, 채소)을 하나님께 드렸고 아벨도 양의 첫 새끼를 제물로 드렸는데 하나님이 아벨의 제물은 받으셨지만 가인의 것은 받지 않으셨다. 이에 앙심을 품은 가인은 동생 아벨을 쳐 죽이는데 성경에는 이렇게 기록되어 있다.

"가인이 그의 아우 아벨에게 말하고 그들이 들에 있을 때에 가인이 그의 아우 아벨을 쳐 죽이니라(창세기 4장 8절)"

이것이 들판에서 벌인 인류 최초의 맞짱이며 형제간의 싸움이었다. 형인 가인이 농사꾼이라 역시 힘이 좋았는지 아벨은 그만 형에게 지고 죽고 만다.

그리고 단순한 싸움이 아닌 인류 최초의 용사라는 사람이 성경에 나오는데 바로 '니므롯'이다. 니므롯은 구스의 아들이고 구스는 '노아의 방주'로 유명한 노아의 손자다. 그러니 니므롯은 노아의 증손자가 되는 것이며 성경에는 이렇게 기록되어 있다.

"구스가 니므롯을 낳았으니 그는 세상의 첫 용사라(창세기 10장 8절)"

니므롯이 인류 역사상 최초의 용사이나 당시에는 싸움의 기술을 전쟁에서 쓰기도 했지만 먹고 사는 것이 가장 중요한 시기였기 때문에 주로 사냥에 이용했던 것을 볼 수 있는데 성경말씀에는 이렇게 기록되어 있다.

"그가 여호와 앞에 용감한 사냥꾼이 되었으므로(창세기 10장 9절)"

따라서 인류 역사상 최초의 용사, 즉 무사는 니므롯이며 그는 최초의 사냥꾼이기도 했다.

위의 내용을 보면 기독교 신자에게나 통용되는 이야기이지 불심(佛心)이 가득한 불교 신자나 혹은 무신론자에게는 전혀 해당 사항이 없는데 정말로 이것을 믿으라는 것이냐고 다소 격앙된 목소리로 따져 물을 수 있겠지만 그러나 놀라운 것은 이 세상에 존재하는 고문서(古文書) 중에 가장 확실하다고 판명난 것이 바로 성경이다. 고문서를 다루는 학자들이 지구상에 있는 고문서를 약 20년간 조사를 해서 밝혀낸 결과다. 따라서 성경에 있는 내용은 신뢰할 수 있으며 많은 학자들이 이를 인정하고 있다.

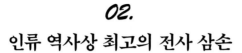

02.
인류 역사상 최고의 전사 삼손

예전에는 주말의 명화라고 해서 외국 영화를 토요일마다 방영해주곤 했는데 이때 재밌게 본 것이 바로 「삼손과 들릴라」다. 삼손은 영화뿐 아니라 만화의 단골 소재로 자주 나와 상당히 유명했기에 삼손을 모르는 사람은 아마 거의 없을 것이다. 이 삼손은 단지 영화나 만화의 주인공이 아니라 실존 인물이며 예루살렘에서 12.8㎞ 떨어진 소라라는 곳에서 태어난 나실인이다. 나실인의 대표적인 인물이 선지자 사무엘과 삼손인데 나실인은 술을 마시지 않고 머리를 깎지 않는 것이 가장 큰 특징이다. 그럼 왜 삼손을 인류 역사상 최고의 전사라고 하는지 성경에 기록된 것을 보면 금방 알 수 있다.

"삼손이 나귀의 새 턱뼈를 보고 손을 내밀어 집어들고 그것으로 천 명을 죽이고 이르되(사사기 15장 15절)"

즉, 당나귀 턱뼈를 가지고 천 명을 죽인 것이다. 혹자들은 말도 안 된다, 혼자서 어떻게 천 명을 죽일 수가 있냐고 말하겠지만 삼손은 보통 사람이 아니다. 사사기 4장 6절에 보면 삼손이 가다가 포도원에서 만난 사자를 맨손으로 잡아서 찢어 죽였다고 기록되어 있다. 사실 길 가다 40㎏ 이상 나가는 대형견이 덤벼도 상대하기가 쉽지 않을 것인데 사자를 잡아서 팔다리 혹은 입을 찢어서 죽인다는 것은 일반인이라 보기 어려우며 엄청난 괴력의 소유자라고 봐야 할 것이다. 물론 성경말씀에 보면 '여호와의 영이 삼손에게 강하게 임하니'라고 되어 있는 것도 볼 수 있다. 즉, 단순히 인간의 힘만으로 되는 것은 아니라는 것은 확실하지만 어찌 되었든 삼손은 인류 역사상 최고의 전사이다.

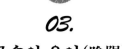

03.
무술의 음양(陰陽)

나는 역학자이다. 그러나 신학을 공부하고 있다. 모르는 사람은 '뭐야 도대체'라며 고개를 갸우뚱할 수 있지만 역학(易學)의 원리가 무엇인가? 음양의 조화이며 계절의 변화에 따른 기(氣)의 흐름이다. 계절은 누가 만드셨나? 음양은? 하나님이다. 이렇게 말하면 너무 억지라고 생각할 수도 있지만 사실이잖은가?

보통 역학에서는 음양이라는 단어와 음양오행(陰陽五行)이라는 단어를 많이 사용하는데 내가 처음 역학을 배울 때 양음이라고 하지 않고 왜 마이너스인 음(陰)부터 이야기를 할까 궁금해서 스승님께 여쭤봤더니 스승님도 그건 알 수가 없다며 "그냥 공식 같은 거 아닐까"라고 말씀하셨다.

그럼 이 공식은 어떻게 생겨났을까?

답은 구약성경 창세기에서 찾을 수 있었다. 창세기 첫 시작을 보면 하나님이 태초에 천지를 창조하셨다며 만물(萬物)을 하나님께서 만드셨다는 것을 강조하며 시작한다. 여기서 천지가 무엇인가? 말 그대로 하늘과 땅이다. 그럼 하늘부터 만드셔야 맞는 것이다. 그런데 바로 다음 절에 보면 '땅이 혼돈하고 공허하며 흑암이 깊음 위에 있고 하나님의 영은 수면 위에 운행하시니라'라고 기록되어 있다.

즉, 땅과 흑암(黑暗), 어두움 그리고 물은 만드신 것이 아니라 그전에도 있었던 것이다. 이 모두가 마이너스다. 땅도 음(陰)이요, 어두움(暗)도 음이요, 물(水)도 음이다. 따라서 음은 시작부터 있었던 것이라서 모든 단어가 음부터 시작을 하며 음양의 조화를 말할 때뿐만 아니라 만물의 이치(理致)를 논할 때도 음이라는 단어가 먼저 나오는 것이다.

하나님은 첫째 날에 빛을 만드시고 보시기에 좋았더라고 말씀하시며, 성경에는 '빛을 낮이라고 부르시고 어두움을 밤이라 부르시니 저녁이 되고 아침이 되어 첫째 날이니라'라고 기록되어 있다.

감이 좋은 사람은 바로 느꼈겠지만 여기서도 아침이 지나서 밤이 왔다고 하지 않고 저녁이 되고 아침이 되니 첫째 날이라, 즉 저녁부터 이야기하고 있는 것으로, 음(陰)부터 이야기하고 있는 것이다.

그럼 하늘은 언제 만드셨을까? 둘째 날에 만드셨다. 즉, 땅은 기존에 있었고 다음에 하늘을 만드시는데 기록에는 이렇게 나와 있다. '하나님이 궁창을 만드사 물을 위와 아래로 나뉘시고 궁창을 하늘이라 부르시니라'라고 되어 있다. 즉 기존에 있는 물(水, 마이너스)을 아래위로 나누고 위를 하늘이라 부르시고 아래로 모인 물을 바다라고 한 것이다. 즉 음은 태초부터 있었다. 그렇기 때문에 음(陰)을 먼저 말하는 것이다.

그리고 가장 중요한 구절, 창세기 1장 14절을 해석하면 바로 역학의 시초라는 것을 알 수가 있는데 '하나님이 이르시되 하늘의 궁창에 광명체들이 있어 낮과 밤을 나뉘게 하고 그것들로 징조와 계절과 날과 해를 이루게 하라'.

이것이 무슨 말이냐면 위에서 말하는 광명체는 목화토금수 행성(行星)이고 낮과 밤을 나뉘게 한다는 것은 시(時)를 말한다. 시간이 지나면 밤이 되므로 시를 뜻하는 것이고 징조는 기에 의한 변화, 즉 흐름이다. 또한 '계절과 날과 해를 이루게 하라'라는 말의 뜻은 날이 가면 달이 바뀌고 달이 지나면 계절이 바뀌며 계절이 바뀌면 한 해가 지나간다는 것이다. 이것이 바로 역학에서 말하는 음양오행이며 연월일시(年月日時) 사주의 기본이 되는 것이다.

또한 창세기 41장에 보면 애굽으로 팔려간 요셉이 바로왕의 꿈을 해몽(解夢)하여 애굽의 국무총리가 된다. 이것이 바로 역술의 시작이다. 이뿐인가? 마태복음 2:1~2에 보면 '헤롯왕 때에 예수께서 유대 베들레헴에서 나시매 동방에서부터 박사들이 예루살렘에 이르러 말하되 유대인의 왕으로 나신 이가 어디 계시냐 우리가 동방에서 그의 별을 보고 그에게 경배하러 왔노라'라고 기록되어 있다.

여기서 동방에서 왔다는 박사들은 BC 6세기에 바빌론에 의해 망해 붙잡혀간 이스라엘 대학자의 후손들이다. 즉 이들이 점성술의 시작이며 구약 시절부터 유대인 제사장과 예언자들은 앞을 내다볼 수 있었다. 이것이 바로 역술의 시작인 것이다.

그럼 이것과 무술이 무슨 상관일까? 초보자에게는 해당 사항이 없지만 일정 경지에 올라 있는 사람이라면 이것만큼 중요한 것은 없다. 왜냐면 인간의 몸에도 음양의 조화가 있고 세상 모든 만물에도 음양이 없는 것이 없다. 무술 또한 예외는 아니다.

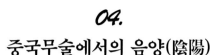

04.
중국무술에서의 음양(陰陽)

앞에서 음양에 대해 설명했는데 이러한 음양의 논리, 즉 역학(易學)에서 사용하는 음양오행의 원리를 차용하여 행하는 무술이 있다. 바로 중국의 전통 내가권(內家拳)인 태극권과 팔괘장, 그리고 형의권이 여기에 속한다.

홍콩 액션스타 이연걸이 주연을 한 태극권이라는 영화가 히트를 해서 우리나라에서도 상당한 붐을 이루었고 당시 한국에서 양가 태극권을 보급하시는 분이 이연걸을 초청한 것을 계기로 국내에서도 태극권이 상당히 많이 알려지게 되었으며 수련 인구가 급증하는 시발점이 되었다.

그런데 태극권(太極拳)과 팔괘장(八卦掌)이라는 무술을 면밀히 살펴보면 아주 간단하게 무명(武名)을 만든 것을 알 수가 있는데, 먼저 태극(太極)의 뜻은 아무것도 없는 진공 상태인 무극(無極)에서 시작한다. 이러한 상황에서 일기시생(一氣始生)하여 무(無)에서 유

(有)가 되어 일기(一氣)에서 음양(陰陽)으로 나뉘어 이기(二氣)가 되고 양의(兩儀)되어 동정(動靜)의 조화를 이루어낸 것이 바로 태극이다. 즉, 아무것도 없는 어떤 시점에서 하나가 발생하고 그 하나가 물리적인 심한 충돌로 인하여 서로 다른 힘이 생기고 다시 여러 갈래로 나뉘게 되는 것인데 이러한 시작점을 태극이라고 보면 맞다. 여기에 주먹만 살짝 옆에다 가져다 붙여놓은 것이 바로 태극권(太極拳)이다.

또한 팔괘(八卦)는 건(乾)·태(兌)·이(離)·진(震)·손(巽)·감(坎)·간(艮)·곤(坤)의 여덟 가지를 뜻하는 것인데 무(無)에서 유(有)가 되어 음양(陰陽)인 둘이 되고 다시 양의(兩儀)가 생기어 사상(四象)이 되었고 사상에서 다시 둘로 나뉘어 팔괘(八卦)가 된 것을 말한다. 이러한 팔괘에 옆에다 살짝 손바닥만 붙여놓은 것이 바로 팔괘장(八卦掌)이다. 모를 때는 심오하지만 뭐든지 알고 나면 허탈하다.

05.
쿵푸의 본고장인 중국과 대만, 홍콩의 대립

중국무술인 쿵푸의 본고장은 말 그대로 중국이다. 그러나, 중국이 본고장이기는 하나 대만과 홍콩에서는 그 실력을 인정하려고 하지 않기 때문에 서로 간의 감정대립은 물론이고 아직까지도 보이지 않는 기(氣) 싸움을 하고 있다.

대약진 운동에 실패했던 마오쩌둥이 권력 회복을 목적으로 1966년 5월 문화대혁명을 일으켰다. 뿌리 깊게 존재하던 류사오치, 덩샤오핑 파의 영향을 제거하고 낡은 사상, 문화, 풍속, 관습을 척결하는 것을 목표로 했는데 이때 중국의 전통무술도 함께 핍박을 받게 된다. 그런데 그 수위가 정도를 넘어서자 무술의 고수들은 가까운 홍콩과 대만으로 잠시 피신을 하고 문화혁명이 끝나면 되돌아올 예정이었다. 그러나 예상했던 것과는 달리 끝은 보이지 않았고 대다수의 무술 고수들은 그대로 정착을 하고 만다. 물론 모든 고수들이 이주(移住)를 한 것은 아니지만 많은 수가 옮겨간 것은 사실이다. 이때 고수들은 타향살이를 하며 어려움을 극복하기 위해 서로 하나가 되어 뭉치자고 결론을 보고 성명회(誠明會)라는 단체를 만들었는데 당시 초대 회장을 무패의 전설적인 신화를 남긴 왕수금(王樹金) 대사(大師)가 맡게 된다. 이렇게 중국무술은 중국의 본토와 대만, 홍콩 지역에서 서로 각자의 길을 걸으며 무려 10년이라는 세월이 지나고 1976년 11월에 문화혁명이 막을 내린 후에도 이미 정착을 해버린 고수들은 중국으로 돌아가지 않았고 지금에 이르게 되었다. 이들이 돌아가지 않은 이유는 여러 가지가 있겠지만, 직접 살아보니 중국보다는 대만과 홍콩이 여러모로 더 많은 것들이 우위(優位)에 있었고 발전을 했기 때문에 돌아가는 것이 쉽지 않았을 것이며, 게다가 그동안 정착해서 뿌리를 내렸기 때문에 또다시 움직인다는 것이 사실상 불가능했을 것이다. 예전에 중국에서 무술을 배웠다는 분과 이야기를 나눈 적이 있는데 위와 같은 이야기를 전혀 모르고 있었다. 정말 모르는 것인지 모르는 척하는 것인지 유심히 살펴봤더니 진짜로 처음 듣는 이야기라면서 상당한 관심을 보였다. 그때 나는 생각했다. 중국 본토의 무술가들이 굳이 이러한 사실을 알릴 필요도 없었을 것이고 알리고 싶지도 않았을 것이다. 아무튼 이러한 역사적 사실에 관해서 중국무술을 하는 사람들 중에서도 모르는 이들이 제법 많다.

06

무예도보통지

寰可知雨查四萬葉尚矣無論雖單四葉渠何以備給從兄弟亦至親道値至
親之典腴藩借貸如千錢貨雖不是異事推徵於邨人一欵則果是違禁之大
者援以弟爲兄隱之義迄今四朔尚不無瘡備報前查僅免之疵累又發於今
番臺啓後非曲庇抂昌嬹而有是教朝廷宜勸忠厚惇敍之政論其兩所失在於
完伯不在抂昌嬹況出入経惺者以四百金貿債邨吏事讀其人而削其職則
靑帳之內人富嬹其銅臭堂淸朝寧有是理閭昌嬹論罪一欵之果○教曰逞
報之當該道臣施以譴罷之典邨吏事自本司嚴飭定日使即推僧給○教曰遂
廡已示意本道伯年來多不得人之時令欲勿拘資級差送則宜抂久勢人中惟才
久任則湖南一路將無得人也行副司直尹著東全羅監司除授○召見全羅道觀
察使尹著東辭陛也○武藝圖譜通志成武藝諸譜所載棍棒鞭棍籐牌狼筅長槍
銃紀雙手刀六技出扵戚繼光紀効新書而宣廟朝命訓局郞韓嶠遍質東
征將士撰譜刊行者也英宗已巳莊獻世子代理庶政歲已卯命增入竹
長鎗旗鎗銳刀倭劒交戰月挾刀雙劒提督劒本國劒拳法鞭棍十二技蒐修
圖譜作爲新譜上即昨初命增騎鎗馬上月刀馬上雙劒馬上鞭棍四技又

《武藝圖譜通志》成. 武藝諸譜所載, 棍棒, 籐牌, 狼筅, 長槍, 鎲鈀, 雙手刀, 六技出於戚斷光《紀効新書》, 而宣廟朝命訓局郎韓嶠, 遍質東征將士, 撰譜刊行者也. 英宗己巳, 莊獻世子代理庶政, 歲己卯, 命增入竹長鎗, 旗鎗, 銳刀, 倭劍, 交戰月挾刀, 雙劍, 提督劍, 本國劍, 拳法, 鞭棍十二技, 纂修圖解, 作爲新譜. 上卽阼初, 命增騎槍, 馬上月刀, 馬上雙劍, 馬上鞭棍四技, 又以擊毬, 馬上才附之, 凡二十四技, 命檢書官李德懋, 朴齊家, 開局於壯勇營, 看詳編摩, 爲之疏解, 凡厥得失, 亦著論斷. 仍命壯勇營哨官白東脩, 察試技藝, 董飭開雕. 其例則博攷列聖朝建置軍門, 編纂兵書及內苑試閱《年經月緯》, 逐事排次, 命曰:《兵技摠敍》, 載之卷首, 次以戚繼光, 茅元儀小傳曰《戚茅事實》, 其次載韓嶠所撰《技藝質疑》, 仍以韓嶠事訓局緣起, 合成案說, 載之《質疑》之下, 次之以引用書目, 其次二十四技有說有譜有圖, 次之以冠服圖說, 又以各營技藝傳習不同, 故作考異表附其末, 又有諺解一卷, 書凡五卷, 御製序弁其首. 至是, 壯勇營印進, 頒之各營, 又頒一件于西原君 韓嶠奉祀孫.

《무예도보통지(武藝圖譜通志)》가 완성되었다. 무예에 관한 여러 가지 책에 실린 곤봉(棍棒), 등패(籐牌), 낭선(狼筅), 장창(長槍), 당파(鎲鈀), 쌍수도(雙手刀) 등 여섯 가지 기예는 척계광(戚繼光)의 《기효신서(紀效新書)》에 나왔는데, 선묘(宣廟) 때 훈련도감 낭청 한교(韓嶠)에게 명하여 우리나라에 출정한 중국 장수들에게 두루 물어 찬보(撰譜)를 만들어 출간하였고, 영종(英宗) 기사년에 장헌세자(莊獻世子)가 모든 정사를 대리하던 중 기묘년에 명하여 죽장창(竹長鎗), 기창(旗鎗), 예도(銳刀), 왜검(倭劍), 교전(交戰), 월도(月刀), 협도(挾刀), 쌍검(雙劍), 제독검(提督劍), 본국검(本國劍), 권법(拳法), 편곤(鞭棍) 등 12가지 기예를 더 넣어 도해(圖解)로 엮어 새로《신보(新譜)》를 만들었고, 상이 즉위하자 명하여 기창(騎槍), 마상월도(馬上月刀), 마상쌍검(馬上雙劍), 마상편곤(馬上鞭棍) 등 4가지 기예를 더 넣고 또 격구(擊毬), 마상재(馬上才)를 덧붙여 모두 24 가지 기예가 되었는데, 검서관(檢書官) 이덕무(李德懋)·박제가(朴齊家)에게 명하여 장용영(壯勇營)에 사무국을 설치하고 자세히 상고하여 편찬하게 하는 동시에, 주해를 붙이고 모든 잘잘못에 대해서도 논단을 붙이게 했다. 이어 장용영(壯勇營) 초관(哨官) 백동수(白東脩)에게 명하여 기예를 살펴 시험해본 뒤에 간행하는 일을 감독하게 하였다. 그 차례는 열성조가 군문을 설치하고 편찬한 병서(兵書)와 궁중 후원에서 시험을 거친《연경월위(年經月緯)》등을 널리 상고하여 사항에 따라 순차로 배열한 뒤에《병기총서(兵技摠敍)》라는 명칭을 붙여 첫머리에 싣고, 다음에는 척계광(戚繼光)과 모원의(茅元儀)의 약전(略傳)인《척모사실(戚茅事實)》을 싣고, 다음은 한교(韓嶠)가 편찬한《기예질의(技藝質疑)》를 실었다. 이어 한교가 훈련도감에서 일한 경위를 그의 견해와 합쳐《질의》밑에 실었다. 다음에는 인용한 서목을 넣었고, 다음은 24가지 기예에 대한 해설과 유래와 그림이 있고, 다음에는 모자와 복장에 대한 그림과 설명을 붙였다. 또 각 군영의 기예를 익히는 것이 같지 않기 때문에 고이표(考異表)를 만들어 그 끝에 붙이고 또 언해(諺解) 1권이 있어서 책은 모두 5책인데 어제서(御製序)를 권두(卷頭)에 붙였다. 이때에 이르러 장용영에서 인쇄하여 올리고 각 군영에 반포한 다음 또 1건은 서원군(西原君) 한교(韓嶠)의 봉사손(奉祀孫)에게 보냈다.

『무예도보통지(武藝圖譜通志)』는 정조 14년에 완성한 무예서이며 총 다섯 권으로 되어 있다. 물론 정조 때 완성한 책이지만 영조 때 편찬된 『무예제보(武藝諸譜)』와 선조 때 편찬된 『무예신보(武藝新譜)』의 증보판으로, 아마도 임진왜란을 된통 겪은 조선에서 당시 군사전략의 미비함과 병기술의 보완을 위해 만든 것이 아닌가 싶다. 이때 검서관으로는 이덕무와 박제가가, 그리고 모든 기술을 살펴서 검사하는 일은 백동수가 맡아 책이 완성된 것이다. 어찌 되었든 국방력에 보탬이 되기 위해서 만든 무예서가 훗날 국민을 우롱하는 책이 될 줄은 정조는 아마 꿈에도 몰랐을 것이다.

무슨 이야기냐면, 지금 무술계는 전통무예의 난(傳統武藝亂)이다. 전통무예도 아니면서 어떻게 해서라도 전통무예로 만들어 정부의 예산을 받으려고 혈안이며, 그 방법을 『무예도보통지』에서 찾고 있는 것이다. 비슷한 동작 하나만 있으면 바로 『무예도보통지』와 연관을 지으려 하고 여기저기서 『무예도보통지』를 보고 복원을 했다고 주장하고 있다. 그러나 제각기 다르고 서로 자기가 복원한 것이 맞는 것이라며 싸운다.

우리 것을 소중히 여기고 찾고자 하는 취지는 높이 살 수 있지만 제사보다 젯밥에 더 관심이 있어 문제가 심각하지 않을 수 없다. 정말 복원을 한다면 민간이 아닌 정부 차원에서 전문가로 구성된 전통무예 복원 전담팀을 만들어 오랜 기간을 연구하고 실제로 동작 하나하나를 정확히 되짚어보고 결론을 내려야지만 엉터리들이 우후죽순 생겨나지 않는다.

　그러나 복원을 한다고 해도 모든 것이 끝나는 것은 아니다. 왜냐면 책을 보고 복원한 것은, 복원한 사람의 의지가 들어가 있어서 그것을 순수하게 당시에 실제로 사용한 동작이며 무예라고 보기는 어렵다. 따라서 진정한 전통무예라면 역사가 정확하고 그에 따른 전승이 올바르게 이어져 내려와 있어야 비로소 전통무예라고 할 수 있는 것이다. 만약 그렇지 못하다면 전통무예라고 할 수 없고, 창시무예 또는 복원무예라고 칭하는 것이 올바른 것이다. 전통무예는 무예진흥법에 의해서 나라에서 지원을 받을 수 있고 문화재법에 의해서도 보호받으며 계승·발전될 수 있도록 전폭적인 지원과 수혜가 있다. 이것을 노리는 얄팍한 무술인과 무술단체가 자꾸 늘어나고 있는데 정부는 좀 더 신경을 써서 국민의 피 같은 세금이 올바르게 쓰이도록 해야 할 것이다.

07.
전통무예진흥법

전통무예진흥법은 한국의 전통무예를 진흥하고 국민의 건강증진과 안녕과 공공의 이익과 문화적 국가 지향을 목적으로 2005년 당시 국회의원이었던 이시종 현(現) 충북도지사가 발의해서 2008년 3월 28일 제09006호로 제정된 법률안이다.

그런데 법안이 제정되었지만 중앙부처, 즉 정부에서는 아무런 움직임이 없고 어떠한 계획조차도 없다. 이에 대해 무술계에서 불만을 토하고 짜증 섞인 목소리를 내면 그제야 문체부 관련 담당자들이 나와서 간담회를 하는 것이 전부다. 하지만 간담회를 한다 해도 단지 간담회를 위한 간담회로 끝나고 결과는 아무것도 없으며 그 무엇도 진행되지 않는다. 도대체 왜 이런 현상이 일어나는지 유심히 살펴본 후에야 알게 되었는데 결론은 예산이 없는 것이고 행정 자체에 문제가 있는 것이다.

정치에 관심이 있는 사람들은 잘 알겠지만 우리나라의 1년 예산은 물가상승률과 전년도의 산업 규모를 어림하여 책정하게 되는데, 한 해가 가기 전에 다음 해의 예산운영을 어떻게 할 것인지 국회에서 결정하게 된다.

국회가 하는 일 중에 중요한 것 하나가 예산을 편성하는 일이다. 예산을 편성할 때에 올해에는 각 분야에 얼마만큼의 예산이 소요될 것인지, 익년과 전년의 살림 규모를 현재와 비교하고 예상되는 국제 정세 등을 고려해서 최종 확정하여 공표하게 된다. 이때 추경 예산도 미리 잡아놓기도 하고 부족하면 중간에 잡는 경우도 있는데 우리나라 한 해 예산 편성을 보면 무술 관련 예산은 아예 있지도 않다. 기껏해야 체육 관련 예산이며 무술 관련 예산을 책정한다고 해도 체육 관련 예산에서 일부를 주는 형식이 될 것이다. 쉽게 말해서 지금의 행정 시스템으로는 돈을 주려고 해도 줄 수 없다는 이야기다.

대한민국은 참으로 이상한 것이, 예산이 필요한 곳이 있으면 새롭게 책정을 하는 것이 아니라 기존의 것을 일부 삭감을 해서 다른 쪽으로 주는 형식인데 예를 들어 올해 보건복지부 예산을 10% 삭감을 해서 문체부 쪽으로 예산 편성을 한 후 전통무예에 관련해서 지출을 했다고 가정을 해보자. 그러면 보건복지부 측에서는 자체적으로 그 10%를 노인 복지에서 줄이고 기초노령연금을 하향 조정한다 치면 다음 날 노인 분들이 피켓 들고 서울역광장이나 광화문으로 모여서 일이 커진다. 물론 예를 들어본 것이지만 대체로 이렇다고 보면 맞을 것이다. 상황이 이러니 무술 관련해서는 지원을 받기 어렵고, 여지껏 지원을 한 적도 없고, 안 해도 별문제가 없기 때문에 앞으로도 별도의 대안이 없는 한 지원받기는 사실상 쉽지 않다. 왜냐면 줄 수 있는 시스템 자체가 없는데 어떻게 받을 수 있겠나…! 이것이 무술계의 현실이다.

08.
전통무예

전통무예의 사전적 의미를 알아보면, 전통무예는 '전통(傳統)'과 '무예(武藝)'의 합성어로, '전통'은 '어떤 집단이나 공동체에서 지난 시대에 이미 이루어져 계통을 이루며 전하여 내려오는 사상·관습·행동 따위의 양식'을 말하며, '무예'는 '무도(武道)에 관한 재주'라고 국어사전에 기록되어 있다.

우리나라에서는 전통무예에 관한 분류가 최근에 이루어졌기 때문에 이웃나라 일본의 전통무예에 관해 먼저 살펴보자. 일본에서는 무예라고 하기보다는 주로 무도(武道)라고 하며 예부터 내려오는 오래된 무도라고 해서 고무도(古武道)라고 한다. 이 고무도에 관련된 사람들이 나라의 문화재로 보존 가치가 있는 무도를 진흥(振興)하기 위해서 일본무도관(日本武道館)을 모체로 하여 1979년 일본고무도협회(日本古武道協會)를 설립했다. 그 후 재단법인으로 등록을 하게 되는데 처음에는 민간에서 시작을 하지만 나중에 일본 정부에서 이를 인정하고 위탁하는 방식으로 운영이 된다. 즉, 우리나라로 비유를 하자면 산업인력공단과 같다고 보면 맞을 것이다. 산업인력공단은 80년대 초반에 직업훈련원으로 시작하여 기능인을 양성하던 곳인데 지금은 정부에서 위탁운영을 하는 방식으로 되어 있고 산업인력공단에서 실시하는 기능시험에 합격을 하면 정부에서 이를 국가자격증으로 인정을 한다. 일본고무도협회도 이처럼 위탁운영을 하여 일본 정부에서 전적으로 후원하며 관리를 하고 있다.

그럼 다시 본론으로 들어가, 일본에서는 얼마나 오래되어야 고무도(古武道)로 인정을 받을 수 있는가 궁금하지 않을 수 없는데 그 기준을 보면 에도시대(江戶時代)까지의 유파(流波)를 고무도로 인정을 한다는 관례(慣例)가 있다. 여기서 에도시대란 에도 막부, 즉 도쿠가와 이에야스(德川家康)가 정권을 잡은 1603년부터 마지막 쇼군(將軍)인 도쿠가와 요시노부(德川慶喜)가 천황가에 정권을 반납한 1867년을 말한다. 이 시기까지 만들어진 유파를 고무도(古武道)로 본다면 맞을 것이다.

그렇다면 한국은 어떤지 살펴보도록 하자. 한국은 고무도(古武道)가 아닌 전통무예라고 칭하는데 말 그대로 전통(傳統)은 전해져 내려온 것을 뜻한다. 글자의 해석대로라면 국내의 전통 무술은 백제유술(百濟柔術), 조선유술(朝鮮柔術), 당수도(唐手道), 수박(手搏), 택견이 우리나라의 전통무예이며 나머지는 복원무예, 창시무예라고 볼 수 있다.

왜냐면 전통이 이미 끊어진 지 오래며 안타깝게도 제대로 이어져 내려오지 못했기 때문이다. 그럼에도 불구하고 근래에 들어 다른 여타 무예들이 전통을 이야기하고 있는데 그 이유는 전통의 명확한 기준이 없기 때문이다. 일본처럼 기준이 있어야 하는데 한국은 그 기준 자체가 없고 또 기준을 일본과 같이 백 년 이상으로 정하면 그 범주 안에 드는 무예가 몇 개 없어서 무예계의 반발이 거세지고 정부도 이에 대처하기는 쉽지 않을 것이다. 왜냐면 처음부터 정부에서 관리 감독을 하고 규제를 했다면 그 누구도 이에 대해서 아무런 말을 할 수 없겠지만, 정부는 사단법인이라는 제도를 만들어놓고 민간에게 알아서 하라고 모든 것을 맡겨버렸다. 더 정확히 말하면 방치 수준이다. 그러다가 이제야 규제를 한다면 무예단체도 가만히 있을 수는 없는 것이다. 사실 무예단체를 탓할 수도 없는 것이며 이를 알고 있는 정부도 쉽게 결정을 못 하는 것이 현실이다. 전통무예가 갈 길은 생각보다 멀기만 하다.

09.
무형문화재

무형문화재는 인류의 정신적인 창조와 보존해야 할 음악, 무용, 연극, 공예기술 및 놀이 등 기타 무형의 문화적 소산으로서 물질적으로 정지시켜 보존할 수 없는 문화재 전반적인 것을 이야기하는 것이며 한국에서는 옛것 가운데 보존의 가치가 있다고 생각되는 기능 및 예능에 대해서는 문화재보호법에 의거하여 문화재위원회의 자문을 거쳐 지정하여 보호하고 있다. 이의 지정은 형태가 없는 기능 또는 예능이기 때문에 이를 보유한 자연인이 그 대상이 되며 문화재청장이 중요하다고 인정하는 것을 자문기관인 문화재위원회의 심사와 토의를 거쳐 중요 무형문화재로 지정할 수 있도록 규정하고 있는데 무예(武藝)도 이 범주 안에 들어가며, 택견이 1983년에 중요 무형문화재 제76호로 지정되었다.

그런데 문제는 다른 분야에서는 문화재 지정이 계속해서 이루어져왔고 법적 보호를 받으며 그 기능이 계승·발전을 해온 것에 반해 무예는 택견 이후로 38년간 단 한번의 지정도 없었다는 것이다. 그럼 우리나라에 택견 외에는 전통무예가 없단 말인가? 절대 그렇지 않다. 그 대표적인 것으로 백제유술(百濟柔術)이 있으며 당수도(唐手道)가 있고 수박(手搏)이 있고 조선유술(朝鮮柔術)이 있다. 하지만 정부는 훌륭한 역사적 가치가 있는 우리 무예가 있는데도 불구하고 관심이 전혀 없으며 한편으로는 홀대하고 있다는 느낌이 들 정도이다.

답답한 나머지 필자가 문화재청에 전화를 해서 무예 관련 문화재 지정에 대해 문의를 했다. 그러자 문화재청 측에서 하는 말이 문화재청에서 바로 지정을 하지 않는다는 것이다. 필자는 어이가 없어서 문화재를 문화재청에서 지정을 하지 않으면 어디서 지정을 하냐고 다시 물었더니 돌아오는 답변이, 전국의 각 지역 시도 지부에서 문화재로 지정이 되고 일정 기간 활동을 한 후에 시도 지부를 통해서 문화재청으로 접수를 하는 방식이라는 것이었다. 그래서 다시 관할 지역의 문화재과에 전화를 걸었고 더 자세하게 무예가 문화재 지정이 되려면 어떤 절차를 거쳐야 하는지에 대해서 물었는데, 담당자는 너무나도 당당하게 "잘 모르겠습니다"라고 대답을 하는 것이다. 혹시 잘못 들은 줄 알고 다시 물었더니, 담당자는 "죄송합니다만, 무예는 문화재 지정 사례가 없어 무엇을 기준으로 해야 할지 저도 잘 모르겠습니다"라는 솔직한 대답을 하며 죄송하다는 것이다. 처음에는 화가 났지만 솔직한 담당자의 말을 듣고는 이 사람의 잘못이 아니기 때문에 알겠다고 하고 그냥 전화를 끊었다. 생각을 해보자. 38년간이나 지정을 하지 않은 것을 담당자라고 알 수가 있겠나? 이것이 우리나라 행정의 현주소이고 민낯이다.

내가 어렸을 때 우리 것은 소중한 것이고 우리 것을 아끼자는 말을 자주 들었다. 또한 국산품을 애용하자는 캠페인도 많았다. 무형문화재를 국산품 애용에 비교할 바는 아니지만 국산품을 애용하자는 말도 사라진 요즘 시대에 누가 오래된 옛것에 관심을 가지겠는가. 안타까울 따름이다.

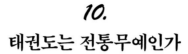

10.
태권도는 전통무예인가

국기원 홈페이지에 들어가보면 태권도는 단군 때부터 함께 해온 우리의 전통무예라고 이야기하고 있다. 허나 이런 이야기는 초등학교 5학년까지만 통한다. 6학년만 되어도 믿지 않는 이야기를 국기원에서 하고 있다는 것이 얼마나 웃픈 이야기인가…!

그럼 태권도는 전통무예가 아니라는 말인가? 그렇지 않다. 전통무예는 맞지만 국기원에서 주장하는 것과는 전혀 다르다.

지금의 충청도와 전라도 지역에는 기원전 마한(馬韓)이라는 나라가 있었다. 굳이 비유를 하자면 연합국가 같은 나라였다. 마한은 54개 정도 부족국가로 이루어져 있었고 그중에는 당(唐)이라는 나라가 있었다. 중국의 당나라가 6세기에 세워졌으니 그보다도 한참 전이다. 이 마한의 당나라는 무(武)에 능했고 지금의 오키나와하고 상당한 교류가 있었다. 오키나와는 현재 일본의 편제이지만 당시에는 서남제도의 류큐(琉球)라는 곳으로 독립국가였으며 한반도의 당(唐)과 활발한 교류가 있었다. 이때 영향을 받아 전해진 것이 바로 당수(唐手)다.

제대로 알지 못하는 이들이 중국의 남권과 형이 비슷하다고 중국의 영향을 받았다는 이야기를 하는데, 한번 깊이 있게 이야기해 볼까? 백제의 부흥기에는 중국의 요서(遼西) 지방을 거점 지역으로 두고 다스리기도 했으니 비슷한들 이상할 것이 전혀 없다. 또한 한중일 삼국은 지리적으로 가까워서 많은 교류가 있었기 때문에 오히려 비슷하지 않으면 그게 더 이상하다. 그리고 한자(漢子)는 약 3,200년 전 동이족에 의해 만들어졌다. 당(唐)이라는 글자가 있다고 해서 중국의 당나라의 영향을 받았다는 말은 터무니없는 이야기다.

혹자들은 중국의 영향을 받은 일본무술 당수도(唐手道)가 그 색을 지우기 위해 공(空)으로 바꾸었다는, 제법 그럴싸한 이야기를 하는데 사실은 전혀 그렇지 않다. 지금의 공수도는 한반도에서 시작해서 일본으로 건너간 것이다.

그렇다고 해서 초기 태권도 사범들이 일본의 가라테 사범 밑에서 배웠다는 것을 부정한다는 이야기는 절대 아니며, 단지 현재의 태권도가 가라테의 아류 정도로 취급을 받고 있는 것과 역사에 대해 제대로 알고 있지 못해서 안타까운 것이다.

우리의 것을 제대로 계승하지 못한 것이 너무나 아쉽고 오히려 일본으로 가서 다시 배워왔다는 것이 얼마나 슬픈 일인가. 어디 태권도뿐이겠나, 합기도도 그렇고….

아무튼 태권도가 대한민국의 국기로서 연간 엄청난 규모의 경제적인 수혜를 받고 있다. 경제적인 지원도 지원이지만 거기에 관련한 인적자원도 이루 말할 수 없을 정도로 많다. 그럼에도 불구하고 왜 역사에 대해 제대로 연구하고 밝혀내는 이가 단 한 명도 없는지 도무지 이해할 수가 없다. 태권도는 2020년 4월에 문화재청 무형문화재위원회의 3차 심사를 통해 문화재 지정 가치에 있어서 역사성 부족과 고유성 부족으로 보류되었다. 말이 보류지 떨어진 것과 다름없는데, 참으로 안타까운 현실이다.

11.
신라의 김춘추

신라가 삼국을 통일했다는 것만을 보고 강대한 나라였다고 말하는 이들이 있는데 이것은 정말 단편적인 것만을 보고 말하는, 아주 우스운 이야기다. 무지개떡을 예로 들어보자. 무지개떡에는 여러 가지 색이 들어가 있다. 무지개떡이 흰색이라고 한다면 과연 맞는 이야기일까? 틀린 이야기는 아닐 것이다. 흰색도 들어가 있으니까. 하지만 정답은 아니다. 떡 이름만 보아도 알 수 있듯이, 무지개떡에는 여러 가지 색이 들어가 있다. 그럼에도 불구하고 한 가지 색이라고 한다면 그것을 옳다고 할 수 있는가?

삼국시대에 신라는 국력이 가장 약한 나라였다. 위로는 산둥반도까지 집어삼킨 막강한 고구려가 있었고 바로 옆에는 일본열도는 물론 중국의 요서 지방까지 세력을 확장했던 정말 강대한 백제가 있었다. 따라서 신라는 항상 위기감에 불안해하고 있었고, 또한 한강 유역을 놓고 오랫동안 백제와 다툼을 벌이고 있었는데 그 무렵 김춘추는 고구려의 연개소문을 찾아가 연합하여 백제를 공격할 것을 제안했지만 연개소문은 그 대가로 한강 유역을 요구했다. 신라는 한강 유역을 놓고 백제와 싸우고 있는데 한강 유역을 달라고 하면 줄 수가 있나…! 안 된다고 하자 연개소문은 그 자리에서 김춘추를 옥에 가두어버렸다. 그러자 김춘추는 본국에 돌아가서 귀족들을 설득시킨 후 한강 유역을 건네주기로 약속을 하고 풀려나 그 길로 도망을 가버렸고 바로 일본의 중대형왕자를 찾아간다. 중대형왕자가 바로 훗날의 천지천황이다. 천지천황은 백제인이다. 그런데 백제를 칠 것이니 도와달라고 하면 도와주겠나? 아무런 소득 없이 돌아간 김춘추는 이번에는 당태종을 찾아가 설득을 하였고 나당연합군이 결성된다. 동맹을 맺은 신라와 당나라는 백제를 공격했으며 이로 인해 백제가 멸망을 하고 그 후 5년이 지나 김춘추는 다시 당나라를 앞세워 고구려도 공격하여 신라에 의해 삼국이 통일된 것이다. 즉, 신라는 자력으로 삼국을 통일한 것이 아니다. 이러한 역사도 모르고 강한 신라 또는 김춘추의 리더십을 운운하는 무술단체장 그리고 무술 관련 교수나 박사들이 있는데 참으로 안타까운 일이다.

12.
본국검(本國劍)

정조실록에 보면 본국검이 나온다. 뿐만 아니라 『대전통편(大典通編)』그리고 『승정원일기(承政院日記)』영조 10년 9월 29일(1734年)에도 본국검예(本國劍藝)가 나오므로 분명 본국검이 있었던 것은 확실하다. 하지만 본국검이 신라에서부터 나왔다는 것은 사실인지 알수가 없다. 단지 일부 본국검 단체가 조선왕조실록에 나오는 황창랑(黃昌郎)을 이야기하며 신라의 검술일 것이라고 막연하게 추측을 하는 것뿐인데, 본국검이 신라 화랑들이 하던 검술이라는 기록은 사실 그 어디에도 없다. 뿐만 아니라 조선왕조실록 현종실록 11권에 보면(현종 5년 1664년 6월 11일) 아래와 같이 기록되어 있다.

諭乃止其行其後承旨南九萬於登對啓於　上曰許積之不欲上來　殿下
何以知之外議疑　　殿下或因他還而得知也積聞而不自安有是疏積巧賺
有才且與槇楠等為腹心故積之行止　上無不知之○士寅遽承旨金益炅
于典微署放釋輕囚○　上御熙政堂諸承旨持留院公事入侍校理張善徽
修撰吳斗寅同入永膺公事畢善徽進講通鑑至唐太宗出渭橋突厥善
徽曰唐初以突厥之力得天下臣事戎狄而太宗以萬乘之尊輕出便橋皆非
後世所當法也　上曰雖臣事突厥終能擒頡利以為臣此為難能也
至於親出渭橋乃用兵之略不可以常道論也至習射百濟黃昌郎舞事以諫
翼曰孝宗大王亦於後苑試藝其時李尚真至引百濟黃昌郎劍舞事以諫
之矣　上曰人君以猜疑臨下則人必有不安之心不如推誠而待之也善徽
講至太宗引魏徵入卧內曰三代之際君臣之間不甚嚴泰漢以後尊君抑臣
禮數懸絕而我　朝君臣之禮視古尤嚴蓋傳襲高麗之遺俗也龍翼曰漢時
漢嘗排閤直入表益引却慎夫人坐由是觀之君之間猶不如後世之嚴也
雖以祖宗朝故事言之　世祖大王時一日風雪寒甚夜深後　上召刑房

출처: 국사편찬위원회 顯宗實錄 第11券

都承旨南龍翼曰: "孝宗大王亦於後苑試藝, 其時李尙眞, 至引百濟 黃昌郎劍舞 事, 以諫之矣." 上曰: "人君以猜疑臨下, 則人必有不安之心."

위 내용을 보면 당시 도승지 남용익(南龍翼)이 현종에게 이야기하기를 효종대왕이 기예(技藝)를 시험하였는데 그 당시 이상진(李尙眞, 우의정)이 백제시대에 황창랑이 검무(劍舞)를 왕 앞에서 선보이다가 시해하려고 했던 것을 이야기했다. 이를 들은 현종은 임금이 의심하는 마음을 품고 아랫사람들을 대하면 그 사람들이 불안한 마음을 가지게 된다는 말을 했다는 이야기가 기록되어 있다. 즉, 기록에 의하면 황창랑이라는 사람이 백제의 왕 앞에서 검무 시연을 하다가 왕을 시해하려 했는데 당시 황창랑은 소년이었기에 신라의 화랑이었을 것이라고 이야기가 발전한 것이며 근현대 무예계에서 한층 더 살을 붙여 소년이 사용한 검법이 본국검이었다는 소설 같은 이야기가 만들어진 것이다. 하지만 근거는 그 어디에도 없다. 또한 명나라의 모원의(茅元儀)가 써서 1621년에 간행된 『무비지(武備志)』 第86券에 보면 본국검법을 '조선세법'이라고 칭하는 것을 볼 때 조선시대에 만들진 것으로 보는 것이 가장 합리적인 추론(推論)이다.

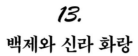

13.
백제와 신라 화랑

국내 많은 무술인과 무술단체가 신라 화랑의 기개(氣槪)를 이야기하는데, 사실 신라는 삼국시대에 국력이 가장 약한 나라였다. 그러나 우리는 신라가 삼국을 통일했다는 결과만으로 신라를 막강한 나라로 잘못 알고 있으며 걸핏하면 신라의 화랑정신을 운운하기도 한다.

화랑은 신라 수뇌부의 정치적·전략적 도구에 지나지 않았다. 당시의 화랑은 15세부터 17세 정도의 사내아이들로 구성되어 있어 젊은 혈기는 있었으나 잘 훈련된 능수능란한 성인 군사들에 비할 바는 못 됐다. 이러한 화랑을 전투의 선봉으로 앞세우면 싸늘한 주검이 되어 돌아오는 모습을 군사들이 지켜보게 된다. 이를 통해 군사들의 피 끓는 투쟁본능을 일으키도록 하는 심리적 전략으로 전쟁에 자주 이용하곤 했다.

이에 비해 백제는 암수, 즉 음(陰)의 기술을 주로 병법으로 사용하는 민족이어서 그 전략적 효과는 상당했고 온조 때부터 강력한 전투력을 바탕으로 나라를 세우고 부국강병에 힘썼기 때문에 삼국 중에서 가장 막강한 나라라고 해도 과언이 아니었다.

실제로 이를 두고 다산 정약용은 '백제가 삼국에서 가장 막강한 나라였다'라고 백제론을 펼치기도 했으며 조선조 후기의 학자들도 백제를 가장 강한 나라로 인식하고 있었다.

그 이유는 백제는 일찌감치 철기문화를 받아들여 철검, 철방망이, 철도끼, 철낫과 같은 무기를 사용했는데 철낫 같은 경우에는 길게 끈을 연결하여 기마병에게 걸고 당겨서 말에서 떨어지게 하는 용도로 쓰였고 이것이 나중에 일본의 닌자들이 주로 쓰는 기술의 시초가 되기도 했다. 그뿐만 아니라 일본 닌자 집단의 최초 창건자도 백제에서 건너간 도래인(渡來人)의 후손이다.

이처럼 백제는 음의 기술이 뛰어나 작은 인원으로 많은 군사를 상대할 수 있는 정예의 군사들로, 그들의 실력은 삼국 중에 최고였으나 제대로 알지 못했으며 그저 백제 하면 의자왕이 항복하고 삼천궁녀가 낙화암에서 떨어지는 그런 암울한 역사만을 기억하고 있다. 이제부터라도 올바른 역사를 후손에게 알려주기 위한 제대로 된 역사 정립이 우리에게 절실히 필요한 시기이며 더욱더 깊은 관심을 가지고 끊임없는 연구를 해야 한다.

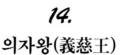

14.
의자왕(義慈王)

백제의 31대 왕으로 나당연합군의 공격에 나라가 망한 후 당나라의 포로가 되어 잡혀간 왕으로 알려져 있고, 패망 직전까지 주색에 빠져 나라를 잃었으며 궁녀가 무려 3천 명이나 됐는데 의자왕이 잡혀가자 궁녀들이 낙화암에 모두 뛰어내렸다는 설(說)로 유명한 왕이다. 그러나 이것은 다 후세에 지어낸 이야기들이다.

의자왕은 무왕의 맏아들로 태어나 어려서부터 용맹하고 효심이 지극하여 중국의 대표적인 효자인 증자에 빗대어 해동증자(海東曾子)로 불리기도 했으며 왕위에 오르고 나서는 직접 선두에 나서 신라(新羅)를 공격하여 40여 개의 성을 점령할 만큼 병법과 무예에 뛰어난 왕이었으며 주색을 가까이하지 않았다.

말년에 주색에 빠져 궁녀가 3천이었다는 이야기는 조선조 한 시인에 의해서 만들어진 이야기일 뿐이며 사실과는 전혀 다르다. 당시 백제시대 궁에서 기거하는 대소실녀는 8백 명이 넘지 않는데 궁녀만 3천 명이라는 것이 말이나 될 법한 이야기인가? 조선시대 경복궁에서는 약 5백 명이 궁 안에서 생활했다. 그런데 백제시대

궁(宮)의 크기는 경복궁의 절반 수준에도 못 미치는데 거기서 어떻게 3천 명의 궁녀가 살 수 있겠는가 말이다. 이처럼 후세에 잘못 알려진 역사가 상당히 많으며 우리는 그것을 아무런 여과 없이 여지껏 받아들이고 있었던 것이다.

15.
신라가 삼국을 통일하게 된 계기

고구려, 백제, 신라는 자주 다투었고 소소한 국지전(局地戰)은 늘 있었지만 한 뿌리에서 갈라진 후손들이라 자주 싸우기는 했어도 나라를 멸하고 통째로 삼키려고 했던 적은 없었다. 그럼 왜 신라는 당나라를 앞세워 백제와 고구려를 멸하고 통일을 하려 했을까? 이는 백제와 신라의 전쟁 중에 김춘추의 딸과 사위가 포로가 되어 할복(割腹)자살을 한 후로 백제에 대한 원한이 깊어졌기 때문이다. 이로 인해 김춘추는 백제를 멸하려는 계획을 세운다.

그러나 워낙 강한 백제였기에 신라의 힘만으로는 역부족이었고 고구려의 연개소문에게 도움을 요청하지만 실패로 돌아간다. 그 후 당태종을 설득하여 나당연합군이 결성되고 백제를 무너뜨리게 되는 것이다. 하지만 백제도 나름 이유가 있었는데 신라가 백제의 한강 유역을 먼저 빼앗아갔고 백제의 26대 성왕이 빼앗긴 한강 유역을 되찾고자 신라와 전쟁을 하게 되며 그 전투에서 전사를 한다. 그것이 바로 554년의 관산성 전투다. 이때부터 백제와 신라의 관계는 심하게 악화되었고 백제는 계속해서 신라를 공격하였으며 의자왕 때는 약 20년간 신라의 47개의 성(城)을 함락하기도 한다.

16.
전통무예 당수(唐手)

당수는 삼국시대 이전부터 내려온 우리의 전통무예이기 때문에 국내에서 제일 오래된 역사를 가지고 있다. 당수(唐手)는 마한시대의 당(唐)이라는 부족국가에서 사용하던 무예로서 당(唐)의 기술(技術)이라 하여 당수(唐手)라고 칭했다.

요즘도 기술이 좋은 사람에게는 손재간이 좋다고 표현을 하며, 또한 무술(武術)에 뛰어난 사람을 고수(高手)라고 말하며, 뭔가를 잘하는 사람에게 수단(手段)이 좋다고 한다. 즉, 예부터 뛰어난 사람 또는 뛰어난 기술을 쓰는 사람을 손(手)과 연관을 시켰는데 이렇듯 당수(唐手)는 당시 삼한시대의 마한(馬韓)에 속해 있던 부족국가의 무예를 일컫는 말이라는 것을 쉽게 알 수가 있다.

이러한 당나라는 지금의 오키나와하고 상당한 교류가 있었는데 앞에서 태권도의 뿌리를 이야기하면서 설명한 바 있지만 오키나와는 현재 일본의 편제로 되어 있으나 예전에는 서남제도의 류큐국이라는 독립국가였으며 이는 조선왕조실록의 세조실록에도 기록이 되어 있다. 뿐만 아니라 당수(唐手)는 1926년에 발간된 『류큐권법 당수술(琉球拳法 唐手術)』이라는 책에도 일본의 전통무술이 아닌 지금의 오키나와, 즉 옛날 류큐국의 무술이라고 분명하게 기록되어 있다.

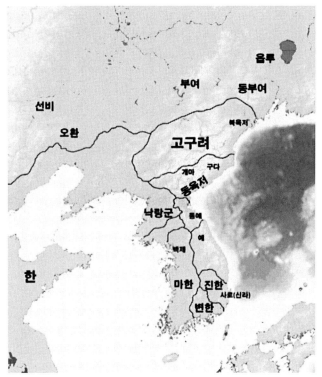

1세기 삼한시대(三韓時代)의 지도

憲府啓曰楊曠以庸醫仵至三品足矣請於
其心貪冒純老與曠非親族而妄稱從兄弟請皆罷之以戀
後來 御書答之曰純老傷曠焉有情由功臣老人何可咬毛
○以具信忠為司憲執義崔悌男司憲掌令趙秀文會寧府使
洪益生義州牧使
自海印寺復命 上謂承旨曹錫文判內侍府事田昀來
摯金礩鄭軾等侍 上御後苑設酌慰之承旨尹子雲韓繼羹權
明日之間今果如所料 賜錫文段衣一領○水原人別侍衛
金孝生亂言卜義禁府推鞫 ○琉球國王遣使來獻土物○丁
丑 御思政殿受常朝啓右司諫徐居正啓 殿下即位之
初勵精圖治每受朝啓以求真言其後濅不如初一月之內朝
啓之日或有而數觀射後苑顧 殿下慎終如始 上曰
若之言是然予蒭率寺人之徒而射則為遊衍之戲予之所與
觀射者皆宗宰大臣何害於義今言路大開如有所說則言於
觀射可也何必 朝啓而後言乎○命分左右廂習陣于箭串平

출처: 국사편찬위원회 世祖實錄 第13券

위의 기록을 보면 세조 4년에 류큐국왕이 토산물을 바쳤다고 기록되어 있다.

唐手の意義及び起源

琉球の拳法、唐手卽ち空手とは如何なるものか?

今日こそ新聞紙上又は雑誌にて公表せられ、或は當大阪を初め東京其他二三の都市に於て、その實技を公開せられて以來、柔術家は勿論其他にも廣く研究せらる、樣になりましたけれきも、その以前は唐手術が何であるかを解し得る人は、殆んど皆無であつたと云つても、決して過言ではない。

琉球卽ち沖繩縣に於ては、古來一種特別な武術があつて、廣く縣下に普及せられたものである。これは拳鬪術に似て拳鬪術に非す、又柔術にも非すして、實に沖繩獨特の武術卽ち唐手術なるものである。

— (4) —

「沖縄拳法唐手術」著者: 本部朝基 1926年(출처: 일본 국립 국회도서관)

위의 기록을 보면 류큐(琉球), 즉 오키나와현(沖繩縣)에는 예부터 특별한 무술이 있었는데 넓게 보급이 되었다. 이것은 권투술(拳鬪術)도 아니고 그렇다고 유술(柔術)도 아니며 오키나와의 독특한 무술, 즉 '당수술(唐手術)이었다'라고 기록되어 있다.

1976년 당수도 승급·승단 심사 후 기념촬영

국제당수도연맹 남인도 총재

17.
전통무예 수박(手搏)

수박(手搏)의 역사를 거슬러 올라가면 고려시대부터 행해졌던 것을 알 수가 있는데 기록에는 수박희(手搏戲)라고 되어 있다. 여기서 수박희의 희(戲)에는 '연극을 하다', 또는 '놀다'라는 의미가 있기 때문에 수박이 처음부터 무예는 아니었고 춤사위나 놀이에서 시작했다고 추측할 수 있으며 훗날 무예로 발전한 것일 수도 있는데 만약 그렇지 않다면 지금의 시범이나 연무를 수박(手搏)에 희(戲)라는 단어를 붙여서 대련(對鍊) 혹은 시범을 한 것은 아닌가 사료된다.

以所乘之馬永煦翼日乃獻之　己酉王放
鷹于東郊還幸和妃宮觀手搏戲　丙寅幸
嬖臣林洪甫家洪甫獻侍婢　三月辛未幸
東郊以彈九射人爲戲行路皆逥　王召富
人大護軍林檜前護軍尹莊等十餘人授內
庫貨如元販賣　癸酉地震二日　甲戌夜
王率嬖人登旻天寺閣捕鳩遺火焚閣　乙
亥作內廏破人家百餘區廣築墻宇又奪人
田屬之命護軍韓範收其租輸車日用百兩

『高麗史』第36券 1343年(출처: 국사편찬위원회)

己酉 王放鷹于東郊, 還幸和妃宮, 觀手搏戲.

'기유년(己酉年) 왕이 동쪽 교외에서 매사냥을 하고 화비(和妃)의 궁전으로 돌아와서 수박희(手搏戲)를 구경하였다'라고 기록되어 있는데 문헌을 보면 알 수 있듯이 당시에는 왕이 수박을 친히 구경할 정도로 성행했다는 것을 알 수 있다.

義方之力遂配宗昆等十餘僧于海島

李義旼

李義旼慶州人父善以販鹽鬻飾為業母延
日縣玉靈寺婢也義旼少時善夢見義旼衣
青衣登黃龍寺九層塔以為此兒必大貴及
壯身長八尺膂力絶人與兄二人橫於鄉曲
為人患按廉使金子陽收掠拷問二兄瘦死
獄中獨義旼不死子陽壯其為人選補京軍
乃娶妻負戴至京會日暮城門已閉投宿城

『高麗史』第41券(출처: 국사편찬위원회)

南延壽寺夢有長梯自城門至闕驅梯而登
覺而異之義旼善手搏殺宗愛之以隊正遷
別將鄭使夫之亂義旼所殺居多拜中郎將
俄遷將軍明宗三年金甫當起兵以張純錫
柳寅俊為南路兵馬使純錫寅俊等至巨濟
奉毅宗出居雞林仲夫李義方聞之使義旼
及散員朴存威領兵趣南路義旼等至雞林
有人遮說曰前王求此非州人意乃由純錫
寅俊等爾其徒不過數百皆烏合之眾去其

『高麗史』第41券(출처: 국사편찬위원회)

李義旼, 慶州人. 父善以販塩鬻篩爲業, 母延日縣玉靈寺婢也. 義旼少時, 善夢見義旼衣靑衣, 登黃龍寺九層塔, 以爲, "此兒必大貴." 及壯, 身長八尺, 膂力絶人, 與兄二人, 橫

於鄕曲, 爲人患. 按廉使金子陽收掠栲問, 二兄瘦死獄中, 獨義旼不死, 子陽壯其爲人, 選補京軍. 乃携妻負戴至京. 會日暮, 城門已閉, 投宿城南延壽寺. 夢有長梯, 自城門至闕, 歷梯而登, 覺而異之. 義旼善手搏, 毅宗愛之, 以隊正遷別將. 鄭仲夫之亂, 義旼所殺居多, 拜中郎將, 俄遷將軍.

이의민(李義旼)은 경주(慶州) 사람이다. 그의 아버지 이선(李善)은 소금과 체(篩)를 팔아 생업으로 삼았으며 어머니는 영일현(延日縣) 옥령사(玉靈寺)의 비(婢)였다. 즉 이의민의 아버지는 평범한 상인이었고 어머니는 절(寺)에서 허드렛일을 하는 노비였다. 이의민이 어렸을 때 이선의 꿈에서 이의민이 푸른 옷을 입고 황룡사(黃龍寺) 9층탑을 올라가는 것을 보고서 생각하기를 '이 아이는 반드시 귀하게 될 것이다'라고 하였다. 이의민은 장성해서는 키가 8척이나 되었다. 완력이 다른 사람보다 뛰어나서 형 두 명과 함께 마을에서 횡포를 부려 사람들의 근심거리였는데 안렴사(按廉使) 김자양(金子陽)이 이들을 잡아들여 고문을 했다. 그러자 두 형은 감옥에서 굶어 죽었는데 이의민만은 죽지 않았고 훗날 김자양이 그의 사람됨을 장하게 여겨 경군(京軍)으로 선발하였다. 그리하여 이의민이 아내를 데리고 짐을 지고 개경에 도착하였는데 마침 날이 저물고 이미 성문이 닫혀서 성(城) 남쪽에 있는 연수사(延壽寺)에 투숙하였는데 그날 꿈에 어떤 긴 사다리가 성문에서 대궐까지 쭉 이어져 있었으므로 그것을 타고 올라가다가 깨었으므로 이상하게 생각하였다. 이의민은 수박(手搏)을 잘했으므로 의종(毅宗)이 그를 총애하여 대정(隊正)에서 별장(別將)으로 승진시켰다. 정중부(鄭仲夫)의 난에 이의민이 많은 사람을 죽였으므로 중랑장(中郎將)이 되었다가, 곧이어 장군(將軍)으로 승진하였다.

위 내용을 해석해보면, 이의민은 고려 때 사람이며 소금을 파는 상인인 아버지와 절에서 노비로 있는 어머니 사이에서 태어난 지극히 낮은 출신 성분을 가진 사람으로 보인다. 그러나 수박을 잘하여서 훗날 장군 자리까지 올라가며 신분 상승을 하는데 고려시대는 무(武)가 천시받던 조선시대와는 달랐다는 것을 알 수 있으며, 특히 천민이나 다름없는 이의민이 수박을 했던 것을 보면 당시 보편적으로 누구나 수박을 수련했던 것으로 짐작이 가능하다. 또한 이의민을 총애했던 의종(毅宗)은 고려의 18代 왕으로 인종 5년인 1127년 태어나 1143년 태자로 책봉되었으니 수박의 역사는 약 900년에 가깝다고 볼 수 있는 것이다.

18.
전통무예 택견

전통무예 택견은 국내에서 무예로는 유일하게 무형문화재 76호로 지정되어 있는데, 택견을 보면 마치 춤을 추는 동작 같기도 하고 동작을 크게 하면 탈춤이 연상되기도 한다. 택견의 역사를 살펴보면, 조선조 영조 4년에 현감을 지낸 김민순(金敏淳)이 편찬한『청구영언(靑丘永言)』에 소년이 탁견을 한다는 내용이 있다. 물론 택견은 아니지만 세월이 많이 흘렀으므로 무명(武名)의 변화는 얼마든지 있을 수 있다고 봐야 할 것이다. 이러한 택견의 특징은 몸짓을 넘실넘실거리다가 빠르게 발길질을 하거나 아니면 가까이에서 상대를 잡아당기거나 밀어서 넘어뜨리는 것이다.

초대 인간문화재는 故 송덕기(宋德基) 옹과 故 신한승(辛漢承) 옹이 계시며 우연찮게도 신한승 옹의 친아드님이 나의 중학교 은사(恩師)님이시다. 송덕기 옹과 신한승 옹은 87년에 별세하셨고 현재는 정경화 선생이 그 뒤를 이어 택견 기능보유자로 3대를 이어가고 있으며 정경화 선생의 수제자인 한국택견협회 국내부장이자 택견 공연단 '활개'의 이두광 단장이 국가이수자로 4대를 이어가고 있다.

이두광 단장은 약 십여 년 전 필자에게 유술(柔術)을 배우기도 했는데 몸이 유연하고 상당히 빠르다.

마지막으로 택견은 중국의 소림사 무술을 제치고 2011년 11월 28일 유네스코 인류무형유산으로 등재된 우리 고유의 전통무예이며 앞으로 상당히 많은 도약을 할 수 있는 저력을 가진 무예이다. 다른 전통무예도 택견처럼 대중들에게 우리 것을 알리고 보급하는 데 더욱 힘써야 할 것이다.

왼쪽부터 송덕기 옹, 신한승 옹, 정경화 선생

택견 공연단 '활개' 이두광 단장

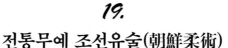

19.
전통무예 조선유술(朝鮮柔術)

사실 조선유술에 대해서는 알려진 것이 거의 없다. 다만 필자가 이
야기할 수 있는 것은, 유술은 백제(百濟)로부터 시작됐다는 것이다.
그렇다면 조선유술도 삼국시대의 백제로부터 시작하여 통일신라
를 거쳐 고려시대에서 조선으로 이어져야 하는 것이 맞는데 문제
는 그렇지 못했다는 것이며 백제가 신라의 연합군에 의해 망하고
통일신라가 되면서 신라는 백제의 모든 색을 지우는 작업에 들어
갔다. 백제가 훗날을 도모할 수도 있기 때문에 당시의 유력한 세력
은 모두 숙청을 당하거나 노비나 백정의 삶을 살아갔는데, 주요 8
성씨(八姓氏)인 사(沙) 혹은 사택(沙宅)씨(氏), 해씨(解氏), 진씨(眞氏),
목(木) 혹은 목협(木劦)씨(氏), 국씨(國氏), 연씨(燕氏), 백씨(苩氏), 여씨
(餘氏)가 그에 해당된다. 또한 이들은 시간이 흘러 천민의 굴레에서
벗어나기 위해 개명을 하고 자취를 감춰버려서 현재 우리나라에서
는 국씨(國氏)와 진씨(眞氏)를 제외하고 위의 성씨를 찾아보기 어렵
다. 그러나 백제 멸망 후 위의 성씨를 가진 사람들의 일부가 중국
이나 일본으로 이주를 했기 때문에 그 후손들이 아직도 존재하고

중국과 일본에서는 심심찮게 찾아볼 수 있다.

　그렇다면 결론은 조선시대에 만들어졌거나 중국이나 일본으로 이주한 백제의 후손들에 의해 다시 조선으로 유입된 것인데, 무술에 관심이 있는 사람들은 알겠지만 중국에는 유술이 없다. 즉 현대에 접어들어 중국에 유술이 들어간 것이지 예부터 내려오지는 않았다는 것이다. 그럼 결국 조선에서 만들어졌거나 아니면 일본에서 다시 조선으로 들어왔거나 둘 중 하나다. 이에 대해 용인대학교 송일훈 교수는 임진왜란을 겪으며 오랜 시간 실전을 경험한 조선이 그것을 바탕으로 만들었을 가능성이 높다는 주장이다. 이러한 조선유술은 타격보다는 던지고 메치고 누르고 꺾는 형태의 모습이 주를 이루고 있다. 확실한 것은 조선조 후기의 신유한(申維翰)이 유술(柔術)에 대해서 논하고 있다는 점인데 있지도 않은 유술에 대해서 이야기를 한다는 것은 상식적으로 맞지 않으므로 당시에 유술이 있었다는 증거가 된다.

　조선유술에 대해서 송일훈 교수가 논문을 발표한 것이 있으니 자세한 것은 뒤에서 논문으로 살펴보도록 하겠다.

조선유술(朝鮮柔術)을 연구·보급하는 송일훈 교수

20.
전통무예 백제유술(百濟柔術)

백제유술은 말 그대로 백제시대에 행해졌던 무예다. 663년 8월 27일부터 28일까지 이틀간 치러진 백촌강 전투(百村江戰鬪)에서 나당연합군(羅唐聯合軍)에게 패한 백제인들은 일본으로 민족 대이동을 하게 된다. 당시 수뇌부(首腦部)는 지리적으로 가장 가까운 규슈(九州)에 정착을 하며 일본의 천지천황에게 관위(官位)를 받게 되는데 이때 백제의 달솔(達率) 4인이 한병법(閑兵法)이라는 병법교관으로 임명되어 백제의 군사무예를 가르친다. 비록 바다 건너 일본에서 전승(傳承)되었지만 백제의 무사세력은 그로부터 약 700여 년간 일본이라는 나라의 중심이 되어 일본을 통치하며 막강한 무사의 나라를 만든다. 이것이 바로 막부(幕府)다.

무사정권은 메이지유신이 시작되면서 막을 내리지만 백제의 후손인 서향씨(西鄕氏)에 의해 계속해서 전승되었다. 백제유술에 대한 역사적 이야기는 뒤에 좀 더 하기로 하고 우선 여기서 일단락한다.

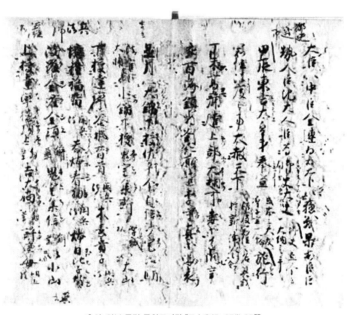

출처: 일본 국립 국회도서관 『日本書紀』 27券 25쪽

21.
전통무예의 새로운 패러다임

앞에서도 언급한 바 있지만 정부에서 제대로 관리를 하지 않았고 교통정리가 되어 있지 않은 탓에 무예계는 상당히 난잡해졌으며 전통무예에 대한 범위도 포괄적인 양상으로 바뀌었다. 첫째가 오리지널 전통무예, 둘째가 복원 전통무예, 셋째가 창시 전통무예인데 사실 전통무예면 전통무예고 아니면 아니지, '복원 전통무예'는 뭐고, '창시 전통무예'는 도대체 뭐냐고 말하는 이들도 있다.

그러나 이미 엎질러진 물을 다시 담을 수는 없는 것이고 계속해서 이야기를 해봐야 아무 소용도 없다. 따라서 이번에는 창시 전통무예에 대해서 소개를 할 것이고 복원 전통무예는 사실 제대로 복원이 되지 않았고 문제가 너무 많아서 논외로 한다.

이번에 소개를 할 창시 전통무예는 문체부에서 정식 사단법인 인허가를 받고 활동을 하고 있는 단체 중에서 2019년에 있던 전통무예 실태조사를 통해 인정을 받은 단체이다. 물론 이외에도 자기들이 실력 있는 단체라고 주장하며 홍보를 하고 있는 여러 단체가 있지만 그중에는 사단법인이 아닌 단체가 많다. 정말 실력이 있고 모든 것을 다 갖추었다면 왜 정부부처인 문화체육관광부로부터 인정을 받지 못하고 허가를 받지 못했는지 묻고 싶다. 따라서 여러 말을 할 필요가 없는 것이고, 나라에서 인정하고 있는 단체 중에서 왕성한 활동을 하고 있는 대표적인 단체 몇 곳만 이어지는 장에서 소개를 할까 한다.

22.
창시 전통무예 천무극

천무극의 시작은 무천 박영수 원장으로부터 시작되는데 고등학교 시절 수원고등학교 당수도부에 들어가 운동을 시작해서 훗날 태권도 무덕관의 수원지역 총 사범이 되기도 한다. 총 사범 시절부터 연구를 하여 만들어진 것이 바로 천무극이다. 따라서 천무극은 당수도와 태권도가 근간(根幹)이 된다고 보면 맞을 것이다. 그러나 초창기 때는 천무극이 아닌 프로태권도라는 이름으로 더 많이 알려져 있었고 육군사관학교에도 전해지게 된다.

그러나 재정적인 어려움과 관련자들의 이권 다툼으로 세상 속에서 점점 사라져갈 때쯤, 지금의 계승자인 남민우 회장이 천안 아산으로 내려가 좀 더 기술을 보강하고 심기일전하여 천무극의 우수성을 알리기 시작했고 현재는 천안 아산 지역의 전통무예로 인정을 받아 전통무예 진흥을 위한 조례를 통해 적극 지원을 받고 있으며 본격적으로 보급에 힘쓰고 있다.

천무극 창시자 무천 박영수 원장

시범을 보이고 있는 2대 계승자 남민우 회장

23.
춘천의 전통무예 철권도

강원도 강촌에는 무예촌(武藝村)이라는 곳이 있다. 글자 그대로 무예를 가르치는 곳이다. 2008년 여름 무예촌에서 경기대학교 경호 관련 학과의 학생들이 집체교육을 하는데 필자가 초대를 받아 유술 시범을 보인 적이 있었고, 그때 처음으로 철권도를 선보이는 철권도 창시자 허통천 총재를 만났다.

철권도의 첫 느낌은 절도가 있고 파워풀한, 강한 무술이었다. 철권도는 오랫동안 무술을 연마하던 허통천 총재가 사우디아라비아에서 무술 교관으로 7년간 있다가 국내로 돌아와 지금의 무예촌에서 자리를 잡고 보급을 하기 시작했으며, 2005년에 문화체육관광부 법인 허가를 받고 철권도 무예지도자를 양성하며 활동을 하다가 춘천시의회에서 전통무예 조례안이 통과되어 춘천을 대표하는 무예로 자리를 잡았다.

총재님은 현재 한양대학교 스포츠산업학과 전공 지도교수로도 활동하고 계시며 대한민국 전통무술연합회의 회장이기도 하다. 또한 국내는 물론 일본, 유럽, 아프리카에까지 제자들이 진출하여 철권도 해외 보급에 힘쓰고 있다.

철권도 무예촌 전경

철권도 창시자 허통천 총재

인도네시아 아체써 무하마드 국왕 무예촌 방문 기념촬영 사진

24.
외래 전통무술 태극권, 형의권, 팔괘장

이번에는 외래 전통무술 중에 필자가 직접 경험을 한 것과, 한번쯤 배워보고 싶었던 무술 중 하나를 소개하려고 한다.

우선 필자가 일본에서 무술유학을 할 당시, 기(氣)에 대해서 상당히 목말라 있었는데 그때 마침 일본 기공(氣功)의 아버지라고 불리는 찌비끼 선생님을 만나 배운 정종 태극권과 형의권, 그리고 대만 팔괘장을 하면서 기(氣)가 무엇인지, 어떻게 운용(運用)을 하는 것인지를 알게 되었다. 위의 나열한 무술은 중국의 내가3권이라고 불리는 무술이지만 중국문화혁명 때 대만으로 건너간 왕수금 대사(大師) 계열의 성명회에서 전수하는 것들이다. 간단하게 왕수금 대사와 찌비끼 선생님에 대해 이야기하자면, 왕수금 대사는 대만의 인간국보로 중국무술을 하는 사람들에게는 너무나 유명한 분이시다. 곽운심 노사의 수제자로 형의권의 대가이시며 왕수금 대사가 처음 일본에 가서 중국 내가권(內家拳)을 보급하던 1958년에 찌비끼 선생님이 첫 외국인 입실제자로 입문해서 두 분은 사제지간의 연을 맺게 된다.

　이로써 일본에 처음으로 내가권이 보급되며 훗날 찌비끼 선생님은 중화권에서도 인정을 받아 중화국술국제연맹의 동아시아 회장에 취임하면서 많은 활동을 하시어 일본 정부로부터 체육공로훈장을 받기도 했다. 그러나 아쉽게도 한국에는 아직 전해지지 않았으며 정종 태극권과 대만 팔패장은 유럽에서 많은 인기가 있고 현재도 대만과 유럽을 중심으로 많은 제자를 배출하고 있다.

　한국에도 위에서 언급한 내가3권인 태극권, 형의권, 팔패장이 이미 다 들어온 것으로 알고 있고, 실력 있는 분들에 의해서 보급되고 있지만 그중에서도 대만의 양만청 노사 계열의 이찬 선생은 태극권에 있어서는 상당한 실력자이며 어지간해서는 인정을 잘 하지 않는 필자도 이분만큼은 인정을 한다.

왕수금(王樹金) 대사와 계승자 왕복래(王福來) 선생님

王樹金老師の日本継承者
地曳秀峰老師

일본 찌비끼 히데미네(地曳秀峰) 노사

25.
필리핀 전통무술 아르니스

필자가 처음 아르니스(Arnis)를 본 것은 2011년 여름 필리핀에 여행을 갔을 때였다. 무술도장이 아닌 개인 집 마당에서 수련을 하고 있어서 무술도장이 아닌 줄 알았지만 아르니스를 가르치는 도장이었다. 거기서 30분 정도 재밌게 구경을 한 기억이 난다.

아르니스는 필리핀의 여타 지역에서 에스그리마(Esgrima)로 불리기도 하는데 에스그리마는 스페인어로 검술이라는 뜻이다. 스페인어로 불리게 된 이유는 1565년 스페인이 필리핀을 점령하여 조약이 체결되었고 이에 따라 모든 필리핀 지역에서 스페인 법령을 따르게 되면서부터다. 이후에 미국으로 건너가 칼리(Kali)라는 명칭으로 널리 알려지기도 했으나 현재 필리핀 정부는 아르니스(Arnis)로 사용하도록 법 규정을 제정해놓은 상태다.

아르니스는 빠른 스피드와 간결한 동작에서 나오는 임팩트가 가장 큰 특징이며 나이프와 단봉 같은 무기술을 많이 사용하고 있다. 한국에서도 류호선 총재가 필리핀 현지의 최고 그랜드 마스터인 밤빗 두레이(Bambit Dulay) 9단에게 사사를 받아 국내에서 아르니스 대중화에 노력하고 있는데 류호선 총재는 필자가 일본에서 무술 유학을 마치고 한국에 귀국한 후 정통합기도(AIKIDO)를 보급할 때 필자에게 정통합기도를 사사받기도 했다. 류호선 총재님은 운동신경이 상당히 좋으며 열의가 대단하다. 또한 국내에서 많은 무술인을 접하고 만나봤지만 내가 만나본 사람들 중에서 가장 겸손한 분이다.

밤빗 두레이 GM과 한국지부장 류호선 총재

26.
추억의 무술 뫄한뭐루

아마 요즘 젊은이들은 잘 모르겠지만 90년대 초반에 인기몰이를
했던, '뫄한뭐루'라는 창작무술이 있었다. 뫄한뭐루의 뜻은 '나를
떠나 누리로 돌아가는 겨레의 삶의 길'이라는 우리 고유의 말인데
이 무술은 한때 대학 동아리에서 급진적으로 전파되기도 했고 그
유명세가 점점 커져서 93년 대전 엑스포 행사에서 정식으로 시범
을 보이기도 했던 무술이다.

  97년 가을, 우연히 집 근처를 지나다 어느 건물 지하에 '뫄한뭐
루'라는 간판이 있는 것을 보고 호기심에 들어가 3개월 재밌게 배
운 기억이 난다. 옛 기억을 더듬어보면 뫄한뭐루도 요신칸 합기도
처럼 중심을 가운데에 놓고 원의 굴절운동을 하는 제법 특이한 무
술이었다. 당시 관장님이 공무원이어서 오전에는 문을 열지 않았
고 저녁시간에만 두 타임 정도 했던 것으로 기억이 나는데 그조차
도 매일 하는 것이 아니고 주 3일 정도였다.
  예나 지금이나 무술을 하면서 생계를 유지하며 사는 것이 쉽지

않은 것은 마찬가지이지만, 그때는 IMF가 오기 직전이라서 상당히 어려운 시기였다. 당시 뫄한뭐루 관장님도 돈을 벌려고 도장을 연 것이 아니고 자신이 운동할 곳이 마땅치 않아서 본인 운동을 위해 도장을 열었다고 했다. 안타깝게도 지금은 뫄한뭐루 도장을 주변에서 찾아볼 수 없고 소리소문 없이 사라진 무술이지만, 한때는 제법 인기가 있었던 무술이었다.

27.
정통합기도

필자가 '정통합기도'라는 명칭을 이야기한 지도 벌써 10년이 넘었다. 처음 한국에 귀국해서 사람들이 직업을 물어볼 때 합기도(合氣道)를 가르친다고 답을 하면, 제일 먼저 하는 말이 "발차기를 잘하시겠네요"라는 반응이었다. 합기도를 하면 왜 발차기를 잘해야 하나…! 사람들은 분명 한국 합기도(HAPKIDO)를 이야기하는 것이었고 그때만 해도 일반인은 합기도(AIKIDO)를 모르는 사람들이 많았다. 그래서 생각해낸 것이 앞에 정통이란 단어를 붙여서 말하는 것이었고, 지금은 정통합기도라고 하면 대다수의 사람들이 일본의 합기도라고 알고 있다. 10년이 넘는 세월 동안 조금씩 변화가 있었던 것이며 일본이 합기도의 종주국이라는 것을 많은 사람들에게 알리려고 무던히 노력을 했다. 현재는 문체부에서도 합기도는 외래무술(일본무술)로 지정을 했기 때문에 어느 정도의 혼선은 피하고 있지만, 그러나 아직도 합기도가 한국무술이라고 우기는 일선 합기도 관장들이 있는데 정확하게 말하자면 합기도는 일본의 우에시바 모리헤이(植芝盛平)에 의해 만들어진 일본무술이 맞다.

이것이 밝혀져서 합기도(合氣道) 관장들에게는 적잖은 충격이 있었겠지만 사실인데 어쩌겠나. 처음부터 한국에서는 합기도라는 명칭을 사용해서는 안 됐다. 허나 당시에는 요즘처럼 집안에서 손가락 하나만 까딱해도 모든 것을 실시간으로 알 수 있을 줄 누가 알았겠나…! 선배 무술인들의 실수로 후대에서 혹독한 대가를 치르고 있는 것이다.

이광희 총재와 제자

28.
한국형 합기도

합기도면 합기도지, 한국형이 어디 있고 유럽형이 어디 있나…!
그럼에도 불구하고 '한국형 합기도'라고 말할 수밖에 없는 이유는,
전혀 다른 무술인데 같은 명칭을 사용하고 있기 때문이다. 합기도
는 일본이 종주국이며 1942년 일본의 우에시바 모리헤이(植芝盛平)
에 의해 공포되었고 현재는 전 세계 약 100개국에서 합기도
(AIKIDO)를 수련하고 있다. 그러나 한국에도 합기도가 있고 이것
이 한국의 무술이라고 주장을 해서 한동안 이에 대해서 말이 많았
으며 논쟁이 끊이지 않은 적이 있었다.

　물론 지금은 일본이 종주국이라고 밝혀졌고 한국의 무술계도 이
를 인정했다. 그럼에도 불구하고 정말 아쉬운 것은, 사실을 인정했
으면 모든 것을 새롭게 하고 무명(武名)도 바꿔야 하는데 무명은 그
대로 사용하고 최용술씨에 의해 시작된 새로운 한국형 합기도라고
이야기를 하고 있는 것이다. 따라서 혼란을 피하기 위해 일본의 합
기도를 정통합기도라고 말하며 한국의 합기도를 한국형 합기도라
고 칭한다.

그런데 정확하게 짚고 넘어가야 할 것은, 왜 일본이 사용하고 있는 무명을 버리지 못하고 계속 사용하며 그들에게 귀속(歸屬)되려고 하는지 도무지 알 수가 없다. 우헤시바 모리헤이, 최용술 둘 다 다케다 소우가쿠의 제자였고 같은 무술을 하던 사람들이다. 그러나 최용술의 제자가 기존의 합기도에 당수도의 발차기를 접목해서 원형을 심하게 훼손시켰고 전혀 다른 무술이 되어버렸다. 전혀 다른 무술이 되었다면 당연히 무명도 바꿨어야 했다. 무술이 다른데 같은 명칭을 쓰면 되겠나?

지금 생각해보면 그 옛날에는 같은 나라 안에서 활동하는 것도 아니기 때문에 별문제가 되지 않는다고 생각했을 것이며 사실 그 당시에는 크게 문제가 되지 않았다. 하지만 세월이 흘렀고 시대가 변했다. 세계인이 하나가 되는 글로벌 시대이며 뭐든지 알려고 하면 금방 알 수 있다. 따라서 무조건 우겨서 될 일도 아니고 모른 척한다고 해결될 문제도 아니다. 요즘은 합기도의 명칭 문제가 조금 잠잠해졌다 싶었는데 여전히 해외에 있는 일부 합기도 관장들이 아직도 합기도는 신라의 화랑들이 했던 무술이었다고 이야기하며 문제를 양산하고 있다. 철이 없는 것인지, 외국에 있다고 자기들은 무슨 말을 해도 별 탈 없을 것이라고 생각해서인지 신중하지 않게 함부로 이야기를 하는 경향이 있는데 참으로 안타까운 일이다. 이런 사람들 때문에 무술단체장들이 더욱 어려움을 겪고 있다.

29.
대동류는
한국에 올바르게 전해지지 않았다

대동류는 일본의 가장 오래된 유술이며 정통합기도(AIKIDO)의 뿌리이기도 하다. 이러한 대동류 유술이 약 1,350년 전에 신라에게 패망한 백제가 일본 규슈로 가서 전수한 것이라고 하면 믿겠는가? 필자가 오랜 연구 끝에 밝혀냈고 이에 대한 모든 것을 「세계타임즈」에 연재한 적이 있는데 이를 다시 좀 더 상세하게 다루고자 한다(세부적인 것은 뒤의 제2부에 추가로 나온다).

아무튼 이와 같은 대동류 유술이 한국에도 있다고 홍보를 하며 제자를 모집하는 곳이 있는데, 결론부터 말하면 다 가짜다. 국내에 몇 개의 단체가 활동을 하고 있지만 그 누구도 일본에 가서 체류하며 정식으로 입문하여 지도자가 된 사람은 단 한 명도 없다. 그렇다고 일본인 지도자가 한국에 상주하면서 가르친 적은 더더욱 없다.

최근에 가장 활발하게 활동을 하며 자칭 대동류 사범이라고 주장하는 사람은 한국에서 두 달 동안 동영상 보고 승단을 한 사람이며 독학으로 일 년 남짓 배우고 사범대리가 된 사람이다. 이것을 인정해준 일본의 대동류 단체도 문제가 심각한 곳이며 올바른 단체로 보기는 어렵다.

또 다른 한 단체의 수장은 80년대 초반부터 20년이 넘도록 일본을 왔다갔다하면서 원거리 수련을 하여 6단을 받았다고 이야기하지만 이 말도 다 거짓이다. 왜냐면 그때 당시 필자가 그 단체에 정식 입문하여 수련을 하고 있었고, 필자가 최초의 외국인이었다. 나 이전에는 그 어떤 외국인도 입문한 적이 없었고 필자가 처음이라 외국인을 받아야 하나 말아야 하나 상당한 고민을 했다는 것을 나의 스승님에게 들었다. 왜냐면 일본의 고류 무술은 입문도 까다롭고 현대 무도와 다르게 상당히 보수적이다. 어찌 되었든 나의 스승님을 포함한 당시 지역지부장들 중 아무도 그 사람을 본 적이 없는데 어떻게 대동류 종가와 인연이 닿았는지 알 수는 없으나 일주일씩 두 번 교육을 받고 6단을 받은 것이다. 당시 지부장들은 적게는 20년, 많게는 30년 가까이 대동류를 수련한 사람들이다. 그런 사람들이 아무도 그를 본 적이 없다면 상식적으로 이해할 수 있겠나?

또한 한국에서 해외여행 자율화가 된 것이 86년 이후다. 그전에는 일본에 가기 쉽지 않았고 재일교포이신 필자의 어머니도 몇 시간짜리 반공 교육을 받고서 겨우 일본에 가곤 하셨다. 왜냐면 그때만 해도 일본 현지에서 조총련(在日本朝鮮人總聯合會)의 꾐에 넘어가 월북을 하는 사람이 제법 있었기 때문에 뚜렷한 사유가 없으면 일본에 가기 힘들었던 시절이다. 아무리 거짓으로 위장을 해도 모든 것은 밝혀지게 되어 있다.

30.
잘못 알려진 대동류의 역사와 합기도-①

우선 합기도(合氣道)가 1942년 우에시바 모리헤이(植芝盛平)에 의해
서 공포돼 행해진 것은 이제 많은 사람들이 알고 있다. 그러나 대
동류는 다케다 소우카쿠(武田惣角)가 창시했고 지금의 홋카이도(北
海道) 지역을 본가(本家)로 해서 내려온 것으로 알려져 있는데 이는
사실 아주 잘못된 내용이다.

그럼 정말 다케다 소우카쿠 이전에는 없었을까? 전혀 그렇지 않
다. 소우카쿠는 관동(關東) 사람으로 일본 사이타마(埼玉)에서 태어
났으나 어린 시절부터 동경(東京)에서 자랐다. 소우카쿠는 여러 가
지 무술을 섭렵했던 인물이고 특히 검술에 뛰어난 능력이 있었는
데 그는 직심영류를 수련했다. 소우카쿠는 아이즈한의 가노인(会津
藩 家老) 사이고 타노모(西鄕賴母)에게 그 가문에서 내려오는 오시키
우찌를 배우게 되는데 이것이 바로 대동류다.
하지만 당시에는 대동류 합기유술이라는 정식 명칭으로 불리지
않았고 대동관에서 하는 유술이라 하여 단순히 대동유술이라 불

렸다. 이것을 훗날 소우카쿠가 홋카이도 지역으로 이동하여 자리를 잡으면서 대동류 합기유술이 된 것이다. 그러므로 그는 대동류 합기유술이라는 명칭을 만든 사람이지, 대동류라는 무술 자체를 창시한 사람은 아니다. 그럼 왜 저 멀리 북쪽 끝의 홋카이도까지 갔을까?

시대 배경상 지금처럼 쉽게 독립을 할 수 없었을뿐더러 소우카쿠는 그리 오래 배운 사람이 아니었다. 지금이야 교통이 많이 발달해서 어디든 못 가겠냐마는 당시는 그런 시절이 아니었다. 동경에서 규슈를 자주 오가면서 배웠다고는 하나, 그리 오랜 기간이 아니었기 때문에 자기가 배운 무술을 가르치는 데는 제약이 따랐을 것이다. 왜냐면 요즘처럼 잠깐 배우고도 남을 가르칠 수 있는 시대가 아니었기에 무명도 바꿔야 하지 않았나 싶고, 소우카쿠 스스로도 자신이 중심이 아니라는 것을 잘 알고 있었다.

그렇게 북쪽 지역에서는 대동류 합기유술로 그 세(勢)가 확장되기 시작하였고 여전히 본가인 남쪽 지역 규슈에서도 명맥을 유지해왔다. 그러나 대동류 본가(本家)인 규슈에서는 입문이 상당히 어려운 반면, 북쪽 지역의 대동류는 쉽게 입문할 수 있어 일반 대중에게도 활발하게 전해지며 빠른 성장을 하기 시작한다.

문제는 여기부터다.

초기에는 별문제가 없었으나 시간이 지나고 북쪽의 대동류 합기유술이 많은 발전을 하며 후대에 내려오면서 분파(分派)가 거꾸로 본가(本家)로 둔갑을 하기 시작했고 정통성에 대해서 마찰이 생기기 시작했다. 그렇게 오랜 싸움 끝에 남쪽 대동류 본가의 현 종가는 큰 결심을 하게 되고 대동류 앞에 서향(西郷)이라는 단어를 붙인다. 그러면서 북쪽의 대동류와는 사상과 이념이 다를 뿐 아니라 가고자 하는 방향도 전혀 다르다고 이야기하며 북쪽 대동류와는 상관이 없다고 선포를 하게 된다. 이로써 오랫동안 있었던 정통성 문제의 분쟁에 종지부를 찍는 듯했으나 실은 그렇지 못했고, 오히려 돌연 입장을 바꾼 것에 대한 여론의 질책은 더 따가웠다.

이 무렵부터 정통성 문제가 나오면 북쪽 지역의 대동류에서는 남쪽 지역의 대동류 종가가 같은 대동류가 아니라는 입장을 이야기했는데 도대체 왜 그러느냐는 식의 발언이 단골 메뉴처럼 나오기 시작한다.

그러나 상식적인 선에서 놓고 보자.

어떻게 무술이 리더 한 사람에 의해서 정체성이 바뀔 수가 있단 말인가. 무술은 어느 한 개인의 전유물이 결코 아니다. 종가가 그렇게 이야기를 했다는 이유만으로 그것을 인정해야 된다면, 예를 들어 태권도의 리더가 고심 끝에 결정을 해서 "앞으로 우리는 태권도가 아니다"라고 한다면 그것을 인정해야 하나? 또한 여기서 멈

추지 않고 한술 더 떠 "앞으로 우리는 가라테라고 무명을 바꾸겠다"라고 한다면 이런 터무니없는 말을 받아들여야 하나?

세상이 변하고 세월이 흘러도 진실은 바뀔 수가 없다.

31.
잘못 알려진 대동류의 역사와 합기도-②

출처: 야후 재팬

위 사진들은 다케다 소우카쿠가 독립을 해서 홋카이도에서 도장을 운영하던 때로 추정되는 사진들이다. 소우카쿠의 아들인 다케다 도키무네(武田時宗)도 보이는데, 유심히 보아야 할 것은 도장 벽에 걸린 '西' 자다.

소우카쿠는 아무리 독립을 했지만 자신의 뿌리는 속이지 않았고, 자신을 대동류의 종가 혹은 개조(開祖)라고 말한 적이 전혀 없으며 대동류 본부장이라고 밝혔다. 또한 그 어떤 기록에도 소우카쿠가 종가라고 적혀 있는 것은 없다. 이럼에도 불구하고 후대에서는 소우카쿠를 대동류의 창시자라고 선전을 하고 있으니 참으로 안타까운 일이다.

단지 무술뿐만이 아니라 세상만사 상식선에 놓고 보면 크게 어렵지 않다. 한 회사가 있다고 치자. 그 회사의 본부장이라는 직함을 가진 사람이 있다면 반드시 위에 누가 있다는 뜻이다.

아마 사장이나 회장이 있지 않을까? 아니면 대표라든가. 그 어떤 회사도 회사 주인이 본부장이라는 직함을 가지고 있는 회사는 드물다. 아니, 없다.

본부장은 어떤 부서나 아니면 통합 부서를 총괄하는 책임자를 뜻하는 것이지, 대표를 뜻하는 것이 아니다. 그렇다면 위에 그 누군가가 있다는 이야기가 되는 것이고 대동류에서는 그 사람이 소우카쿠의 스승인 사이고 타노모(西郷頼母)인 것이다.

간단하게 정리를 하면 다음과 같다.

현재 일본 본국에서는 대동류가 크게 두 부류로, 남쪽 지역과 북쪽 지역에서 시작된 대동류가 행하여지고 있으며 남쪽의 본가인 대동류는 서향파대동류합기무술(西鄕派大東流合氣武術)이라 칭하고 있고 분파인 북쪽의 대동류를 대동류합기유술(大東流合氣柔術)이라고 한다.

결론을 이야기하자면 대동류는 한 뿌리에서 시작된 동일한 무술이며 많은 우여곡절 끝에 지금에 이르게 된 것이다. 이러한 대동류가 요즘 다시 회자되고 있는데 정확한 지식과 정보가 없는 상황에서 인터넷에서 흘러나오는 수많은 이야기로 혼선을 빚고 있는 것이 참으로 안타깝다.

32.
잘못 알려진 대동류의 역사와 합기도-③

우에시바 모리헤이(植芝盛平)

위 사진의 인물은 우에시바 모리헤이(植芝盛平) 정통합기도 (AIKIDO) 창시자다.

남쪽 대동류 본가(本家)에서 독립을 한 다케다 소우카쿠(武田惣角)의 수제자로, 정통합기도를 창시한 걸출한 인물이며 모리헤이 선생으로 인해 대동류가 다시금 재조명받게 된 것은 누구도 부인할 수 없는 기정사실이다. 모리헤이 창시자는 대동류의 수제자였지만 대동류 외에도 여러 가지 무도(武道)를 섭렵했으며 검술에 상당한 조예가 있었는데 특히 신음류 검술(新陰流劍術)의 면허 개전을 가지고 있을 정도로 뛰어났다.

그러나 모리헤이 합기도개조(合氣道開祖)도 합기도라는 무명(武名)으로 독립을 했지만 한동안 그대로 대동류를 가르쳤다고 한다. 이 이야기는 추측성 이야기가 아니라 시오다 종가(鹽田宗家)에게 직접 들은 이야기며, 충분히 이해가 가는 부분이다.

왜냐면 아무리 독립을 했더라도 초기에는 그동안 수련했던 틀에서 벗어나기 어려웠을 것이며 어느 정도 시간이 필요했을 것이기 때문이다. 모리헤이 창시자의 수제자였던 시오다 고조(鹽田剛三) 요신칸개조가 "나는 스승께 대동류를 배웠다"라고 한 말이 무슨 말인지 충분히 이해가 가는 부분이다. 그래서 시오다 고조 요신칸개조는 차후 하염없이 부드러워지는 아이끼까이(合氣會)의 기술에 대해 원래 내가 배운 합기도가 아니라고 말씀하셨다고 한다.

그럼 도대체 왜 부드러워졌을까?

그의 제자들 몇몇과 주변에서는 선생이 말년에 육체적인 것이 쇠

(衰)하여 그런 것은 아닌가 생각했던 이들도 있었지만 내가 보는 관점에서는 결코 그렇지 않다. 모리헤이 창시자는 말년에 기(氣)라는 것에 대해 상당한 고민을 하게 되었다. 이는 그의 동작을 보면 알 수 있는데, 그러면서부터 점점 동작이 부드러워지고 기(氣)의 흐름을 깨지 않으려고 하는 모습을 쉽게 볼 수가 있다.

결국 정통합기도 창시자는 무명(武名) 그대로 합기도(合氣道), 즉 '기운 기(氣)'를 사용하려고 했던 것이다.

그럼 대동류는 기를 사용하지 않나?

내가 직접 경험하고 느낀 바로는 기를 사용하지는 않는 것 같다. 상당한 기술의 임팩트와 중심을 허무는 세부적인 요령, 즉 원리와 방법이 탁월한 것이고 그 수가 상당히 디테일한 것이지 기(氣)는 아니다.

그렇게 모리헤이 창시자의 상당한 고민 끝에 지금의 정통합기도가 만들어졌다.

33.
합기계열의 무술은
고대 백제인에 의해서 전해졌다

일본의 대표적인 유술 중 하나인 대동류와 정통합기도는 그 기원을 고대 한반도에 두고 있고 백제에서 시작했음을 명확히 밝히며 글을 시작한다. 또한 그 영향을 받은 한국형 합기도 그리고 한국형 합기도에서 파생된 여러 호신술 및 관절기 기술의 무술도 같은 범주 내에 있다고 봐도 무방할 것이다.

　우선 일본의 고대 씨족 족보인 『新撰姓氏錄』에 보면 대원진인(大原眞人)이라는 인물이 나오는데 민달(敏達) 백제왕 후손이라고 기록되어 있다. 여기서 민달은 일본의 30代 천황인 비다쯔천황이다. 즉 천황이 백제인이라는 이야기다.

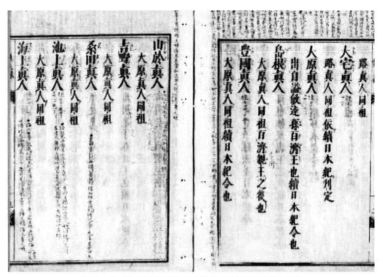

일본 고대 씨족 족보 『新撰姓氏錄』(출처: 일본 국립 국회도서관)

우선 663년 백제가 멸망을 해서 백제민이 일본으로 대거 이주를 하게 되며 왕족과 장수들이 일본의 중심이 되어 나라를 이끌어간 다. 이 장수들에 의한 세력은 더 큰 힘을 과시하고 무사정권의 시 대를 열어 약 700년간 유지하며 일본을 통치한다. 이들이 전부 백 제인이다.

우리가 익히 알고 있는 가마쿠라 막부의 창건자 미나모토노 요 리토모(源賴朝)가 백제후손이며 무로마치 막부의 창건자인 아시카 가 다카우지(足利尊氏)도 백제후손이고 게다가 가장 유명한 에도 막부의 창건자인 도쿠가와 이에야스(德川家康)도 백제계다.

이게 무슨 소설 같은 이야기인가 하겠지만 사실이며, 필자도 처 음에는 너무 놀라 믿기지가 않았다. 또한 일본이 그렇게 입버릇처럼 자랑하는 '사무라이 정신' 자체도 백제의 무사들이 일본에서 병법을 가르치며 심어준 것이다.

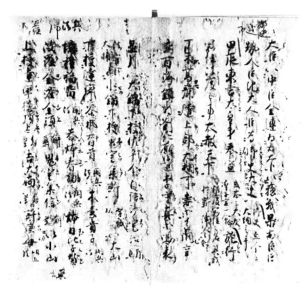

백제의 장수들이 일본인들에게 병법을 가르쳐주었다는 증거자료
-『日本書紀』27券 25쪽(출처: 일본 국립 국회도서관)

위의 문헌을 보면 천지천황 10년(671년) 1월 백제의 호족들과 장수들에게 관위를 주는데 그중 달솔 4인 목소귀자, 곡나진수, 억예복류, 답발춘초는 병법장수로 등용이 되어 백제 군사무술을 가르치게 된다. 이것이 일본에 백제무술이 전파되는 초석이 되는 것이다.

백제계 천황과 장수들은 계속 나라를 부강하게 만들며 통치한다. 이뿐 아니라 일본의 천황가는 내각의 거의 모든 대신들을 백제인들로 등용을 했으며 대대손손 백제계 도래인의 후손들이 조정에서 큰 역할을 담당한다.

　45代 성무천황(聖武天皇) 때를 보면 724년 갑자년(甲子年) 春 2월에 즉위를 했고 후지와라노 우마카이(藤原宇合)를 지절대장군(持節大將軍)으로 임명하여 군부를 다스리는데 당시 지절대장군은 군부를 총괄하는 총지휘관이다. 뿐만 아니라 청화천황(清和天皇) 시기에는 우대신(右大臣)에 후지와라노 요시아우(藤原良相), 좌대장(左大將)에는 후지와라노 우지무네(藤原氏宗)를 등용하는 것을 볼 수 있는데 우대신은 조선시대로 비유하자면 우의정에 해당하며 좌대장은 근위대장이며 지금의 경호처장이다.

　즉, 백제계 천황들은 내각은 물론이고 군부, 경호처 등 최측근에 백제계 인재를 기용하며 자신의 안위를 굳건히 하고자 했음을 알 수 있다. 이처럼 일본의 귀족들과 장수들, 즉 군과 경호처에서 백제의 군사무술이 계속해서 전해져 내려왔다.

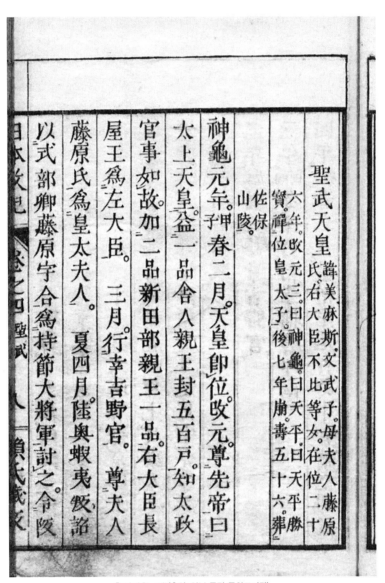

聖武天皇諱美麻斯文武子母夫人藤原氏右大臣不比等女在位二十六年改元三日神龜日天平日天平勝寶禪位皇太子後七年崩壽五十六葬

佐保山陵。

神龜元年甲子春二月。天皇卽位。改元。尊先帝曰太上天皇。益一品舍人親王封五百戶。知太政官事如故。加二品新田部親王一品。右大臣長屋王爲左大臣。三月行幸吉野宮。尊夫人藤原氏爲皇太夫人。夏四月陸奧蝦夷叛。詔以式部卿藤原宇合爲持節大將軍討之。令陸

『日本政記』4券(출처: 일본 국립 국회도서관)

窮起爲賊亦其勢蜀文德之審禁綱蓋亦有意洲之衆讒掾能吏規畫民政願可稱述而好行小惠於目前而不知耳目所不及爲何如也不能自治其本以振紀綱則齊以溺耳本者何也曰剛健勤政也、仁明壽四十一文德三十二、其必永年者亦不勤之効也、

清和天皇諱惟仁文德第四子、母皇后藤原氏在位十九年改元一曰貞觀踐位皇太子後四年崩壽三一文十一火葬水尾山陵

冬十一月、天皇即位于大極殿、大政大臣良房攝政、左大臣信右大臣兼左大將良相並如故、罷右大

『日本王代一覧』第6券(출처: 일본 국립 국회도서관)

天子之命經理小邦小邦存亡成敗決於經理之身償或不稱
其職多行不義則是頁　聖明而壞小邦也小邦之亡可立而
待小邦寧有餙辭強瀆冒移咨厚誣　朝廷而自取滅亡之
絪人情天理萬萬無此云則此一語數句足破邪說之攄揑而
人人見之者亦必信之矣但恐此語太緊其添入當否十分量
慶○乙亥○經理下官有私相審語票兵亦為隶集所見極為殊
常右議政李德馨票曰連日於外間訪得流言潛布光景漸變
或言步兵不遵彌令故標兵執器械各自為衛或言老爺將移
住別慶或言老爺已上辭本各營隨當撤兵無知愚民等又聽
其言疑惑不定固知老爺勁氣大度萬甲在宵應機制變有非
常情所測豈有纖毫聲色見於緩急哉其必細人下卒中間造
言傳相告語以致如此耳職不勝憬悧自古駕馭標兵之兵其
筞非一在方册可考也必先以柔道制之使其驕憤之氣我
之所為兩稍屈然後設法以驅筞之黃石公所謂柔能勝強者
誠至要之論也若聞人之偶言而我不免先動施為之間似異

『日本王代一覽』第6券(출처: 일본 국립 국회도서관)

이제부터가 정말 중요한 단서다. 그 이유인즉, 밑의 나열된 내용은 일본 측이 주장하는 역사적 계승 경로이다. 필자가 이야기하고 있는 내용과 거의 일치한다. 물론 일본이 최초부터 이야기하고 있는 것은 아니고 중간쯤인 청화천황부터이지만 어찌 되었든 80% 정도 동일하다. 다만 일본 측은 백제인에 의해서 전해져 내려왔다는 것을 이야기하지 않고 있고, 필자는 백제인에 의해서 전해졌다고 이야기하고 있는 것이 다르다. 따라서 백제인이라는 것만 밝혀내면 되는 것인데 「세계타임즈」에 거의 모든 것을 기사화하여 이미 밝혔다(「세계타임즈」 칼럼 참조 바람).

아래의 내용은 일본고무도협회(日本古武道協会) 홈페이지에 나온 대동류합기유술의 유파(流波)에 대한 설명이다. 대동류는 일본에서 가장 오래된 유술(柔術) 유파이고 그 역사가 약 900년에 이르며 일본 내에서도 이정도 역사를 가진 무술 유파는 찾아보기 어렵다.

大東流合気柔術は, 清和天皇末孫新羅三郎源義光を始祖とし, 甲斐武田家に伝承する. 武田信玄他界, 武田土佐国次は天正二年から会津大名, 芦田盛氏に仕え会津御池の地頭として子孫が定住. 大東流を継承した徳川家康の孫, 幼名幸松丸は信玄の旧臣高遠城主, 保科正光の養子保科正之と改め後, 会津藩祖となった. 正之は兄家光の遺命で, 四代将軍家綱の補佐役として江戸城で大政輔弼の任にあること二十三年.その間, 大東流を殿中護身武芸である御式内に改定した格式高い武芸であった. この御式内は正之以来, 歴代会津藩主が継承し

明治に至る. 武田国次の末孫で, 会津力士界の大関だった幕軍の力手組長武田

惣吉の次男武田惣角は, 家伝の大東流柔術と会津藩家老西郷頼母改め保科

近恵より御式内(御敷居内)の秘奥を伝授され, 全国を巡教. 惣角は高弟の秋田県

警察部長財部實秀が北海道に栄転した際, 要請されて随行し全道警察を巡教

した.門下には, 合気道を世に広めた植芝盛平をはじめ, 陸海軍将校, 判検事,

警察官, 各地の武道家, 名士ら三万人がある.

출처: 일본고무도협회(日本古武道協會) 홈페이지

위 내용을 요약하자면 청화천황(淸和天皇)의 자손인 신라 삼랑원의광(新羅三郎源義光), 즉 미나모토노 요시미츠를 시조로 하고 있고 다케다 가문에 전승했으며 다케다 신겐 타계 후 다케다 토사쿠니쯔쿠(武田土佐国次)가 아이즈한의 장수가 되어 그의 자손이 거기서 정주했다고 이야기하고 있다. 또한 대동류를 전승한 도쿠가와 이에야스(德川家康)의 손자가 호시나 마사미츠(保科正光)의 양자가 되어 호시나 마사유키(保科正之)로 개명 후 아이즈한의 조상이 됐다고 한다.

그리고 마사유키는 형 이에미츠(家光)의 명을 받아 4대 장군 이에츠나(家綱)의 보좌역 겸 에도 성의 정치고문으로 보필하였다. 그 사이 대동류는 호신 무예 오시키우찌(御式内)로 개정되었고 격이 높은 무예가 되었다. 오시키우찌(御式内)는 마사유키 이후부터 역대 아이즈한의 번주(藩主)에게 계승되어 메이지시대까지 이르렀다.

한편 武田惣吉의 차남인 다케다 소우카쿠(武田惣角)는 가전(家傳)인 대동류 유술과 아이즈한의 가노(家老) 사이고우 타노모(西鄉賴母)에서 개명한 호시나 찌카노리(保科近悳)에게 비전을 전수받아 전국을 순회하며 교습을 하였다. 다케다 소우카쿠의 문하생으로는 합기도를 세상에 널리 알린 우에시바 모리헤이(植芝盛平)를 시작으로 육해군 장교, 판검사, 경찰관, 각 지역의 무도가 등 3만 명이 있다.

위 본문 내용에서 대동류 합기유술의 시조로 하고 있는 청화천황(清和天皇)의 자손 원의광(源義光)도 백제후손이고 도쿠가와 이에야스(德川家康)와 그의 손자 호시나 마사유키(保科正之)는 물론이고 '합기유술'이라는 명칭을 만든 다케다 소우카쿠, 그의 스승 사이고우 타노모(西鄉賴母)도 백제계 도래인의 자손이다.

많은 사람들이 정통합기도의 창시자 우에시바 모리헤이(植芝盛平)는 정말 잘 알고 있고 또한 모리헤이의 스승 다케다 소우카쿠(武田惣角)도 익히 알고 있지만 소우카쿠의 스승인 사이고우 타노모(西鄉賴母)에 대해서는 모른다. 정통합기도의 창시자 우에시바 모리헤이가 아무리 뛰어난 사람이었다 하더라도 다케다 소우카쿠가 없었더라면 존재할 수 있었을까. 또한 다케다 소우카쿠가 '대동류 합기유술(大東流合気柔術)의 중흥조'라고 불리고 있으나 그의 스승인 사이고우 타노모가 없었더라면 소우카쿠가 존재할 수 있었겠나…! 백제계 호시나 마사유키(保科正之)가 아이즈한에 백제유술을 전파하지 않았더라면 합기계열의 유술은 존재할 수 없다. 이러한 모든 것을 밝혀내는 것이 쉽지는 않았지만 포기하지 않고 오랜 기간 동안 역사를 역추적하여 마침내 알아냈다(자세한 것은 뒤의 제2부 참조).

혹자는 말한다. "역사가 뭐 그리 중요하냐, 실력이 중요하지." 얼핏 들으면 맞는 말 같지만 전혀 틀린 말이다. 역사가 없고 선조가 없다면 그 누구도 존재하지 않는다.

신채호 선생님이 말씀하셨다. "역사를 모르는 민족은 미래가 없다"라고…

정말 힘들게, 힘들게 진실을 밝혀냈다. 이 모든 과정을 알아내면서 필자가 가장 안타까웠던 점은 일본 사가현(佐賀縣) 아리타(有田) 도자기의 역사가 정유재란 때 일본으로 끌려간 조선의 이삼평(李參平)에 의해서 시작됐다고 정확히 밝힌 것처럼 무술의 역사도 백제인에 의해서 전해져 내려왔다고 솔직히 이야기했다면 역사를 밝히기 위한 고생을 할 필요도 없고 그 많은 시간과 세월을 보낼 필요도 없었을 것이라는 점이다. 이런 생각을 하면서 너무 씁쓸했다. 하지만 진실이 밝혀졌고 후학들에게 올바른 역사를 알릴 수 있어서 더할 나위 없이 기쁘다.

34.
정확한 팩트

성경을 잘 모르는 사람에게 '모세'는 홍해를 가른 사람, 또는 로열
패밀리라는 정도, 아마 그 정도로 인식되어 있을 것이다. 이 사람
들한테 실은 모세는 왕족이 아니라고 하면, "무슨 소리 하냐, 모세
는 왕족이다!"라고 하며 발끈할 수도 있다.

그렇다. 모세는 바로왕의 딸이 아들처럼 키운 왕족이 맞다. 출애
굽기에 보면 바로왕은 히브리 사람, 즉 이스라엘의 민족이 번성하
여 자꾸 힘이 거대해지자 여인이 아들을 낳으면 죽이고 딸을 낳으
면 살려두게 하는데 레위 지파의 사람 중 한 명이 아들을 낳고 보
니 너무 잘생겨서 아이를 보자기에 싸서 강가에 떠내려보낸다. 때
마침 목욕을 하러 나온 바로왕의 딸이 발견하여 아이를 데려가서
아들처럼 키우게 된다. 왕족이라는 말도 틀린 말은 아니지만 더 정
확히 말하면 모세는 이스라엘의 12지파 중에 레위 지파, 즉 제사
장의 후손이라고 말하는 게 정확한 팩트다. 왜 이런 이야기를 하냐
면 무술계에 보면 엉뚱한 역사를 말하는 사람들이 있다. 정확한
사료(史料)를 내놓고 이야기하는 것도 아니고 그저 말뿐이라 처음

에는 사기꾼에 아주 못된 놈들인 줄 알았다. 그러나 한편으로는 혹시 '정말 몰라서 저렇게 말하는 것인가'라는 생각이 들었는데 그렇다면 말은 달라진다. 못된 놈이 아니라 불쌍하고 안타까운 일이다. 실력이 부족한 것은 어쩔 수 없다. 사람은 저마다 타고난 능력이 다르고 운동신경이 다르기 때문이다. 하지만 역사는 조금만 신경 쓰고 공부를 하면 그리 어렵지 않게 알 수 있는 것인데 참으로 안타깝다.

우연히 어떤 동영상을 보고 웃음이 나왔다. 왜냐면 세키구찌류가 대동류와는 전혀 관련이 없는 다른 무술이라고 이야기하고 있었는데, 진실은 그렇지 않다. 정말 관련이 많고, 아니 더 자세하게 이야기하자면 청화 원(原)씨의 후손이며 한 뿌리에서 나온 자손이고 실제로 세키구찌의 선조가 아이즈한(会津藩)에서 유술을 배워서 만든 분파다. 그래서 세키구찌계 대동류(関口系大東流)라고 부르기도 하는 것이다. 그리고 이 또한 모두 백제계 도래인의 후손이며 음(陰)의 기술을 쓰는 유파다. 아무쪼록 수박 겉핥기로 여기저기 다니며 조금씩 맛만 보고서는 아는 척하는 이런 사람들 때문에 무술계가 멍들어간다. 참으로 가슴 아픈 일이다.

35.
무술계의 친일파

이 책의 제목은 『진짜 무술 이야기』다. 그렇다면 '가짜 무술 이야기'도 있다는 말이 성립이 되는 것인데 과연 어떤 가짜 무술 이야기가 있는 것일까, 또 누가 가짜 무술 이야기를 퍼트리는 것일까 궁금하지 않을 수 없다.

우선 가짜 무술 이야기를 전하는 사람들의 몇 가지 유형이 있는데, 그중 하나는 없는 역사를 만들어내서 사람들의 마음의 동요(動搖)를 얻어내려고 하는 자(者)들이며 주로 전통무예를 논하는 사람들이 대부분이다. 또 하나는 진짜 전통무술이 맞는데 이것을 아니라고 강하게 부인하는 사람들이다. 이들은 일본무도(日本武道)를 하는 사람들이 대부분이며 개중에 상태가 심한 사람들은 너무 친일 성향이 강하기 때문에 진실 여부와는 관계없이 무조건 아니라고 하는 사람, 또는 아니어야만 하는 사람들이다. 그리고 마지막 유형의 사람은 뭐가 뭔지 모르고 아무렇게나 떠들고 다니는 사람인데 이런 사람은 그냥 무시하면 되기 때문에 별 문제가 되지는 않지만 두 번째 유형의 사람들은 상당한 골칫거리다.

왜냐면 첫 번째 유형의 부류들은 그래도 애국심에 너무 불타서 그런 것이니 올바르지는 못하지만 나무라기에는 가슴이 아프다. 문제는 두 번째 유형의 친일 성향이 강한 사람들인데 일본무도를 하다 보면 기술이나 동작만 배우는 것이 아닌, 사상이나 이념에 빠져 허우적거리는 것을 쉽게 볼 수가 있다. 그렇다고 이들이 오랫동안 수련을 했는지 알아보면 그렇지도 않다. 또한 정작 일본인들은 부정도 긍정도 하지 않고 거리를 두고 시켜보는 입장이거나 아니면 아예 관심이 없는 경우가 많은데 오히려 일본무도를 하는 한국인이 더 아니라고 하니 이것이 정말 웃긴 것이다. 무술에는 국경도 없고 인종도 관계없으며 누구나 할 수 있는 것이 무술이다. 그러나 뭐가 옳고 그른지는 명확히 알아야 한다. 자기가 하고 있는 무술이 제일은 아니다. 열심히 수련을 하다 보면 애착도 생기고 종종 정도를 넘는 경우도 있는데 이럴 때 스승이 그 중심을 잡아주면서 올바른 길로 인도를 하는 것이다. 그러나 일본무도를 하는 사람들 중에서 형편상 일본에 가지 못하기 때문에 책이나 동영상으로 독학을 하는 사람들이 많고 스승이 있다 해도 일 년에 한 번 만나는 정도라 사실 스승이라고 하기도 애매하며 그 사람이 스승으로서의 역할을 제대로 해주지 못한다. 그럼에도 불구하고 자기네들이 정통인 양 거짓 선전을 하고 있다. 또한 한반도에서 일본으로 건너간 문헌과 증거자료가 있는데도 아니라고 하니 답답할 노릇이다. 합기계열의 무술(武術)은 한반도에서 일본으로 전해진 무술이다. 진정한 무술인(武術人)이라면 인정할 것은 인정할 줄 알아야 한다. 그것이 올바른 무술인이다.

36.
한음(漢陰) 이덕형 선생

한음(漢陰) 이덕형 선생의 본관은 광주(廣州)이며 조선 중기에 영의
정까지 지낸 충신이다. 필자(筆者)의 조상인 오성(鰲城) 이항복 선생
과 절친이며 오성과 한음으로 유명하다. 이덕형 선생은 뛰어난 능
력으로 19세의 나이에 문과에 급제를 하고 이조정랑(정5품), 대사간
(정3품), 대제학(정2품) 등 순조롭게 출세의 길을 달리며 두루 관직
을 지냈고 임진왜란이 일어나던 때 31살의 나이에 이조참판이 된
다. 당시 이순신이 하옥되자 적극 변호하여 유성룡과 함께 이순신
을 천거해서 옥에서 빼내어 왜(倭)를 무찌르게 한 장본인이다. 이덕
형 선생은 병법가로도 유명하며 조선왕조실록에도 선생의 기록이
있다.

天子之命經理小邦小邦存亡成敗決於經理之身倘或不稱

其職多行不義則是負 聖明而壞小邦也小邦之亡可立而

待小邦寧有餙辭強辯瀆冒移咨厚誣 朝廷而自取滅亡之

緣人情天理萬萬無此云此一語數句足破邪說之擠捏而

人人見之者亦必信之矣但恐此語太緊其添入當否十分量

慶○乙亥○經理下官有私相密語票兵亦為来集所見極為殊

常右議政李德馨票日連日於外間訪得流言潜布光景漸變

或言步兵子遵彌令故標兵執器械各自為衛或言老爺將移

住別慶或言老爺已上辭本各營随當撤兵無知愚民等又聽

其言疑惑不定固知老爺勁氣大度萬甲在胃應機制變有非

常情所測豈有纖毫聲色見於緩急我其必細人下卒中間造

言傳相告語以致如此耳職不勝慷惋自古駕馭標悍之兵其

策非一在方冊可考也必先以柔道制之使其驕憤之氣我

之所為而稍屈然後設法以驅䇿之黄石公所謂柔能勝強者

誠至要之論也君聞人之偶言而我不免先動施為之間似異

출처: 국사편찬위원회 先祖實錄 第101券 先祖 31年(1598년)

必先以柔道制之, 使其驕憤之氣, 見我之所爲而稍屈, 然後設法以驅策之. 黃

石公所謂柔能勝强者, 誠至要之論也.

반드시 먼저 유도(柔道)로 제어하여 교만하고 분개하는 기운으로 하여금 우

리의 행동을 보고서 차츰 굴하게 만든 연후에 방법을 강구하여 몰아쳐야 하

는 것입니다.

황석공(黃石公)이 이른바 '부드러운 것이 강한 것을 이길 수 있다'는 것은 참으

로 지극히 긴요한 의논입니다.

위 내용을 간략하게 설명을 하자면 당시 우의정 이덕형이 선조에

게 말하기를, 적이 분개하며 강하게 나오더라도 같이 강하게 받아

치지 말고 유도(柔道), 즉 부드럽게 대처한 후 역으로 몰아쳐야 한

다는 내용을 중국의 병법가인 황석공(黃石公)이 자주 쓰던 유능승

강자(柔能勝强者)라는 단어를 인용하여 이야기한 것이다.

여기서 유도(柔道)라는 단어가 들어갔다고 해서 조선시대에 실제로 지

금의 스포츠 종목인 유도(柔道)가 있었다고 한다면 아주 심각한 오류가

되는 것이다.

황석공은 중국 진(秦)나라의 병법가로 장량(張良)에게 병법을 가

르친 것으로 유명하며 그가 말하는 유능승강자(柔能勝强者)는 훗

날 사람들이 자주 논하는 유능제강(柔能制剛)이다. 예를 들자면 손

자병법의 모공편에 나오는 '지피지기면 백전백승이다'라는 말은 후대에 사람들이 만들어낸 이야기고, 원서(原書)에는 '지피지기 백전불태(知彼知己 百戰不殆)', 즉 '적을 알고 나를 알면 백 번 싸워도 위태롭지 아니하다'라는 뜻인데 유능승강자(柔能勝强者)도 유능제강(柔能制剛)을 뜻하는 원문의 단어이며 병법의 한 전략으로 말한 것이다. 이러한 것을 유도에 대입하여 마치 조선시대에 유도가 있었던 것처럼 역사를 왜곡하며 민족사관을 내세워서는 안 되는 것이다.

당시 조선은 중국의 영향을 많이 받았으므로 위와 같은 인용은 여기저기에서 쉽게 찾아볼 수 있다.

寡輕敵而動亦不可窮追以致蹉跌要在乘機制宜耳兵法曰知
彼知己百戰不殆又曰兵難遙度卿宜審彼我之勢臨敵應變

○上率百官謝恩于 太上王箋曰黃屋非心誕驚就怡養神器
不易遠及頑蒙省循何堪篤恐岡措伏念臣性質既劣學識亦
疎監國撫民尚未副儲貳之任承祧主鬯安敢弛夙夜之憂當
意微病之餘遄降禪授之命控牢辭而莫追激愚衷之罙深玆
善伏遇大度淵冲至仁天覆乃令屬質獲纘丕基臣謹當惟懷
永圖期莫奉於貽克蕆成憲不替於綿俄而忝名體
曹判書任元濬戶曹判書盧思愼中樞府知事韓繼禧及密城
君琛入內夜初皷 太上王薨于壽康宮之正寢琛與領議政
浚議以為夜已深署此時發喪而百官來會則必爾喧擾宜於
明日發喪詣元濬出語承旨領議政等云發喪當從明日然
君琛曰大事不可不與 諸宰急議宜莫如偏告諸大臣來會南門外議事畧有支用之
如此大事堂可無所受命擅不發乎況殯殿諸事不可不與
物綵政院招該司官吏使各輸供則有何喧擾乎即往南門候

출처: 국사편찬위원회 睿宗實錄 第1券 睿宗 元年(1468년)

위 예종실록에도 兵法 知彼知己 百戰不殆를 예종이 인용한 기록이
나온다.

37.
유술(柔術)

유술이라고 하면 많은 사람들이 맨손으로 하는 것을 연상한다. 아마도 기존의 인식이 너무 강하게 머릿속에 박혀 있어서 그런 것이 아닌가 싶다. 특히 무술인이 아닌 일반인은 유도나 브라질리언 주짓수같이 맨손으로 하는 것을 유술이라고 배웠기 때문에 유술이라고 하면 맨손으로 꺾고 누르고 조르는 것을 생각한다.

그럼 유술(柔術)이란 과연 무엇을 말하나?

그 옛날의 군사무술에 타격이 있었을까? 없으란 법도 없다, 때리면 타격이지 타격이 별건가. 그러나 전쟁을 하는 데 있어서 고급 장수들에게 타격은 그다지 효과적인 방법이 아니었다. 장수들은 지위가 높으면 높을수록 갑주가 튼튼했고 많게는 40kg 넘게 나가는 것도 많았는데 그런 갑주를 착용하고 투구까지 쓴 상대를 주먹으로 가격한다는 것은 그리 효과적이지 않았으며 발길질은 더더욱 그렇다.

따라서 상대의 중심을 빼앗아 넘어뜨리거나 던지거나 또는 관절을 비트는 기술이 발달할 수밖에 없었고 검술 또한 화려하지 않았으며 갑주의 틈새, 관절 사이 또는 손 같은 곳을 베는 정교한 검의 기술인 음(陰)의 기술이 발달되었다.

그런데 왜 요즘 검술은 화려하며 선이 크고 동작이 간결하지 못할까?

그 이유는 간단하다. 화려하고 멋진 검술은 공연이나 시범에서 보여주기 위한 검술이라서 실전 검술이 아니며, 국내의 검술 유파 대부분이 사실 현대에 복원되었거나 창시되었기 때문이다. 유술을 이야기하려고 하다가 왜 갑자기 타격과 검술을 이야기하는지 어리둥절할 수도 있지만 유술이 검술에서 시작되었고 검뿐만 아니라 창이나 봉(棒) 같은 병기술도 다 같은 유술의 일부분이기 때문이다. 유술이라는 것은 단순한 체술(體術), 즉 맨손무술을 뜻하는 것이 아니며 글자 그대로 부드러운 움직임에서 상대를 제압하는 기술을 뜻하는 것이다.

38.
위기의 무술계(코로나 발생 1년 후 시기)

경기가 좋지 않아 무술계가 힘들다는 것도 틀린 말은 아니지만, 경기를 논하기 전에 코로나19로 인해서 정부로부터 집합금지 행정명령이 내려지고 무술도장에 모이는 것 자체가 안 되기 때문에 무술을 업으로 삼고 살아가는 관장들이 너무나 힘들어하고 있다. 얼마나 힘들면 택배 일을 하기도 하고 야간에 대리운전을 하기도 하는데, 대리운전도 저녁 9시 이후로는 식당이나 주점의 영업을 제한하고 있어서 그조차도 일거리가 없다며 어떻게 살아가야 할지 앞이 보이지 않는다고 필자에게 하소연을 한다. 이런 말을 듣고 있노라면 너무나 마음이 아프고 속상하다. 나 또한 무술을 천직으로 생각하고 여지껏 살아왔기 때문에 관장들의 고충을 충분히 이해할 수 있다. 하지만 아무런 방법도 대책도 없어서 그것이 화가 난다. 정부에서 소상공인을 위한 버팀목 자금으로 100만 원씩 3회에 걸쳐 지급을 했다. 그러나 코로나가 시작된 지 벌써 1년이 넘었고 한 달 임대료는 100만 원이 훨씬 넘는데 고작 300만 원으로 감당이 될 수 있겠나…!

관장들이 정말 억울해하는 것은 긴급운영자금을 적게 지급해서가 아니다. 정부의 올바르지 못한 행정과 신뢰할 수 없는 조치 때문이다. 같은 무술도장업인데 종목에 따라서 어떤 종목은 9인 이하로 영업을 허가해주고 어떤 종목은 아예 문을 열지도 못하게 하는 괴상한 행정 때문이다. 상식적으로 납득이 가지 않는다. 코로나가 종목을 피해가나? 이러한 말도 안 되는 행정이 이루어지고 있는 것은 정부나 관련 부처가 실제로 돌아가는 상황을 전혀 모르고 책상에 앉아서 짐작으로만 모든 일처리를 하기 때문이다. 이제는 무술인들도 한목소리를 내어 잘못된 것은 바로잡아야 하는데 협회나 단체는 혹여나 불이익을 받지 않을까 목소리를 내지 않고 있고 모든 것을 관장들이 감수해야 하기에 그 아픔은 배가 되는 것이다. 관장들은 이제 너무나 많은 어려움에 지쳐 자포자기 직전이다. 하루빨리 변화가 필요하며 정부는 이제 더 이상 무술인들을 방치해서는 안 된다.

39.
무술계에도 유행이 있다

1970년대부터 1980년대까지는 쿵푸가 단연 인기가 있었다. 왜냐면 불운의 액션스타 이소룡(李小龍)의 영향이 컸고 그 다음으로 성룡 (成龍)이 1978년에 영화 「취권」을 대히트시켜 중국무술의 인기는 하늘을 찔렀다. 그 후에도 1983년에 홍금보와 성룡의 「오복성(五福星)」, 1985년에는 성룡과 원표의 「쾌찬차(快餐車)」가 흥행을 하여 쿵푸의 인기는 굳히기에 들어갔고 당시 동네에 쿵푸 도장 하나쯤은 당연히 있었다. 물론 이연걸의 「소림사(少林寺)」와 소림사 18동인도 한몫을 톡톡히 했다. 아무튼 당시는 중국무술의 시대라고 해도 과언이 아니었으며 이 기세가 1980년대 후반까지 갔고 1989년에 장끌로드 반담의 「어벤저」라는 킥복싱 영화가 흥행을 하면서부터 중국무술은 주춤해지고 킥복싱 체육관에는 관원생이 넘쳐나 발 디딜 틈이 없었으며 의자를 가져다놓고 다리 찢는 진풍경이 벌어지기도 했는데 필자가 1994년에 북아현동에서 킥복싱 체육관을 할 때까지만 해도 제법 많은 사람들이 킥복싱을 배웠다.

또한 1990년대에 들어와서는 신토불이(身土不二), 즉 우리 몸에는 우리 것이 최고라는 유행어가 생기며 옛것과 우리 것에 대한 사람들의 관심이 깊어지면서 해동검도가 혜성처럼 등장했고 인기가 굉장했다. 또한 그 무렵 「무풍지대」라는 시대극에서 주인공인 유지광 역을 맡은 해동검도 나한일 총재의 영향도 상당히 컸다고 봐야 할 것이다.

그러다가 1990년대 후반에는 경호무술이 조금씩 두각을 나타내기 시작하면서 2007년 정도에는 정점을 찍었다. 그러나 솔직하게 경호무술이라는 것 자체는 청와대에도 없다. 청와대의 경호원들은 보통 유도, 태권도, 검도, 사격 등의 무도를 연마하면서 대통령을 보좌하는데 그럼에도 불구하고 민간에서는 한국형 합기도에 이름만 새롭게 바꾼 '경호무술'을 탄생시켰던 것이다. 물론 기존의 합기도가 나를 지키는 개념이라면 경호무술은 내가 아닌 타인(他人)을 지키는 것이지만 그 술기는 별반 다르지 않다. 그런데도 제대로 먹혀들어간 이유는, 경호원은 남자라면 누구나 한번쯤 해보고 싶은 동경의 대상이고 폼 나는 직업이기 때문이다. 이러한 점에서 '경호원이 사용하는 무술'이라는 것이 크게 먹혀들어간 것이다. 어찌 되었든 경호무술이 사람들의 많은 관심을 받자 단체들이 우후죽순 늘어나고 자칭 창시자라고 하는 사람이 20여 명이 넘었으며 서로 자기가 오리지널이라고 이야기하면서 물고 뜯고 싸우다가 나중에는 그중에서 의장을 뽑기도 하는 웃지 못할 일도 있었다.

그렇게 2008년에서 2009년으로 접어들면서 경호무술의 열기가 시들어지고 주짓수와 삼보가 조금씩 강세를 보이기 시작했는데 그러나 상당히 크게 성장할 것 같았던 삼보는 생각 외로 크게 성장을 하지 못했으며 생각지도 못한 주짓수가 꾸준한 성장을 하더니 지금은 아시안게임 메달 종목으로까지 발전을 하면서 엄청나게 큰 단체로 자리를 잡게 된다.

그리고 2010년쯤 원빈 주연의 「아저씨」라는 영화에 필리핀 전통 무술인 '아르니스' 기술이 나오면서 한국에도 아르니스가 급진적으로 보급이 되기 시작했고 현재 상당히 많은 회원 수를 보유하고 있는 것으로 알고 있다. 이렇게 한국 무술계에는 많은 변화가 있었고 그 변화를 유심히 살펴보면 영화나 드라마, 즉 영상매체로부터 매우 큰 영향을 받았다는 것을 알 수가 있다. 역시 매스컴의 힘은 정말 강하다. 최근에는 창시무술이 점차 늘어나고 있는 추세다.

40.
족발과 무술

예전에 국내의 유명 한의사가 족발에 함유되어 있는 콜라겐 성분이 노화를 방지하고 피부의 탄력을 유지하는 데 큰 도움이 될 뿐아니라 옛날 동의보감에도 무릎에 좋다는 기록이 있다고 이야기를 했다. 그 후 족발의 인기는 급상승하였으며 엄청난 소비가 발생했던 적이 있었는데, 당시 족발의 인기가 어느 정도였냐면 장충동 원조족발 집에 가면 자리가 없어 보통 1시간 정도 기다려야 들어갈 수가 있었고 심지어는 족발집 앞에 있는 태극당(제과점)에서 차(茶)를 한잔하면서 기다리는 사람도 많았다. 특히 노화방지와 피부탄력에 좋다고 하여 여성들의 기호식품이 되었고 그 도가 지나치자 모 방송에서 정말 족발에 있는 콜라겐이 효과가 있는지 그 효능을 알아보기 위해서 전문기관에 의뢰를 했는데 결과는 충격적이었다.

왜냐면 족발에 콜라겐 성분이 있는 것은 맞지만 콜라겐 자체의 체내 흡수율은 2%가 채 되지 않으며 오히려 기름기 많은 족발의 동물성 지방이 체내에 그대로 쌓여서 비만의 원인이 될 수도 있고 지방이 혈관 벽에 붙어 혈관을 막는 경우 동맥경화는 물론이고 각종 성인병에 걸릴 위험성이 크다고 이야기했기 때문이다. 즉 유명 한의사의 말은 엉터리였는데 그럼 왜 그런 이야기를 했는지 당시 취재진이 알아본 결과, 족발을 판매하는 제법 큰 기업에서 한의사에게 소정의 대가를 지불했고 대가를 받은 한의사는 받은 만큼 족발 예찬론을 펼쳤던 것이다.

자기 개인의 이익을 위해 많은 사람에게 엉터리 정보를 전달하고 아무렇지 않게 국민을 기만하는 행동이 지금 사회에는 만연하고 있으며 무술계도 별반 다를 게 없다.

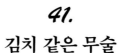

41.
김치 같은 무술

한국 사람이라면 누구나 김치를 좋아할 것이다. 좋아하는 정도를
넘어 김치가 없으면 밥을 먹기 힘들 수도 있다. 물론 김치가 항상
밥상에 있으니 김치가 없다는 생각조차 해본 적 없을 것이고 그래
서 얼마나 김치가 소중한지 모를 수도 있다.

나는 항상 밥을 먹을 때 김치를 먹으면서 조상들에게 얼마나 감
사한지 모른다. 어떻게 이런 위대한 발상을 하셨고 또 그것을 후손
에게 물려주었는지 말이다. 김치는 정말로 과학적이다. 김치를 담
가서 발효를 시켜서 먹는다는 생각을 어떻게 그 옛날에 할 수 있
었을까? 또 뿌리 음식인 무를 잘게 썰어서 속에 넣고 양념은 고추
를 말려서 그것을 다시 가늘게 빻고 마늘을 갈아서 넣고 소금과
새우젓으로 간을 한다. 정말 기발한 발상이다. 그뿐인가? 겨우내
얼지 않도록 항아리에 넣어서 땅에 묻어두면 항아리에서 김치가
숨을 쉬고 땅속의 적정 온도로 발효가 되는 정말 과학적인 식품이
다. 세계적으로 절임음식을 하는 나라는 더러 있다. 중국도 그렇
고 몽골도 그렇다. 그러나 김치 같은 발효음식을 하는 나라는 드

물다. 그만큼 우리들의 선조들이 지혜로웠다는 이야기다.

김치는 맛도 숙성 정도에 따라 다르다. 갓 담근 겉절이김치는 금방 담가서 아삭아삭하면서 식감이 좋고 거기에다 싱싱한 굴을 넣어서 먹으면 일품이다. 반면에 잘 익은 김치는 냄새도 향긋하고 한입 물면 어금니에 침이 고이고 그 맛이 뇌로 전달되어 중추신경을 뒤흔든다. 실제로 필자가 미국에 있을 때 몸살이 났는데 한국인 지인이 시카고까지 가서 김치를 사와서 낙지볶음에 밥을 해줬는데 그 밥을 먹고 신기하게 나았던 적이 있다. 김치는 정말로 대단하다.

무술도 이와 같다. 젊은 사람이 처음 배운 지 얼마 안 됐을 때는 힘도 좋고 패기도 넘쳐 좋아 보이지만 능수능란한 동작과 부드러운 몸놀림은 없다. 왜냐면 몸에 아직 덜 익었고 그만큼 시간이 흐르지 않았기 때문이다. 김치가 시간이 지나야 맛있게 익는 것처럼 무술도 어느 정도 세월이 지나야 한다. 요즘 무술계를 보면 덜 익은 김치들이 보인다. 아직 익지 않았는데도 잘 익은 김치인 척하는데 한입 물어보면 금방 알 수 있다. 또한 본인도 아직 익숙하지 않고 배우는 입장이면서 제자를 받아 가르치는 큰 오류를 범하며 이상한 논리를 내세우기도 한다.

가르치면서 공부도 되고 같이 동반성장한다는 말은 얼핏 들으면 맞는 말 같지만 전혀 틀린 말이다.

예를 들어 이제 막 김치 담그는 방법을 배우고 있는 사람이 아직 익숙지 않은데 누군가를 가르친다면 그 김치가 제대로 만들어지겠는가? 잘못된 것을 인정하지 않고 요리조리 피해가면서 변명으로 일관하는 것은 진정한 무술인이 아니다. 맛있는 김치를 담그려면 오랜 시간과 경험이 필요하다. 하물며 김치도 그러한데 무술은 오죽하겠나. 어설프게 선생 흉내 내는 사람들은 반성해야 할 것이다.

42.
제대로 알아야 남에게 피해를 안 준다

위 사진은 우리 집 호두나무에서 따온 것이다.

약을 치지 않고 자연 그대로 놓고 키우기 때문에 크기가 작지만 맛은 정말 좋다.

위의 호두를 얼핏 보면 아오이 사과와 비슷하다. 그리고 먹어보기는 했지만 호두를 키워보지 않은 사람은 대체로 호두 열매가 어떻게 생겼는지 모른다. 사과라고 말하는 사람들이 거의 대부분이고 열매가 작을 때는 매실이라고 말하는 사람들도 많다.

이번 주제는 '제대로 알아야 남에게 피해를 안 준다'라는 것이다. 무술계가 갈수록 엉망진창인 가운데 어설픈 실력과 제대로 알지도 못하는 정보로 남들에게 혼란을 주는 사람들이 제법 많다. 잘 모르고 그러는 것도 문제인데 아예 알면서 대놓고 엉터리로 사기를 치는 사람들이 있어서 더 큰 문제가 아닐 수 없다.

갑자기 예전 일이 생각난다.

나는 오랫동안 운명철학을 공부했다. 내가 철학을 하는 것을 보고 지인 중에 한 사람이 까짓것 나도 하면 되지 하더니 인터넷으로 사주책 한 권을 주문해서 몇 달을 열심히 공부를 했다. 그리고 나서 자기 친구가 아들이 해군사관학교 시험을 봤는데 결과가 궁금하다고 묻자, 사주를 보고 반드시 붙는 사주라며 걱정하지 말라고 호언장담을 했단다. 그런데 결과는 똑 떨어졌다. 그리고는 너무 미안해서 그 친구와 몇 달간 연락도 안 했다는 이야기를 들었고, 그 후로는 다시는 남의 사주를 보지 않았다고 했다.

옛말에 선무당이 사람 잡는다고 했다.

늘 하는 이야기이지만 부산을 가야 하는데 춘천 방향으로 가면서 다름을 인정해달라고 하면 그게 맞는 건가?

틀린 것은 틀린 것이다. 인정할 줄 알아야 한다. 그게 사람이다.

43.
장인정신(匠人精神)

일식을 좋아해서 시간 나면 없는 돈에 스시를 먹으러 다녔다. 호텔 뷔페에서는 일식뿐만 아니라 다양하게 맛을 볼 수가 있어 힐튼 호텔, 신라호텔, 쉐라톤 워커힐호텔 등에 있는 뷔페에 다녔고 그중에서도 힐튼호텔에 자주 갔다. 호텔 뷔페에 가지 않을 때는 노원에 있는 일식집 '황거'에 종종 갔다. 왜냐면 그래도 한국에서 가장 일식다운 일식을 하는 곳이라고 생각했고, 조금 비싸기는 하지만 하나를 먹더라도 제대로 된 것을 먹기 위해서다.

이번 주제는 '스시'다. 필자가 일본에서 살던 집 옆에 아주 조그만 스시집이 있었다. 정말 바로 옆이라 반바지에 슬리퍼를 신고 한 끼 해결하던 곳인데 자주 가다 보니 주인아저씨하고도 잘 알게 되었고 그런 주인아저씨는 단순히 스시만 만들어주고 끝나는 것이 아니라 이런저런 것을 묻기도 하며 상당히 친근감 있게 대해주었다.

그러다 어느 날 마칠 시간도 다 되어가는 것 같고 손님이 나밖에 없어 내가 술 한잔을 권했는데 정중하게 거절을 하는 것이다. 그러나 일본은 기본 두세 번은 사양하는 문화가 있기 때문에 또다시 권했더니 하시는 말씀이, 자기 집은 3대째 스시집을 하고 있는데 자기 할아버지도 아버지도 술과 담배를 하지 않았으며 자신도 술, 담배를 하지 않는다고 했다.

건강 때문에 그러냐고 물었더니 아저씨 왈, 자기도 주방장이 되기 전에는 술, 담배를 좋아했지만 주방에 들어와 스시를 만들고부터는 술, 담배를 끊었다며 살며시 웃는다. 그 말을 듣고 순간 스시 만드는 것과 술, 담배가 무슨 상관이 있나 의아했다. 술과 담배를 하면 미각을 잃어서 제대로 된 스시를 손님에게 낼 수 없다는 아저씨의 말을 듣고 나는 갑자기 오함마로 뒤통수를 한 대 세게 맞은 기분처럼 멍했다.

'대체 여기가 무슨 일류 호텔 일식집도 아니고… 뭐야 도대체…'

그리고 훗날 한국에 와서 저 아저씨의 스시 맛이 그리워 여기저기 다녀봤다. 위에 언급한 일류 호텔에 간 것도 그나마 제일 비슷하게 흉내를 내고 있기 때문이었다.

요즘 일본의 스시집 아저씨 생각이 종종 난다. 그 조그만 스시집을 하면서 정신만큼은 세계 최고의 장인정신을 갖고 손님을 대하는 그 모습, 한국 무술계에도 이런 정신을 갖고 있는 분이 있다면 그래도 살 만할 텐데….

44

모르면 배워라

자존심이 밥 먹여주나?

배울 만하면 배워야지!

우리의 아버지 세대 분들이 자존심 다 버리고 일본이며 미국이며 독일이며 영국이며 가서 배워왔기 때문에 그것이 밑거름이 되어 지금 이만큼 사는 것이고 이들 나라와 어깨를 나란히 하는 것이다.

위 사진의 김치는 실제로 필자가 담근 김치다. 저렇게 보여도 요리 장인에게 배운 것이다. 모르면 배워라. 배우기 위해 머리 숙이는 것은 자존심 상할 일이 아니다…! 무술계 지도자들 중에도 모르는 사람들이 상당히 많은데 잘 배우려 하지 않는다.

45.
이것저것 하지 마라

당대 최고였던 우에시바 모리헤이(植芝盛平), 시오다 고조(塩田剛三), 그리고 치노 스스무(千野進). 이분들의 공통점이 무엇인지 생각을 해보자. 무엇이 떠오르나? 바로 떠오르는 것은 동작이 간결하다는 것이다. 또한 우연인지 모르지만 세 분 모두 유도(柔道)를 했다. 유도가 무엇인가? 유도는 곧 야와라(柔)고 야와라는 유술의 사촌쯤 된다고 보면 맞을 것이다. 개구리의 사촌이 두꺼비인 것처럼…

예전에 제자에게 질문을 받은 적이 있다. "총재님, 타격기 무술을 하면서 유술을 하면 안 되나요?" 세상에 안 되는 것이 어디 있나? 다만 전혀 도움이 안 되며 오히려 항상 제자리걸음을 하는 자신을 보게 될 것이다. 타격에도 유술에도 도움이 안 된다. 그것은 왜 그럴까? 그 무술이 가지고 있는 특성이 다르기 때문이다. 굳이 말하자면 중심이 다르고 서로 쓰는 근육이 다르기 때문일 것이다. 자, 생각해보자. 농구의 황제 마이클 조던이 야구를 했다. 그것도 양키스에 들어가서… 결과는 어땠나? 늘 병살타만 치며 허무하게 나오는 농구황제의 어두운 표정은 이루 말할 수 없었다.

그렇다고 마이클 조던이 운동신경이 없는가? 그만한 운동신경을 가진 사람이 어디 또 있나?

또한 유술은 내가권에 가깝다. 타격하고는 서로 궁합이 맞지 않는다. 하물며 음식도 궁합이 맞지 않으면 아무리 비싸고 좋은 음식을 먹어도 탈이 나는 법인데….

장이 약한 사람이 뷔페에 가면 꼭 탈이 나는 것과 같다. 뷔페에서 음식의 궁합까지 생각하며 음식을 만들어놓으면 좋겠지만 그렇지 않다. 그저 손님에게 여러 가지 다양한 음식을 내놓을 뿐이다.

마지막으로, 모든 무술이 마찬가지겠지만 한 살이라도 어렸을 때 하는 것이 좋다. 특히 유술은 더욱 그렇다. 유(柔)가 무슨 글자인가? 부드러울 유(柔)다. 몸이 조금이라도 더 부드러울 때 한 살이라도 어릴 때 하는 것이 좋은 것이다. 나이 먹고 몸이 굳을 때로 굳어서는 쉽지가 않다. 삼사십 대에 시작하고서는 "나는 잘해~" 이러는 사람도 있는데, 참 뭐라고 해야 할지….

아무튼 유술은 중심이 높아서는 절대 안 되며 이것저것 같이 병행하는 것은 금물이다.

46.
시간낭비다

이것저것 배우는 것은 꼭 잘못된 것인가? 반드시 그렇지만은 않다. 좋은 경험이 될 수도 있고 때론 해보지 않은 것에 대한 재미도 느낄 수 있기 때문이다.

그러나 전문적인 무술인, 그러니까 그것으로 밥을 먹는 사람이라면 말은 또 달라진다. 즉, 도장을 운영하는 관장이나 전문 무술인이라면 한 가지를 오랫동안 연마하여 그 깊이를 더해야 하며 또 그렇게 하다가 보면 어느새 정점에서 같이 만나는 것을 느낄 수가 있기 때문에 굳이 여러 가지를 할 필요가 없다는 것이다.

말이 좋아서 자기계발이고 교류지, 실은 뭔가 부족함을 채우고자 하는 욕망 또는 아쉬움 때문에 여기저기 겉도는 것이다. 많은 이들이 그것을 인정하고 싶지 않고 좋게 포장을 하며 자기합리화를 하는 것인데, 이런 것이 다 시간낭비다. 난 이때까지 여기저기 기웃거리는 고수는 본 적이 없다. 또한 나도 옛날에는 그랬기 때문에 잘 안다. 킥복싱도 했었고 유도도 했었고 가라테도 했었고…

등등. 결국 올라가면 하나다. 왜냐면 사람의 팔 두 개, 다리 두 개, 몸통 하나, 결국은 움직임이 크게 다르지 않다는 것이다. 단지 무술이 저마다의 특징이 좀 다르고 기법이 조금 다른 것뿐이지 체중을 싣는 것, 중심이동, 타이밍, 보법 등 이런 것은 대동소이하다.

하나의 정점에 올라가본 사람은 그것으로 충분하다.

유도 금메달리스트 전기영 선수가 태권도 배우러 다니는 것 보았나?

태권도 금메달리스트 문대성 선수가 유도 배우러 다니는 것 보았나?

복싱 챔피언 최용수 선수가 호신술 배우러 다니는 것 보았나?

가지 수만 늘리며 시간낭비 말고 하나라도 제대로 하는 고수가 되기를 바란다.

필자가 직접 만든 떡볶이

자주 만드는 떡볶이지만 만들 때마다 맛이 조금 다르다. 아직 고
수가 아닌가보다….

47.
합기계열의 유술은

첫째, 상대의 중심을 띄워야 한다.

둘째, 상대를 띄운 후에는 상대 중심을 여덟 방향 중 한 방향으로 무너뜨린다(어느 방향이든 상관없음).

셋째, 상대를 자기 쪽으로 갖다붙이든 내가 상대에게 붙든 해서 기술을 구사한다.

넷째, 마무리 제압에 들어간다.

다섯째, 잔심(殘心)이다.

48.
소니와 삼성 그리고 한재 미나리

한때 전자제품 하면 소니였다. 삼성은 항상 그 그늘에 가려져 있었고 이인자였지만 지금은 어떤가? 이미 삼성이 소니를 추월했고 명실공히 최고라고 해도 과언이 아니다. 삼성이 소니를 넘어설 수 있었던 것은 소니보다 부족한 점을 인정했으며 겸허히 받아들였고 연구개발을 하며 엄청난 노력을 했기 때문이다.

세상에 그냥 되는 게 있는가? 왜 이런 이야기를 하냐면 합기계열의 국내 무술을 보고 있자니 가슴이 답답해서 그런다.

일본 정통합기도(AIKIDO)를 한번 봐라. 상대와 합(合)이 딱 맞아 누가 봐도 자연스럽다고 이야기를 하지만 국내 한국형 합기도는 전혀 그렇지가 않다. 짜고 치는 것이 너무 티가 나며 마지막에 제압을 하면 꺾인 사람이 소리를 지르고 물고기처럼 팔딱거리는데, 보고 있는 내가 낯 뜨거울 정도다. 기술이 잘 걸렸다는 것을 어필하는 것은 좋지만 꼭 저렇게 방정맞게 해야 되나 싶은 생각이 들기도

하고, 솔직히 무술인지 쇼인지 헷갈리고 안타까울 때가 많다.

화제를 잠시 바꿔서… 오늘 한재 미나리를 먹었다. 집에서 15분 정도 가면 한재 미나리를 먹을 수 있는 곳이 있는데 한 단에 만이천 원 하는 미나리를 먹으러 외지에서도 사람들이 많이 온다. 심지어는 인천에서도 오기에 처음엔 이해가 안 갔지만 실제로 먹어보면 아~ 이래서 먹으러 오는구나 하고 납득이 간다. 시간이 흐름에 따라 세상이 바뀌었고 그에 따른 트렌드도 많이 달라졌다. 이제는 양보다 질이다. 또한 돈이 좀 들더라도 제대로 된 것을 먹고 마시고 즐기는 소비문화로 변했다.

무술도 마찬가지다. 누군가 말하기를 세상에서 제일 좋은 도장 (道場)은 집 앞의 도장이라고 하던데, 이런 이야기는 이제 옛날이야기고 다소 좀 멀더라도 정통으로 제대로 된 것을 배워야 할 때가 왔다. 일본에 정통합기도(AIKIDO)가 있다면 한국에는 백제유술(百濟柔術)이 있다.

이제 우리는 옛것의 소중함과 탁월함을 인지하고 적극적으로 나서서 계승발전을 해나가야 할 것이다.

49.
나이키 신발

내가 학교 다닐 때 1년 선배 중에 흰 고무신을 신고 다니는 사람이
있었는데 그 고무신에 빨간 매직으로 나이키 상표를 그려넣고 다
녔다. 그렇다고 그게 정말 나이키 신발인가? 국내 무술인 중에는
흰 고무신 나이키를 신고 다니는 이들이 너무 많다.

50.
진짜 같은 짝퉁

목사님이자 신학 교수님이 짝퉁과 진퉁을 비유하며 말씀하시는데
내 생각과 같아서 웃음이 나왔다. 우리가 이단에 왜 속는 것인가,
참으로 바보 같다는 생각을 하지만 그 안에는 의사, 변호사, 심지
어는 국정운영을 하는 정치인들까지 있기에 그들을 결코 단순한
바보로 치부하기에는 무리가 있다. 그럼 왜 그런 현상이 일어날까?
명품에 비유를 하자면 요즘은 진짜 같은 가짜가 너무 많아서 훌륭
한 짝퉁은 전문가도 그냥 봐서는 알 수가 없는 정도라 현미경으로
미세한 것까지 보기 전에는 구분이 어렵다고 한다.

그런데 무술계도 이와 같다. 예전 짝퉁은 이름 모를 도인에게 배
웠네, 무슨 산에서 스님에게 배웠네, 또는 어느 가문의 가전 무술
이네 하며 애매모호하게 이야기했다면 요즘은 동영상이나 책을
보고 배워서 자기 스스로 스승이 되거나 아니면 스승이 있기는 하
지만 평생 한두 번 만나 본 것이 전부다. 즉 이름만 걸어 놓는 것
이다.

스승과 제자가 여태껏 고작 한두 번 만났다면 스승과 제자라고 하기 낯 뜨겁지 않나? 그런데 요즘에는 이런 일들이 비일비재하다. 더욱 웃긴 것은 오히려 가짜가 진짜를 욕하고 다니기에 누가 보면 그들이 진짜라고 착각을 할 정도다. 게다가 주변 사람들에게 다정다감하기까지 해서 금방 세력(勢力)을 확장한다. 이러한 모습을 보고 누가 속지 않겠는가?

　참으로 안타까운 현실이다…!

51.
대동여지도

대동여지도도 지도다. 그러나 그 지도를 펴 놓고 개똥이 집에 포사격을 한다 치자. 과연 제대로 맞을까?

엄한 옆집 철수 집에 맞겠지? 아니, 철수 집에 맞으면 그나마 다행이지, 전혀 상관없는 영구 집에 맞는다.

그렇다고 대동여지도를 지도가 아니라고 할 수 있나?

한국에서는(합기계열) 아직 정확한 검의 원리에 의한 술기가 되지 않고 있다. 검의 움직임에 의한 연용형을 아는 사람이 슬프지만 없다.

누구의 잘못도 아니다. 배운 적이 없기 때문이다.

가끔 실력도 엉망이면서 단체를 몸무게 불리듯이 불려서 거만떠는 단체장들을 보곤 하는데 열 명의 방위보다 야무진 한 명의 특수부대원이 낫듯이 단 한 명을 가르치더라도 제대로 가르쳐야 한다.

합기라는 단어는 근현대에 만들어진 것이지만 그 기술은 예부터 내려온 기술이며 전쟁에서 쓰이던 기술이다. 자신들이 검술을 못한다고 술기가 검술과는 아무런 관련이 없다고 말하는 것은 너무나도 잘못된 것이다.

옛 전쟁에서 검을 안 들고 누가 맨손으로 나가겠는가? 따라서 술기는 검에 의한 움직임에서 나온 것이며 이것이 합일(合一)이 되지 아니하면 그 술기는 제대로 된 술기가 아니다. 혹자는 다름을 인정해달라고 하는데 같은 무술인데 어떻게 다름을 인정할 수 있나? 진정한 무술인이라면 자존심을 내세우지 말고 틀린 것을 인정하고 바르게 고칠 수 있어야 한다.

남산을 가야 하는데 열심히 관악산으로 가면 무슨 소용이 있을까? 그러면서 다름을 인정해달라면 되겠나? 틀린 것은 틀린 것이다.

52.
심(心) 오치방

심정방(心正方): 심허증(心虛症)의 경우.

  필자는 고등학교 2학년 때부터 부친에게 수지침(手指鍼)을 배웠다. 이 기술을 지금까지 제법 유용하게 사용하고 있는데 무술인은 의술(醫術)과는 떼려야 뗄 수 없다는 것을 잘 알고 있을 것이다.
  수련을 하다 보면 종종 부상도 온다. 크게 다치기도 하고 경미한 부상을 입기도 한다. 그런데 부상을 당하면 대체로 내가 조심하지 않아서 그런 것인가, 또는 너무 심하게 훈련을 해서 그런 것인가 생각을 하는 경우가 많다. 물론 틀린 말은 아니다. 하지만 좀 더 근본적인 것을 의학적으로 들여다보면 생각이 많거나 가슴이 답답한 경우, 속 골치를 썩고 있는 경우에 관절에 부상이 많이 온다. 어깨, 손목, 혹은 발목을 삐거나 아니면 허리를 다치는 경우도 많은데 이는 심허증의 경우에 그렇다.

  심허(心虛)는 마음 심(心)에 빌 허(虛)다. 글자 그대로 마음이 비었다는 것인데 즉 마음이 비었다는 것은 기(氣)가 '허'하다는 말과 동일하다. 이는 어떤 문제가 있거나 걱정, 근심이 있을 때 주로 나타나는 현상인데 이때는 잠잘 때 꿈이 많아지고 속이 답답하며 동시에 모든 관절이 평소보다 약해지고 신진대사가 원활해지지 않으면서 탈이 나는 것이다.

이게 무슨 뚱딴지 같은 소리인가 하겠지만 사실 무술은 몸으로 하는 것 같아도 마음으로 하는 것이다. 그래서 어릴 때 스승이나 코치가 정신력을 강조하는 이유가 바로 여기에 있다. 따라서 화가 나거나 스트레스를 받을 때 운동을 해서 스트레스를 날려버린다고 운동을 하는 사람들이 종종 있는데 이것은 오히려 역효과가 나서 부상을 당할 우려가 있기에 이러한 행동은 피해야 한다. 또한 약간의 음주를 하면 혈액순환이 잘되고 좋다며 술을 마시고 운동을 하는 사람도 있는데 이것도 아주 위험한 행동이다.

문제가 있거나 마음이 답답할 때는 수련을 하지 말고 가볍게 산책을 하거나 아니면 영화 한 편을 보고 생각을 다른 곳으로 돌리는 것이 좋으며 마음을 비우는 것이 상책이다. 아무리 열심히 수련을 해서 고수가 되면 뭐하나? 병원 신세를 지는 고수(高手)는 아무런 의미가 없다.

차라리 건강한 하수(下手)가 낫다.

또한 진정한 고수는 자기 몸과 마음을 컨트롤할 수 있는 사람이며 마음을 비우는 사람이다.

기(氣)가 허하면 안 되고

기(氣)가 막혀도 안 되고

기(氣)는 항상 충만해야 한다.

53.
반성은 성장을 하게 한다

필자가 자주 듣는 말에 대해 답을 한다면 아마 이렇게 할 것이다.

Q: 이광희 총재는 운동을 너무 강하게 시킨다.
A: 혹시 너의 체력이 못 받쳐주는 것은 아닐까?

Q: 이광희 총재는 너무 까칠하다.
A: 네가 흐리멍덩한 것은 아닐까? 아무 이유 없이 까칠하지는 않
겠지….

Q: 이광희 총재는 수련에 빠지면 심하게 뭐라고 한다.
A: 피치 못할 사정은 누구에게나 있는 법, 따라서 전화를 해서
왜 결석을 해야 하는지 이야기한다면 그렇게 하라고 하지 누
가 화를 내겠나? 그냥 제껴버리고 연락 한 통 없으면 그것이
예의에 어긋나는 것 아닌가?

Q: 이광희 총재는 못 하면 화낸다.

A: 못하면 화를 내는 것이 아니라 안타까운 것이다. 사람은 타고
난 운동신경이 다르고 감각이 다르기 때문에 다소 더디게 간
다고 뭐라 할 수 없다. 하지만 앞서 가르쳐준 것을 단 하나도
못 한다는 것은 복습을 전혀 하지 않았다는 것이고 아예 신경
을 쓰지 않았다는 것이다. 즉 성실함의 부재다. 그러면 어떤
스승이 좋아하겠나? 일 년 내내 기본동작 가지고 헤매고 있으
면 그게 무술인이라고 말할 수 있나?

**가슴에 손을 얹고 생각을 해봐라. 그럼에도 불구하고 나를 탓할 수 있
는지.**

54.
기초가 중요하다

합기계열의 체술(體術)은 검술에서 비롯되며 검술은 기본적인 보법, 즉 회전 전환 중심이동에서 이루어진다. 실은 검을 배우기 전에 검을 들지 않고 움직임을 먼저 배우고 후에 검을 들어야 맞다.

예를 들어 유도에서 낙법도 모르는 사람에게 기술을 가르치며 메치지 않듯이….

모든 것은 기초를 튼튼히 해야 하는데 빨리빨리 문화에 익숙해져 있는 한국은 모든 것이 빠르게 진행된다. 이렇게 되면 나중에 기초부터 다시 배워야 하는 불상사가 발생하는데 실제로 이런 일들이 종종 있다. 기초를 그렇게 강조했는데 말을 듣지 않고 몇 년이 흘러서 이제 갓 들어오는 사람과 함께 기초부터 다시 배우는 경우다. 결국에 창피해서 그만둔다.

요즘 단시일 내에 배워서 선생 흉내를 내는 사람이 너무 많은데 기술만 반복 숙달하고 동작의 가는 길만 외워서 하는 것은 솔직히 '국민체조'에 불과하다.

이런 이야기를 하면 또 "건방지다, 겸손하지 못하다"라고 말을 하며 나를 욕하겠지만 욕을 먹더라도 해야 한다. 그래서 무술계에 변화가 생긴다면 그까짓 욕쯤이야…!

죽기살기로 연습을 해라. 다시 기초부터. 그리고 진짜 선생이 되어라. 그럼 아무 문제 없다.

55.
선택이 중요하다

위 사진의 칼은 독일제 부엌칼이다. 2년을 넘게 사용했는데도 칼
날이 처음과 크게 다르지 않다. 독일의 기술력이 좋기는 좋다.

저렇게 복숭아 하나를 깎아도 이왕이면 잘 드는 칼이 좋다. 칼
도 본인이 직접 고를 수 있다는 이야기다. 스승도 마찬가지다. 자
신이 어떤 스승 밑에서 가르침을 받을 것인지 스스로 선택할 수 있
다. 또한 복숭아를 깎을 때 과도를 사용할 것인지, 아니면 주방용

칼을 사용할 것인지, 아니면 일식 칼? 중식 칼? 어떤 칼을 사용하든 본인의 맘에 들고 사용하기 편한 칼을 사용하면 된다. 무술도 똑같다. 꼭 내 무술이 최고이고 내 것만 해야 한다는 것은 물론 아니다. 그러나 잘 고를 수 있는 눈과 어떤 선생이 실력이 있는지를 판단할 수 있는 안목은 필요하다.

선생이라고 또는 무술인이라고 다 같은 것이 아니다.

성경말씀에도 나온다.

"선지자 예레미야가 선지자 하나냐에게 이르되 들으라 야훼께서 너를 보내지 아니하셨거늘 네가 이 백성에게 거짓을 믿게 하는도다

그러므로 야훼께서 이와 같이 말씀하시되 내가 너를 지면에서 제하리니 네가 야훼께 패역한 말을 하였음이라 네가 금년에 죽으리라 하셨느니라 하더니 선지자 하나냐가 그해 일곱째 달에 죽었더라(예레미야 28:15~17)"

위 구절을 보면 선지자 하나냐가 유다 백성에게 거짓을 믿게 하고 있다는 내용이 나온다. 이처럼 무술인도 거짓을 말하는 이가 너무 많다. 고작 일본에 2박 3일로 두 번 정도 갔다 오고 바로 선생인 양 남을 가르치고 동영상을 찍어서 사람들을 모으고 기만하며 자신이 우월한 척하는 엉터리들이 상당히 많다. 또한 거기에 속는 이도 제법 있다.

참으로 안타까운 일이다.

요즘은 워낙 인터넷이 발달하고 영상기술이 좋아져서 영상을 빠르게 하기도 하고 느리게 하기도 하면서 멋지게 보이게 하기 때문에 있는 그대로 다 믿기가 어려운 세상이 되어 버렸다. 따라서 직접 그 사람의 이력을 정확하게 확인할 필요가 있다. 주위에 보면 엉터리 선생에게 수년을 배우고 나중에 알게 되어 후회하는 사람들이 의외로 많다. 하나를 배우더라도 제대로 된 스승에게 오랫동안 가르침을 받고 배워야 할 것이다.

위의 성경말씀 마지막 구절에 결국 거짓을 말한 선지자 하나냐가 그 대가로 벌을 받는 것처럼 거짓으로 사람들을 기만하는 무도인은 결국 발을 붙일 수 없겠지만 그동안에 피해를 볼 사람들을 생각하니 마음이 좋지 않다.

56.
기의 운용을 모르면 기능장에 불과하다

고수(高手)의 기준이 뭘까? 사전적 의미는 어떤 분야에서 손재주가 뛰어난 사람을 일컬어 고수라고 한다. 하지만 무술에서의 고수라면 말이 달라진다.

무술에서 고수는 기(氣)의 흐름과 기의 운용을 알아야 한다. 즉 기의 근본적인 것을 모르고는 절대 고수라 할 수 없는데, 쉽게 말하자면 그냥 기능장이다. 무슨 말이냐면 예를 들어 건설 '미장'을 하는 사람이 맨 처음 취득하는 것이 기능사이며 그다음이 기사이고 그리고 마지막 단계가 기능장이다. 이 사람들은 기를 알 필요도 없고 기를 쓸 이유가 없다. 벽면에 시멘트를 잘 바르면 된다. 그러므로 미장의 달인 또는 고수로 불러도 무방한데 그 이상의 단계가 없기 때문이다.

하지만 무술은 다르다. 기를 운용하지 못하면 정점에 다다를 수 없고 한계에 부딪혀 그 이상 넘어갈 수 없다. 많은 사람들이 그 아래의 단계까지만 가고 그 이상은 못 가기 때문에 그 단계를 그냥 고수라고 칭하지만 실은 고수가 아니다.

또한 술, 담배를 하면 고수가 될 수 없다. 왜냐면 인체는 작은 소우주이기 때문이다. 오장육부가 음양과 오행의 근본적인 것과 흡사하며 이 오장은 인체에 나쁜 것이 들어오면 나쁜 것을 밀어낸다. 그리고 독소가 들어오면 오장에서 가장 중요한 역할을 하는 간장에서 해독을 하기 시작하는데 이 장기들이 약해지면 좋은 기운을 낼 수 없다. 그럼에도 불구하고 술, 담배를 하면서 고수라고 한다면 그저 웃음만 나올 뿐이다.

사람의 인체는 세상(땅, 물, 자연, 우주)의 좋은 기운을 몸 안으로 끌어당긴다. 그리고 그 기운을 다시 몸 밖으로 내보내는데 몸에 안 좋은 것을 지속적으로 하여 오장육부가 상해가는데 어떻게 제 역할을 할 것이며 무슨 수로 좋은 기운을 인체에 순환시키겠는가? 또한 기 수련을 안 하면 기는 극대화되지 못하며 강한 기를 몸 밖으로 뿜어낼 수가 없다. 따라서 고수는 단지 무술 동작이 간결하고 실력이 좋다고 되는 것이 아니고 기를 운용할 수 있어야 한다.

57.
다들 모르면 수치심도 없다

돼지 목에 아무리 값비싼 진주 목걸이를 걸어줘 봐야 돼지에게는 그리 좋은 것이 아니다. 아니, 좋고 나쁘고를 떠나서 값진 것을 알기나 하겠나? 국내 무술계도 고대 무술사에 대해서 모르는 사람들이 너무 많다. 모르는 것은 죄가 아니다. 단지 조금 수치스러울 뿐이지…. 그러나 이것도 남들은 다 알고 자기 자신만 모르면 수치스러운데 다들 모르면 수치심 자체가 생기지 않는다. 정말 안타까울 따름이다.

58.
창시가 아니라 지류(支流)다

요즘 무술의 트렌드가 바로 창시무술이다. 국내뿐 아니라 국제적으로도 듣도 보도 못한 무술이 넘쳐난다. 물론 자기만의 생각을 좀 더 구체화해서 하나의 기술을 만드는 것까지는 좋지만 그것을 전혀 다른 무술이라고 주장하며 창시했다고 이야기하는 것은 옳지 못하다. 그럼 왜 창시라고 이야기를 할까? 첫째는 자기과시 또는 우월감을 나타내기 위함이며 둘째는 남의 밑에 있기 싫어서 독립을 하기 위함이며 마지막 셋째는 창시 또는 창조의 개념을 이해하지 못해서라고 볼 수 있다. 창시(創始)의 유사어는 창조(創造)다. 창시의 사전적 의미는 어떤 사상이나 학설 따위를 처음으로 시작하는 것을 말하며, 창조는 전에 없던 것을 처음으로 만드는 것을 말한다. 쉽게 이해를 돕기 위해서 성경을 인용해보도록 한다.

"하나님이 태초에 천지를 창조하시니라(창세기 1장 1절)"

성경말씀을 보면 바로 알 수 있듯이, 전에 없던 것을 만들었을 때 창조 또는 창시라고 할 수 있는 것인데 한 20년간 합기도를 하다가 기술 몇 개 더 추가하고 동작의 형태만 아주 살짝 바꿔놓고 창시라고 하면 될까? 검술도 마찬가지다. 수년간 수련하던 검술에 동작만 조금 다르게 하고 무명(武名)만 바꾸면 그게 창시무술인가?

　정확히 하자면 지류(支流)라고 해야 맞는 것이다. 언제부턴가 무술계에서 양심이 사라져가고 있다. 안타까운 현실이다.

59.
올바른 사고(思考)

지위고하를 막론하고 사리분별이 약해지는 것이 요즘 시대의 큰 문제다. 고작 한두 사람의 문제라면 개인의 문제라 하겠지만, 그 수가 증가하면 사회적인 문제다. 내 무술이 중하면 남의 무술도 중한 것이 맞다. 내 것만 최고라고 말하는 것은 잘못된 것이다. 하지만 가짜와 진짜는 분명히 존재한다. 다름을 인정해달라며 교묘하게 피해가려고 하지만, 틀린 것과 다른 것은 엄연히 다르다. 가짜와 진짜를 하나로 보면 되겠는가? 제값을 지불했는데 가짜 루이뷔통을 건네주며 가짜든 진짜든 뭐가 그리 중요하냐고 한다면 수긍할 수 있겠나?

요즘 무술계에서는 배운 사람이 더 갈피를 잡지 못하는 것 같아서 정말 맘이 아프다!

60.
무도(武道)의 동호회 문화는 없어져야 한다

한국은 명실공히 세계 11위의 경제 대국으로 다른 나라들이 부러워하는, 잘 사는 나라로 자리를 잡았고 지원을 받던 나라에서 지원을 해주는 나라로 변했다. 이제 살기 좀 편해지자 사람들은 삶의 질적 향상을 위해 자기계발과 건강에 많은 신경을 쓰게 되었고 그러므로 동시에 취미생활과 동호회 문화가 발전을 하기 시작했다.

문제는 여기부터다.

여타 산악등반 동호회나 자전거 타기 동호회 혹은 조기축구회 같은 동호회라면 국민의 건강증진을 도모하기 위한 일환으로 활성화되는 것이 맞다. 그러나 무도(武道)는 조금 이야기가 다르다. 왜냐면 무도는 정확한 기술이 전수(傳授)되어야 하며 동작의 기술뿐 아니라 그 무도가 가지고 있는 철학과 이념, 그리고 이론까지 올바르게 제대로 전수되어야 하기 때문이다.

그러나 국내 무도 동호회의 정황을 보면 제대로 된 선생님을 모시고 가르침을 받는 경우가 거의 없으며 같은 관심을 가지고 모인 사람들이 서로 의기투합해서 동영상이나 책을 보고 한다든가 아니면 무리 중에 조금 경험이 있는 사람이 가르치는 방식으로 진행을 하기 때문에 바른 수련이 되기 어려울 뿐만 아니라 점진적인 기술의 향상이 매우 어려운 것이 사실이다. 단지 기술 향상이 안 되는 문제에만 그치는 것이 아니라 동호회에서 잘못 배운 사람들이 확산되어 그 수가 많이 증가하면 그 무도의 질이 떨어지는 것이 더 큰 문제다.

따라서 무도 동호회는 솔직히 없어져야 하는 것이 맞다.

그럼 왜 무도 동호회가 우후죽순 늘어나고 있을까? 유심히 살펴보았더니 대체로 이런 이유다.

첫째, 경제적으로 부담이 적다. 동호회는 회비가 없거나 아주 적고 자기들이 수련할 장소를 대관(貸館)하는 비용만 서로 모아서 지불하면 된다. 따라서 큰 비용이 들어가지 않는다는 이점이 있어 동호회를 많은 사람들이 선호한다.

둘째, 무도는 대체적으로 스승과 제자의 개념으로 도제식 교육(徒弟式敎育)에 가까운 면이 있기 때문에 단지 기술만을 배우는 것이 아닌 스승을 모신다는 의미가 담겨 있기에 이것을 꺼리는 사람들이 동호회를 많이 선호하는 편이다. 동호회에서는 스승과 제자 관계가 아니라 서로 다 같이 동등한 입장이며 자기의 주장을 눈치 안 보고 피력(披瀝)할 수도 있고 혹시 불참하더라도 누가 뭐라고 하는 사람이 없다. 하지만 사제지간이 되면 불참을 할 경우 우선 스승님께 왜 불참을 하는지 또는 어떤 이유인지 설명을 해야 하고 그에 따른 죄송스러운 마음이 들기 때문에 상당히 불편하다. 즉 자유롭지가 못하다는 것이다.

셋째, 사제지간이 돼서 정식으로 입문하여 사사를 받으면 어느 유파건 간에 절대 어영부영 가르치질 않는다. 따라서 상당히 정확하게 배우게 되고 매우 힘들다. 그렇기 때문에 솔직히 배우고는 싶으나 힘들고 어려운 것으로 인해서 정식 입문을 주저하는 사람들이 제법 많다. 동호회에서는 어차피 사제지간이 아니라 서로 동등한 입장이라서 힘들면 쉬어가며 적당히 하기 마련이라 한결 수월하다. 이외에도 여러 가지 이유가 있으나 결정적인 이유는 위에서 말한 것 때문이고, 그래서 동호회를 많이 선호한다.

결론은 스승을 떠받들고 싶지도 않고 남의 눈치도 보지 않고 편하게 배우고 싶단 이야기다. 과연 무도(武道)라는 것이 저렇게 배워서 될 수 있는 것인지 다시 한번 깊게 생각을 해보게 된다.

61.
투자 없이는 고수가 될 수 없다

내가 일본에서 유학 생활을 할 때 형편은 넉넉하지 못했지만 항상 도복을 입어도 제일 비싼 고급 미즈노만 입었고 하까마를 신청해도 제일 좋은 상품(上品)을 신청해서 입었다. 물론 폼 내려고 그런 것도 아니며 있는 척하려고 그런 것은 더더욱 아니었다.

왜냐면 일본도 사람 사는 곳이라 개중에는 비하 발언을 하는 이들이 있어(대체로는 그렇지 않음) "한국 애들은 왜 이리 못살아", "한국 애들은 왜 이리 시끄러워", "한국 애들은 어쩌고저쩌고…" 이런 말들이 그 당시에는 너무 듣기 싫었는데 나뿐만이 아니라 누구라도 마찬가지였을 것이다.

개인에게 뭐라 하는 것이 아니고 나라를 거론하니 얼마나 짜증이 나겠나…. 그래서 한국 애들은 가난하고 지질하다는 소리가 듣기 싫어서 그래서 제일 좋은 것을 입었는데 역시 비싼 것은 품질도 너무 좋고 그 값을 정말 톡톡히 한다. 그때 산 도복을 아직도 입고 있다.

즉, 결론은 뭐든지 비싼 것에는 다 이유가 있으며 비싼 만큼 그

값을 한다는 것이다. 벤츠 자동차를 타본 사람은 비싼데도 그 값을 지불하고 아까워하지 않는다. 그들이 바보라서 그럴까?

세상에는 뭐든지 그에 맞는 품격과 가격이 있는 것이며 그것을 얻으려면 단순한 노력만으로 되는 것도 아니고 투자도 같이 동반돼야 한다. 갖고는 싶고 돈 쓰기는 싫고 배우고는 싶은데 돈은 아깝고…. 그럼 얻을 수 있나?

가끔 배우고는 싶으나 돈이 부담된다는 사람들이 더러 있다. 그러나 이런 말은 핑계에 불과하다. 향심이 있으면 향상이 있는 것이다. 정말 배우고 싶으면 주유소 가서 알바를 해서라도 돈을 마련해야 되는 것 아닌가?

세상에는 뭐 하나 그냥 이루어지는 것이 없다. 얻으려면 시간이고 돈이고 투자를 해야 한다. 무술 또한 마찬가지다. 가만히 누워서 무슨 고수가 되겠나? 지금 이 순간에도 일본이고 필리핀이고 중국이고 가서 고생은 물론이고 돈 들이고 시간 들여서 배우고 오는 사람들도 있는데 국내에서 편하게 배우면서 얼마 되지도 않는 강습비가 비싸다고 투정 부리면 되겠는가?

고수가 되려면 투자를 해라.

62.
세(勢) 확장만이 답일까

본의 아니게 자주 일본과 비교를 하게 되는데 일본은 규모가 작아도 내실이 있으며 또 그것을 알아주는 사람들이 많다. 즉 민족성 자체가 실속형이다.

　일본에 있을 때 집 앞에 스시집이나 돈카츠집에 자주 갔었다. 단지 집 앞이라 가까워서가 아니라 맛이 유명 호텔 식당과 비교해도 전혀 손색이 없을뿐더러 음식 하나에 혼을 담는다고 해도 과언이 아닐 정도로 정성을 쏟으며 손님을 생각하는 마음이 대단했다. 그중에서 내가 즐겨 먹던 스시집 주인은 대를 이어 직접 주방에 들어가 음식을 만드는 분이었는데 자기는 술, 담배를 하지 않는다고 했다. 그래서 내가 일본에 맛있는 니혼슈(日本酒)가 얼마나 많은데 왜 안 드시냐고 했더니 술과 담배를 하면 미각이 떨어져서 하지 않는다고 이야기하며 당연하다는 듯이 말했다. 그 말을 듣고는 순간 멍했다.

　남이 보기에는 그냥 동네에서 초밥이나 만드는, 이름 없는 주방장일 수도 있지만 이분은 완전한 프로의식을 갖고 천직이라고 생각하며 최선을 다하고 있는 것이었다.

　일본은 이처럼 장인정신을 갖고 있는 사람들이 많아서 몇백 년을 대를 이어 하는 음식점이나 가게들이 많은데 비해 한국은 30년만 되어도 원조라고 말하며 자랑이 심하다. 또한 한국에서는 뭐를 하든 간에 규모가 커야 하고 외관상 그럴싸해야 된다. 식당도 그렇고 학원도 그렇고 심지어는 무술체육관도 그렇다. 한국 사람들이 이구동성으로 하는 말이 이왕 같은 값이면 크고 좋은 데 가서 대접받고 싶은 것은 누구나 마찬가지 아니냐고 이야기를 하며 작고 허름한 곳은 가기를 꺼려한다.

　그러나 작아도 실력 있고 맛있고 좋으면 되는 것 아닌가? 한국 사람들은 겉치레가 너무 심하고 보여주기 위한 것에 대한 의식이 너무 강하다. 즉, 폼생폼사에 너무 목숨을 건다는 것이다. 크고 잘하는 데도 있지만 작지만 실력 있고 뛰어난 곳도 많다.

　무술도 이와 마찬가지인데 예전에 어떤 무술단체와 MOU를 맺는 이야기가 오고갔다. 그런데 나중에 취소를 하자면서 하는 말이, 필자가 운영하는 단체가 사단법인인 줄 알았는데 아니라서 하고 싶지 않다며 돌연 없던 것으로 하자는 것이었다.

　그런데 먼저 MOU 이야기를 꺼낸 것은 그쪽이었다. 참으로 어이가 없었지만 알겠다고 하고 없었던 것으로 했다. 물론 그 후로 필자가 운영하는 단체도 정식 문체부 사단법인 인가를 받고 활동을 시작했지만 솔직히 크게 다른 것은 없다. 한국 사람들은 실속도 없으면서 세(勢)만 확장해서 거들먹거리는 것을 왜 이리 좋아하는지?

진주는 진흙 속에 묻혀 있는 법이고 고수는 대중들 앞에 나서지 않는 법이다.

대한민국 대형 무술단체들 중에 실력 있는 단체장이 과연 몇이나 있나?

63.
정부는 수수방관해서는 안 된다

요즘 보면 무술계에서 정통성 문제를 놓고 힘겨루기를 하는 것이 심심찮게 보이는데 신생 유파들이야 별문제가 없고 단체의 규모가 작은 곳도 솔직히 별 탈이 없다. 규모가 좀 있고 오래된 유파는 분파가 생겨나기 때문에 그에 따른 분쟁이 생기는 것이고 그 분쟁의 내용을 보면 이권 문제이며 **결국은 돈 문제이다.**

그러나 솔직히 그 어떤 분쟁도 정부가 나서서 정리를 하면 마무리가 된다. 하지만 너희들이 알아서 통합을 하라는 식, 또는 너희들이 합의를 보고 최종적으로 서류를 올리라는 식으로 정부가 안일한 대처를 하니 싸움이 일어나는 것이다. 어찌 보면 정부가 싸움을 붙인다고 봐도 무방하다.

무슨 이야기인가 하면 정부가 가운데 끼어서 조목조목 하나하나 조사하고 좁혀 들어가다 보면 결국 마지막에는 답이 나오게 되어 있고 정리가 된다. 그러나 그것을 하고 있지 않다.

그렇다면 가까운 일본을 한번 보자. 일본도 사람 사는 곳이라

무도계에서 종종 마찰이 있다. 하지만 마찰이 있다 하더라도 고류(古流)는 금방 정리가 되며 그 중심이 되는 곳이 바로 고무도협회(古武道協會)인데 고무도협회는 1979년 민간에서 만들어졌으나 지금은 일본 정부에서 위탁을 하는 방식으로 후원을 하고 있으며 그 세(勢)가 상당히 크고 강하다.

그러므로 일본 전통 무도인 고류무도는 아주 안정적이다.

또한 2년에 한 번씩 고무도협회가 직접 주관하여 연무대회도 개최하며 대중들에게 고무도를 알리는 데 앞장을 서고 있다.

이제 한국도 무술만 집중적으로 관리·감독하는 기관이 필요하며 체육에서 완벽하게 분리되어야 한다. 무술은 체육이 아니다. 어찌 무술을 체육을 하는 곳에서 관리한단 말인가. 무술과 체육도 구분을 못 하는 정부가 안타까울 뿐이다.

64.
한국 무술계의 현실-①

10년이면 강산이 변한다고 했다. 이 말처럼 10년 전을 뒤돌아보면 많은 것이 변했고 지금도 아주 빠른 속도로 세상은 진화하고 있다. 그런데 유독 제자리걸음을 하고 있는 것이 있는데 바로 무술계다.

정말이지 무술계는 10년 전이나 지금이나 조금도 나아진 것이 없다. 오히려 퇴보하면서 체육관은 하나둘씩 문을 닫으며 그래도 한때는 마스터(master)였는데 지금은 식당 주방으로 들어가 보조를 하거나 밤에 대리운전을 하기도 하고 공사판에서 땀을 흘리기도 한다. 위에 나열한 일들이 나쁘다는 것은 절대 아니다. 하지만 수십 년간 갈고닦은 무술 실력을 갖춘 지도자들이 저렇게 하루아침에 무술체육관이 아닌 전혀 다른 낯선 곳에서 적응하고 있다는 현실이 너무나 가슴 아프고 비통해서 그런다.

그럼 해결 방법은 없을까?

오랫동안 궁리를 하고 생각을 해보니 지금 이대로는 절대 문제 해결이 안 된다. 왜냐면 정부에서 사단법인이라는 제도를 만들어 개인에게, 즉 민간에게 위임하면서부터 무술계의 오류가 시작된 것이기 때문에 정부에서 모든 것을 거둬들이고 칼을 뽑아서 도려낼 것은 도려내고 강력한 법을 제정하고 제도화하지 않으면 100년이 지나도 지금과 똑같을 것이다.

한국은 워낙 강하고 센 민족이라 절대 누가 누구의 밑으로 들어가려 하지 않는다. 그렇기 때문에 법인은 자꾸 늘어나고 한 무술 종목에 법인이 50개가 넘는 무술도 있다. 이러니 서로 단합이 될 수 없고 각자 뿔뿔이 흩어져 있다가 결국은 살아남으려고 편법으로 단기 지도자 연수, 부정 단 발급 등 해서는 안 되는 일들을 하게 되고 이로 인해 무술계가 망가지고 있는 것이다. 어디 이뿐인가? 정부는 모든 것을 너희 맘대로 하라며 수수방관하고 아무런 제재를 하고 있지 않으니 해외에서 겨우 2박 3일 지도받고 와서 수십 년간 수련을 해서 선생이 된 사람들과 똑같은 선생 노릇을 하고 있다. 이것이 상식적으로 말이나 되는가? 그런데 실제로 벌어지고 있는 일이며 거기에 대해서 쓴소리를 하면 '성격이 괴팍한 사람, 남을 비방이나 하는 사람'으로 몰린다. 이런 말도 안 되는 일들이 실제로 대한민국 무술계에서 벌어지고 있다. 또한 옛말에 군사부 일체라고 해서 '임금과 스승과 부모는 하나다'라고 할 정도로 스승의 지위는 높았다. 그런데 지금 현실은 어떤가? 체육관 관장이 학부모 눈치나 봐야 하고 심지어 등하교 시간에 승합차로 통학을 시켜주지 않으면 다른 체육관으로 가기 때문에 아이들 통학시켜주는 운전기사가 되어버린 지 오래다.

방법은 단 한 가지다.

정부에서 직접 나서서 통제를 하든지 그것이 여의치 않으면 일본의 고무도협회처럼 어떠한 기관을 선정하여 위탁한 후 관리를 하는 방법이 최선이다. 혹자는 자유경제원칙에 어긋나며 불합리하다고 할 수도 있으나 우리나라 무술계가 자유롭게 선의의 경쟁을 통해서 무엇이 얼마나 발전했는가?

최근 정부에서 전통무예에 관하여 종목별 단일 대표로 통합하라는 권고사항이 나와서 여기에 많은 기대를 하고 있는 무술단체들이 있지만 이 나라 이 민족이 권고사항으로 될 민족이 아니다. 또한 전통무예만 무술인가. 보다 강력하게 정부가 나서지 않으면 무술계에 희망은 없다.

65.
한국 무술계의 현실-②

코로나19로 인해서 많은 국민들이 어려움을 겪고 있는 가운데 실내체육, 즉 무술체육관도 그 피해가 이루 말할 수 없을 정도다. 정부로부터 실내체육 집합금지 행정명령이 내려지고 실시되자 대구의 한 헬스클럽 관장이 생활고에 시달려 비관하며 스스로 목숨을 끊는 가슴 아픈 일도 있었다. 정부는 과연 무엇을 하고 있었나? 이 일이 발생하자 정부는 부랴부랴 태권도 체육관은 9인 이하 운영을 재개할 수 있도록 했고 그로부터 일주일 후에 헬스클럽도 인원과 시간의 제한을 두고 일부 운영을 허용해주었다.

여기서 꼭 짚고 넘어가야 할 것은 왜 사람이 죽어나가야 그제서 대안을 만들고 사태의 심각성을 인지하냐는 것이다. 그뿐인가, 대안도 대안 같은 대안을 내야 하는데 태권도는 9인 이하로 운영을 허가해준다. 그럼 다른 무술체육관은 어떻게 하란 말인가? 코로나가 종목을 가려가면서 침투하나? 어느 종목은 되고 어느 종목은 안 되고 무슨 이런 어처구니없는 행정이 있는가 말이다. 무술인들을 너무 하찮게 여긴 것이고 현장에서 실제로 돌아가는 상황을 살피지 않고 사무실 책상에 앉아서 머리만 쥐어짜내니까 이런 말도 안 되는 일이 벌어지는 것이다. 코로나로 인해서 누구나 힘들기는 다 마찬가지지만 정부가 힘든 시기를 이겨내고 방안을 제시하며 국민을 도우려고 하는 과정에서 무술인들은 철저하게 제외되었다는 것이 문제다. 정부가 금융권과 손잡고 내놓은 저금리 대출 대상에서도 무술체육관 관장들은 제외됐었다. 온갖 규제는 있으면서 구제 방안을 내놓을 때는 항상 제외된다. 그 덕분에 무술인들은 코로나 이후 17개월 동안 택배기사로, 대리운전기사로, 또는 공사장 인부로 힘든 나날을 보내며 살아왔다. 정부는 이제야 실내체육 고용지원 모집공고를 내며 움직임을 보이고 있는데 늦어도 너무 늦었다. 무술체육관을 단순히 개인의 영업형태로 보는 정부의 무식함에 억장이 무너진다. 무술체육관은 오래전부터 국민생활체육으로서 그 역할을 다하며 국민의 건강증진에 이바지해왔는데도 불구하고 나라에서는 이를 인정하고 있지 않으며 단순히 너희들이 먹고살려고 하는 것 아니냐는 식이다. 사실 국민들이 무술체육관에 와서 취미생활도 하고 건강이 좋아지면 그만큼 아픈 사람이 줄어들기 때문에 건강보험공단에서 지출하는 액수도 줄어들고 또 일할 수 있는 건강한 노동력을 확보하게 되는 것인데 왜 이것을 간과하는지 모르겠다.

무술인들은 오랫동안 정치권에 이용만 당했고 그것은 지금도 진행형이다. 선거철에만 잠시 무술인들의 말에 귀 기울이는 척하며 선거가 끝나면 아무것도 변화되는 것 없이 원상태로 돌아간다. 언제까지 정치인에게 무술인의 처우에 대해서 이야기하고 푸념하고 읊조리기만 할 것인지…? 참으로 가슴 아픈 현실이다.

66.
한국 무술계의 현실-③

국내 무술계를 보면 안타까운 점이 한두 가지가 아니지만 그중에
서 중요한 하나를 꼽자면, 소위 말하는 무술계의 단체장들 또는
무술 관련 학과 교수나 박사들이 무술 관련 역사에 대해 전혀 연
구조사를 하고 있지 않다는 것이다. 어느 시점에서 멈춰 있다. 단
순히 옛 자료를 스크랩하는 것을 박사라고 한다면 그런 박사는 누
구나 할 수 있다. 이른바 리더라는 핵심 주축들이 이런 상황이다
보니 일선 관장이나 그 밑의 사람들은 굳이 말할 필요도 없는 수
준이다.

 게다가 전문성까지 결여되어 있을 뿐만 아니라 한 체육관에서
이것저것 대여섯 종목을 가르치면서 한다는 말이 "아이들에게 보
다 폭넓게 많은 경험을 하게 해주고 싶다"라는 변명 아닌 변명을
한다. 언뜻 들으면 별문제가 없는 것 같지만 무술은 아이들이 시골
에 가서 하루 정도 농촌체험을 하는 것과는 전혀 다른 사안이다.
무술도 유행을 타며 어느 시기에 따라 변화가 심하다. 그렇다고 해
서 그때마다 유행하는 종목을 도입한다면 유행에 맞춰 품목을 바

꾸는 상점과 뭐가 다른가…!

　대한민국의 무술 지도자들이 한 종목이라도 제대로 올바르게 잘 가르쳤으면 좋겠다.

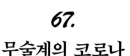

67.
무술계의 코로나

요즘 코로나 백신의 부작용으로 인한 사망사고가 뉴스로 자주 전해지고 있다. 이로 인해서 AZ 백신을 맞지 않으려고 하는 기피 현상이 일어나고 있고 화이자와 모더나를 기다리는 사람들이 제법 된다. 그럼에도 불구하고 젊은 층은 그대로 맞겠다고 하는데 그 이유를 들여다보니 숨 막히는 사회적 거리두기와 제재 때문이다. 사실 한국은 유럽이나 인도나 브라질처럼 몇만 명씩 확진자가 발생하지 않는다. 또한 코로나에 걸려도 기존의 기저질환을 갖고 있는 사람이나 위험한 것이고 이들이 대부분 사망을 하는 것이다. 즉, 걸려도 감기처럼 지나가고 다시 회복을 한다. 오히려 코로나 백신을 맞고 거기에 따르는 부작용이 더 위험한데도 정부는 계속해서 강행을 하고 있고 젊은 층은 이를 수용하고 있는 것이다. 왜냐면 2차 접종까지 마치면 사적 모임과 마스크 제한을 풀겠다는 조건 때문이다.

문득 이런 생각이 들었다. '무술계에도 이처럼 강한 제재가 필요한데…'라고 말이다. 무슨 말이냐면 현재 무술계는 엄청나게 오염

되어 있으며 사이비들의 천국이 되어버렸다고 해도 과언이 아닐 정도로 심각한 수준이며 바이러스처럼 급속도로 번져가고 있다. 신라 화랑을 이야기하며 칠지도를 들고 춤을 추는 무술인, 외국에 잠깐 2박 3일 갔다 와서 선생(지도자)으로 변신하는 사람, 전통무예도 아닌데 나라에서 수혜를 받기 위해 전통무예로 둔갑을 시키는 단체들, 이루 말할 수 없을 정도로 오염되어 있다. 그런데 왜 정부에서는 강력한 제재가 없는 것일까? 그 이유는 실질적으로 드러나는 피해 상황이 없기 때문이다. 하지만 그 속을 들여다보면 얼마나 심각한 피해가 양산될 수 있는지를 정부는 잘 모른다. 전통무예도 아닌 무예가 전통무예로 둔갑하여 정부의 수혜를 받는다면 국민의 세금이 엉뚱한 곳으로 새어나가는 것이며 또한 사이비들을 그대로 용인한다면 한국의 이미지는 땅끝으로 떨어지고 만다. 인명 피해가 없으면 괜찮은 것인가? 정부는 앞으로 무예계에 관심을 가지고 제재를 가하면서 반드시 교통정리를 해야만 한다. 그렇지 않으면 한국 무예계는 오염되어 있는 시궁창에서 탈피할 수 없다.

68.
한국검술

위의 사진이 벌써 8년 전쯤인 것 같다.

사진의 왼쪽은 필자이고 오른쪽에 있는 분이 해동검도 서울시협
회를 총괄하는 이영호 수석총관장님이신데 총관장님의 초대로 당

시 평창에서 열렸던 무림픽(무도올림픽)이라는 행사에 VIP 귀빈으로 참석한 적이 있다. 무도올림픽이지만 해동검도 단일 종목으로 개최하는 대회였으며 세계 40여 개국 이상 온 것으로 기억이 되고 아래의 사진을 보면 알 수 있듯이 국내에서 검술단체로는 가장 큰 행사를 했다고 해도 과언이 아니었다.

이날 해동검도의 김정호 총재님도 뵙고 여러 가지 이야기를 나누었으며 맛있는 한우도 먹고 처음 평창이란 곳에 가서 재밌는 하루를 보내고 온 기억이 난다.

그럼 본론으로 들어가서, 필자는 일본에서 10년간 검술 수련을 했다. 그래서 그런지 한국에서 검술을 하는 것을 보면 참으로 마음이 아프고 서글프고 안타까운 점이 많았는데 그 이유를 간략하게 설명을 하자면 우선 일본은 320여 개의 검술 유파가 존재하며 신생 유파도 있지만 대부분이 200년 이상 된 유파이고 많게는 900년이 넘는 유파도 있다. 필자가 수련한 신카게류(新陰流)도 500년이 넘은 유파다.

이렇게 오랫동안 실전에서 살아남기 위해서 처절하게 몸부림을 치며 검기를 단련하고 실제로 그 기술을 사용하며 몸소 확인하고 증명하여 전해 내려온 것이다. 따라서 허튼 동작, 즉 영화 같은 동작이 없고 국내에서 하는 것처럼 화려하거나 불필요한 동작을 전혀 찾아볼 수가 없다. 그렇기 때문에 일본은 검술이 상당히 강하다. 게다가 일본 정부에서 일본고무도협회(日本古武道協會)라는 곳에 위탁을 하여 일본무도(日本武道), 즉 전통문화를 계승하고 잘 보존할 수 있도록 장려하며 후원을 하고 있다.

그러므로 그들의 실력은 상당하다.

이에 반해 한국은 어떤가. 검술 유파도 없고 이미 명맥이 끊어져서 대부분이 창작을 했거나 책을 보고 복원을 했기 때문에 검리가 전혀 맞지도 않을뿐더러 보여주기식의 시범용으로 전락을 해버린 지 오래다. 또한 정부에서 후원은 고사하고 갈수록 이런저런 제재만 하고 규정만 까다로워지고 있으니 무슨 발전이 있겠나?

솔직히 국내에서 이름 있는 검술 유파를 말하라고 하면 해동검도 외에는 생각나는 유파가 딱히 없다. 이 얼마나 슬픈 일인가…!

69.
안타까운 일이다

필자가 요즘 SNS에 글을 잘 쓰지 않고 있는데 이유는 하나다. 글을 써 봐야 돌아오는 소리는 "자기만 잘났어"이기 때문이다.

참으로 안타까운 것은 한국은 국민성이 그래서 그런가, 사실을 사실대로 이야기하고 세모를 세모라고 하면 안 좋은 소리를 듣는다. 나도 한국 사람이지만 한국 사람처럼 편협한 사람들도 세상에 또 없을 것이다. 그럼에도 불구하고 필자가 욕을 먹어가면서도 글을 계속 올렸던 것은 그래도 진실은 밝혀져야 하며 엉터리들은 사라져야 한다는 나의 철학 때문이다. 혹자는 내가 이름을 알리려고 그런다는 사람도 있지만 이름은 알려진 지 이미 옛날이고 또한 이 좁은 무술판에 솔직히 이름을 알리고 싶지도 않다.

아무튼 옳은 소리를 해서 욕을 먹는 이러한 풍토가 조성이 되고, 이로 인해서 올바른 소리를 하는 사람들이 줄어든다면 과연 무술계는 발전적인 방향으로 갈 수 있을까 하는 것이다. 올바른 소리를 하는 사람을 까칠한 사람, 싸우기 좋아하는 사람, 혹은 문제를 일으키려는 사람으로만 몰아간다면 옳은 말을 하려는 사람은 점점 줄어들 것이고 그 틈새에 사이비들과 엉터리 무술가들이 더욱 기승을 부릴 것은 불 보듯 뻔하다.

얼마 전에 미국 플로리다에 있는 합기도 관장에게 어떤 분이 외국에서 고생하며 국위선양 하신다며 존경한다는 말을 하는 것을 보고 참으로 어이가 없었다. 만약 태권도 관장님에게 그런 말을 했다면 이해를 할 수 있고 동감한다. 그러나 합기도는 아니다. 왜냐면 합기도 관장들은 아직도 합기도(合氣道)가 한국무술이라고 말하면서 잘못된 가르침을 주고 있고 잘못된 것을 계속 확산시키고 있으니 이 어찌 국위선양인가? 문제를 양산시키는 것이지.

남산을 가야 하는데 열심히 관악산으로 가면 소용이 있나? 고생한다고 다 국위선양이 아니다. 올바르게 했을 때 비로소 국위선양이다. 세상이 많이 변했다. 우긴다고 되는 세상은 이제 아니다. 예전에 자동차 블랙박스가 없던 시절에는 사고가 나면 먼저 나와 큰소리를 쳤다. 큰소리치는 사람이 이기는 시절이었기 때문이다. 그러나 세월이 흘러 블랙박스가 나온 요즘은 사고가 나도 큰소리치는 것을 보기 힘들며 바로 보험사에 전화 한 통 하면 서로 양쪽 보험사 직원들이 바로 나와 자기들끼리 처리를 한다.

무술계도 이제 더 이상 우겨서는 안 된다. 그러면 그럴수록 더 초라해질 뿐이다. 그런데도 이 플로리다의 합기도 관장은 SNS에서 엉뚱한 소리를 계속하며 합기도가 한국무술이라고 하길래 참다 못해 아주 논리적으로 댓글을 한 줄 달았더니 5분도 안 돼서 자기가 쓴 글을 다 지우고 꼬리를 말고 도망쳐버렸다. 어떤 답을 하려나 내심 궁금했는데….

그리고서는 아무 일 없었다는 듯 평소처럼 멋진 말을 SNS에 올렸고 기술 동영상까지 올렸는데, 이것을 보고 사람들은 '대사범님 멋지십니다, 존경합니다.' 이러고 있는 것이다. 참으로 가슴이 아팠다. 왜냐면 그냥 평범한 실력인데 저런 실력을 보고 존경한다고 하면 도대체 한국 무술계의 수준은….

70.
이왕이면 인지도가 있는 선생에게 배워라

필자(筆者)가 백제 관련한 고대 무예사에 대해 하루 기본 10시간 이상 문헌을 찾고 컴퓨터를 보다 보니까 눈이 침침해지고 두통까지 왔다. 그때마다 안약을 넣고 그냥 참곤 했었는데 어느 날 드라마에서나 나올 법한 일이 벌어졌다. 탁자 위에 있는 컵이 보이지 않아 더듬다가 컵을 건드려서 바닥에 떨어진 것이다.

누구나 실수는 할 수 있는 것이니까 그러려니 했는데 점점 시야가 좁아지고 옆에 있는 사물을 보려면 고개를 돌려야 하는 지경이 돼서 너무 놀라 시골 동네 안과에 갔다. 의사 선생님이 하시는 말씀이 너무 눈을 피로하게 해서 갑작스럽게 그럴 수 있으니까 무리하면서 컴퓨터만 바라보지 말고 멀리 산 쪽을 바라보라고 하시면서 좋은 인공눈물을 처방해줄 테니까 한 달 정도만 사용하면 다시 돌아올 거라고 이야기하시는 거다.

그래서 일단 안심을 했고 기쁜 마음으로 집으로 돌아갔는데 보름이 지나도 호전될 기미가 보이지 않고 오히려 앞쪽도 뿌옇게 보이면서 느낌이 왠지 좋지 않았다. 그래서 부산에 있는 좀 더 큰 안

과병원으로 갔는데 의사 선생님이 내 뒤에 진료 환자가 많이 기다리고 있는데도 계속 고개를 갸우뚱거리면서 내 차트만 뚫어지게 보는 것이다. 그러더니 한참 후에 말을 건넸다. "소견서를 써줄 테니 대학병원으로 가세요. 이것은 눈에 문제가 있는 것이 아닙니다. 머리에 문제가 있는 겁니다. 머리 중앙에 혹이 있어요. 눈에는 아무런 이상이 없습니다. 저 까맣게 보이는 것이 혹인데 그것이 시신경을 누르고 있어서, 아마 그래서 시야가 자꾸 좁아지는 것 같습니다. 하루라도 빨리 큰 병원으로 가세요." 의사 선생님에게 소견서를 받은 후 부산대학병원으로 가서 MRI를 찍고 정밀 검사를 했더니 약 2.5㎝ 정도의 혹이 뇌의 정중앙에 자리를 잡고 있는 것이었다. 역시 대학병원이 좋은 게 바로 신경외과에서 안과와 협업을 해서 수술 날짜를 잡았고 소화기내과에 가서 간에 이상이 있는지 검사를 하고 이비인후과에 가서 코 쪽으로 수술이 가능한지 여러 가지 검사를 받았다. 5년 전만 하더라도 뇌에 종양이 있으면 두개골을 절개하고 뚜껑을 열어서 뇌 수술을 했다고 한다. 그러나 의학이 발달해서 이제는 코의 안쪽으로 약 1㎝ 정도의 구멍을 뚫어 뇌에 들어가서 혹을 끄집어내는 수술을 한다.

무슨 말을 하려고 이렇게 길게 이야기를 하냐면 크고 이름 있는 곳으로 가란 이야기를 하고 싶은 것이다. 수술이 끝나고 1년이 경과했는데도 아직도 정기적으로 안과 검사를 받고 있다. 왜냐면 조금만 늦었어도 실명을 할 뻔했고 운 좋게 원래대로 돌아오긴 했지만 그래도 오른쪽이 약간은 불편하다. 시골 동네 안과 의사 말만 믿고 계속해서 인공눈물만 넣고 기다렸다면 두 눈의 시력이 상실되어 장애인으로 생을 살아가야 하는, 생각하기도 싫은 그런 일이 벌어질 뻔했다.

무술도 마찬가지다. 집에서 가깝다고 아무 데나 가서 사제지간의 인연을 맺지 말고, 이왕이면 인지도가 있고 유명한 분에게 정통으로 배우는 것을 추천한다. 유명한 데는 다 이유가 있는 것이다.

71.
합기계열의 무도에 사기꾼이 많은 이유

합기계열의 무도에 유독 사기꾼이 많은 이유는 겨루는 것 자체가 없어서 승패를 결정지을 수 없기 때문일 것이다.

물론 이것이 장점이 되기도 한다. 서로 승패에 연연하지 않고 기술 연마에 중점을 두어 자기의 목표점에 다다르기 위해 노력하는 것 그 자체로도 충분히 만족할 수 있다면 말이다. 하지만 실력을 가늠할 수 있는 것이 보여주는 연무(演武)에 그치기 때문에 그 사람의 진짜 실력을 알기 쉽지 않다. 물론 고수들은 그 사람의 중심이 동이나 타이밍, 즉 몸놀림을 보고 어느 정도 알 수가 있지만 고수가 아닌 사람들은 사실 실력을 측정하는 것 자체가 어렵다. 왜냐면 보통 숙달된 자기 제자를 데리고 시범을 보이기 때문에 실제로 잡아보기 전에는 그 기술이 정말 통하는지 알 수가 없는 것이다.

실정이 이렇다 보니 실력자인 척하는 이들도 많고 사기꾼도 상당히 많다. 물론 자신감이 있고 자부심이 강한 것과는 다소 차이가 있는데 정식으로 정통한 유파에 입문해서 오랫동안 수련을 한 사람들이 좀 더 자기 유파에 대한 자긍심이 높은 것도 사실이고 우월감도 강하다. 그러나 이들은 실력이 뒷받침해주는데 반해 사기꾼들은 실력은 고사하고 기본적인 스리아시(摺足)도 제대로 되고 있지 않다. 이런 사람들이 인터넷에서 활동을 하며 너무 빠른 속도로 무술계를 어지럽히고 있고 순진한 다른 무술인들까지 이들에게 속고 있다. 정말로 가슴이 아픈 일이다. 이들에게도 스승이 있을까? 있다면 과연 그 스승을 몇 번이나 만나봤을까 의문이 든다.

72.
핵심을 이해해야 한다

무술에 있어서 중심은 상당히 중요하다. 그렇다고 해서 별도로 중심에 대한 세미나를 받는다? 정말 부질없는 짓이다. 왜냐면 무술은 저마다 특징이 있고 그 무술이 갖고 있는 원리가 있다. 따라서 가장 중요한 것은 그 무술의 핵심을 이해하는 것이며 올바른 자세를 취하는 것이다. 그러면 중심은 자연스럽게 해결된다. 밥 먹는데 씹는 법을 배우면서 밥 먹는 사람 있나? 물론 '무엇을 먹을까? 또는 어떻게 요리를 할까' 하는 방식의 차이는 있을 수 있다. 그리고 많이 씹으면 소화도 잘되고 건강에도 좋으니 많이 씹는 것이 좋다. 무술도 마찬가지다. 올바른 자세로 많이 수련을 하는 것이 제일이다.

73.
합기계열의 유술(柔術)을 잘하고 싶다면-①

10년을 해도 유술(합기계열)이 안 되는 사람은 오늘부터 방법을 바꿔야 한다. 당분간 꺾고 비틀고 하는 기술을 절대 하지 말고 우선 중심을 낮춰서 전환, 회전, 중심이동만 열심히 한 후에 무릎걸음을 계속해서 반복한다. 무릎이 다 까지고 피가 철철 날 때까지….

그다음 하루에 최소 300번 이상 힘을 빼고 낙법을 해서 몸을 유연하고 부드럽게 만들어야 하며 절대 기구운동(웨이트트레이닝)을 해서는 안 된다.

조각 같은 몸, 울퉁불퉁한 몸 누가 봐도 멋지고 보기 좋다. 하지만 유술을 하려면 전혀 필요 없는 몸이다. 오히려 방해가 된다. 민첩성 떨어지고, 유연성 떨어지고, 게다가 기술을 힘으로 하게 되는 경향이 생긴다. 힘은 초등학교 3학년 정도의 힘만 있으면 되는데, 즉 성인은 아무리 약한 사람도 초등학교 3학년 남자아이 정도의 힘은 누구나 있다. 따라서 별도의 근력 운동은 필요가 없는 것이다. 유술은 절대 힘으로 해서는 안 된다.

74.
합기계열의 유술(柔術)을 잘하고 싶다면-②

'합기계열의 유술을 잘하고 싶다면' 2탄이다. 매일 목검으로 素振り
(스부리), 즉 베기를 연습해야 한다. 몸에 힘을 빼고 일도양단(一刀兩
斷)의 느낌으로 정면 베기를 하루에 200번 정도를 매일 꾸준히 해
야 한다. 혹자는 합기계열의 유술이 검술과 아무 상관이 없다고
하는데, **그건 그 사람이 몰라서 그러는 거다.** 그리고 그런 말 하는 사
람을 유심히 보면 검술을 못한다. 자기가 못하니까 그렇게 이야기
하는 것이다.

합기계열의 유술은 단순한 호신술이 아니며 만들어질 때부터 그
런 의도로 만들어지지 않았다. 전장에서 검을 들고 싸우다가 맨손
으로 이어지는 형태에서 상대를 제압하는 기술이라서 검의 동작
과 일치가 되고 그것이 그대로 검술의 움직임에서 나오는 연용형
(連用形)으로 발전되어 나간 것이다.

이렇게 이야기하는데도 끝까지 아니라고 우기는 사람들이 있다.
누구? 한국형 합기도 하는 사람들, 또는 일본의 합기계열의 유술

을 하고는 있지만 검술을 못하고 검술에 자신이 없는 사람들이다. 검술의 움직임을 알고 그 원리가 몸에 익어 실행을 하면 크게 힘을 들이지 않고 상대를 제압할 수 있다.

그러나 검술의 움직임을 모르고 검리를 모르면 제대로 상대를 제압할 수가 없기 때문에 스피드가 없어서 그런가 싶어 더 빠르게 한다. 그런데도 안 되면 그때부터 아령을 들기 시작하고 근력 운동을 해서 힘을 기르기 시작한다. 즉 힘으로 하려고 하는 것이다. '더 빠르게, 더 세게…!' 이것이 일반적으로 이루어지고 있는 형태다.

한국 사람들은 자존심이 강해서 이런 말을 하면 끝까지 우기면서 "다름을 인정해달라"라고 한다. 같은 합기라는 이름을 쓰면서 다름을 인정해달라고 하면 되나? 그럼 다른 이름을 사용해야 한다. 그래야 '아! 다른 무술이구나' 하고 생각을 하며 '저 무술의 특징은 힘과 스피드로 하는 것이구나'라고 이해할 수도 있을 것이다. 정말 안타까울 뿐이다.

필자가 이런 이야기를 하면 할수록 적이 생긴다는 것은 잘 알고 있지만 그렇다고 잘못된 것을 모른 척할 수는 없는 것이다. 또한 가르쳐주고 고쳐주면 고마워해야 하는 것이 맞는데 한국에서는 옳은 말을 하면 오히려 사람들에게 손가락질을 당한다. 죽어도 자기들이 잘못된 것을 인정하고 싶지 않기 때문이다. 아무튼 합기계열의 유술을 잘하고 싶다면 검술을 익혀라!

75.
합기계열의 유술(柔術)을 잘하고 싶다면-③

합기계열 유술(柔術)의 고수가 되려면 반드시 묵상을 해라. 물론 묵상만으로 고수가 될 수는 없지만 묵상을 안 하면 고수가 될 수 없다. 종교가 있어서 매일 기도를 열심히 하는 사람은 별도의 묵상이 필요 없다. 그 자체가 최고의 묵상이다. 그리고 또 한 가지, 타격(打擊)은 되도록 하지 않는 것이 좋다. 유술과는 맞지 않는다.

인터넷을 하면서 가만히 보고 있자면 동영상을 올리며 나름 '자기가 최고야' 하는 사람들이 너무나 많다. 뭐 그런 마음을 가지고 사는 게 맞는 것일 수도 있다. 뭐든지 자신감이 반은 먹고 들어가니까…. 그러나 안타까운 것은 왜일까?

솔직히 정통으로 배우면 정말 잘할 수 있는 사람이 몇 분 있는데 한 분은 서울에서 검술 하시는 총재님, 이분은 중심과 움직임이 상당히 좋다. 게다가 검술을 하고 있어서 백제유술을 배우면 날개를 달고 가는 형상이라고 해야 할까…! 또 한 분은 부산에서 합기도 체육관을 하시는 분인데 체육관 이름에 본인의 성(姓)을 달고 하시는 분이다. 비록 한국형 합기도이기는 하지만 기존의 분들과 분명 다르다. 어떤 수련을 하셨는지 그것까지는 알 수 없으나 기존의 한국형 합기도처럼 힘으로 비틀고 스피드로 꺾고 누르는 형상이 아니다. 게다가 기본이 잘되어 있고 흐름이 좋아서 분명 백제유술을 배우면 국내에서 단연 최고라 해도 과언이 아닐 것이다. 물론 정식으로 '백제유술'을 배운다는 가정하에 말이다.

오해의 소지가 있어 분명히 하지만 나는 이분들을 본적도 없고 사탕 하나 받아먹은 적 없다. 내 느낌 그대로 이야기한 것뿐이다. 그럼 혹자는 이렇게 이야기한다. "당신이 동영상만 보고 어떻게 알아?" 나는 유술에 나의 모든 것을 바친 사람이다. 왜 모르겠나? 다만 내가 못 본 동영상도 많고 영상을 찍지 않는 분들도 많다. 그렇기 때문에 내가 본 동영상만을 놓고 이야기하는 것이다.

아무튼 이번에는 묵상에 대하여 이야기를 했다. 하루에 단 10분에서 20분이라도 묵상을 해야만 한다. 그것이 고수로 가는 길이다.

76.
합기계열의 유술(柔術)을 잘하고 싶다면-④

정말 합기계열 유술의 고수(高手)가 되고 싶다면 기(氣) 수련을 해야 하고 기(氣)의 운용(運用)을 할 줄 알아야 한다. 보통 무술계에서 기를 이야기하면 좋은 반응을 얻기가 쉽지 않지만 사실이기 때문에 기(氣)에 대한 이야기를 논외로 할 수가 없다. '기'라는 것은 눈에 보이지 않고 손에 잡히지 않지만 분명 존재하며 사람의 몸에 피와 함께 항상 순환을 한다. 이것이 기혈순환이다. 연세 많은 어른들이 "아이고, 기운 없어"라고 말하는 경우가 많은데 여기서 말하는 기운의 '기'도 똑같은 기(氣)이며 여자들이 어처구니없을 때 "참나 기가 막혀"라고 말하는 경우가 종종 있는데 이때 말하는 '기'도 똑같은 기(氣)다. 즉 일상 속에서 무심코 말하는 기(氣), 이 기가 사람에게 정말 중요하고 무예에서도 상당히 중요한 역할을 한다. 무예에서는 기세(氣勢)만으로도 상대를 제압하곤 하는데 그만큼 기는 우리가 생각하는 것 이상으로 큰 힘을 내며 기 수련을 오래 하면 자연히 고수의 길로 접어드는 것이며 기(氣) 수련을 하지 않으면 절대 고수가 될 수 없는 것이다. 그 이유는 다음 장의 '진짜 고수'를 참조하기 바란다.

77.
진짜 고수(高手)

고수(高手)의 기준이 뭘까? 사전적 의미는 어떤 분야에서 손재주가 뛰어난 사람을 일컬어 고수라고 한다. 하지만 무술에서의 고수는 또 다르다.

무술에서는 기의 흐름과 기의 운용, 기의 근본적인 것을 모르고는 절대 고수라 할 수 없다. 다시 말하자면, 기(氣)라는 것을 모르면 절대 고수가 아니라는 것이다.

정통합기도(AIKIDO)의 우에시바 모리헤이 개조(開祖)도 기(氣)에 대해서 많은 고민을 한 흔적을 살펴볼 수 있는데 그래서 말년에 동작이 부드러워졌다. 혹자들은 노년에 힘이 부쳐 동작에 힘이 없고 부드러워졌다고 안타깝게 생각을 하기도 했다. 그러나 노년에 힘이 부쳐서가 아니다. 빠른 동작은 기의 흐름을 깨고 원활한 순환을 시킬 수 없으며 중심도 흐트러진다.

정통합기도(AIKIDO)의 달인 시오다 고조 요신칸개조(養神館開祖)도 한때 기에 대해 심각한 고민을 하는데, 그때가 중국에서 잠시 군 장교로 생활하던 시절 우연히 중국 내가권의 고수들을 만나고 나서부터다. 그리고 나서 중심을 보다 낮추고 하단전에 기의 양성을 가능케 하는 동작인 '기혼도우사'가 만들어졌으며 특히 그중에서도 기의 양성에 최고 끝판왕인 '히비끼노 요우세'가 탄생한 것이다.

그렇기 때문에 시오다 달인의 영상을 보면 툭툭 대기만 해도 쓰러지거나 날아가거나 한다. 모르는 사람이 보면 100% 짜고 한다고 할 정도다. 이것이 바로 기(氣)라는 것을 사용한 것이다.

거두절미하고 고수가 되려면 술, 담배를 끊고 기 수련을 해라. 그리고 하루 10분이라도 좋으니 명상(묵상)이나 기도를 해라.

그럼 고수의 길에 근접할 것이다.

78.
초보자가 가르치기 더 쉽다

유술(柔術)을 가르치기 어려운 사람들은 태권도 하는 사람들이다. 대체로 중심이 위로 떠 있어 중심을 낮추어야 하는 유술에는 사실 맞지 않으며 아무리 가르쳐도 왠지 자세가 나오지 않고 어색하다.

이보다 더 어려운 사람들은 한국형 합기도를 한 사람들인데 잘못된 습관이 너무 몸속 깊숙이 자리 잡고 있어서 가르치는 것보다 기존의 나쁜 습관을 고치는 데 더 많은 시간이 걸린다. 그리고 이보다 더 가르치기 힘든 사람은 자주 빼먹고 안 나오는 사람이다. 안 나오다가 나오니 전에 배웠던 것은 다 잊어버려서 다시 가르쳐야 하고, 힘들게 가르쳐놓으면 또 참석을 하지 않고, 차라리 그만두면 좋은데 그만두지도 않는다.

반대로 가르치기 수월한 사람들은 유도를 한 사람들이다. 중심이 낮게 잡혀 있고 유도도 유술에서 시작되었기 때문에 공통점이 많아서 그런지 가르쳐주면 금세 소화해낸다. 다만 유도를 했더라도 오랫동안 수련하여 숙련된 사람은 가르치기 수월한데 그렇지 않은 사람은 힘으로 하려는 경향이 좀 있어서 이런 사람도 가르치기는 쉽지 않다.

아무튼 한국에서 10년을 넘게 지도자 교육을 해보니 타 무술 지도자보다 오히려 아무것도 경험이 없는 초보자가 더 가르치기 쉬웠고, 시키면 시키는 대로 하기 때문에 더 기술 향상이 빠른 것을 볼 수 있었다.

다른 무술을 오래 한 지도자임에도 불구하고 초보자들보다 가르치는데 더 어려웠던 이유는 이렇다. 뭐든지 오랜 반복에 의해서 동작이 몸에 익숙해지면 그 동작은 수월한 반면 그 동작을 다시 새롭게 고치려 하면 어려운 것이다.

그래서 좋은 습관을 들여야 하는 것이고 나쁜 습관이 몸에 배어버리면 고치기 힘든 것이며 못 고치는 경우도 있다. 마지막으로 가장 중요한 것은 순수한 마음과 성실함이다.

한국 무술계의 관장들은 자기가 새로운 무술을 배우면 전에 무슨 무술을 했든 간에 새롭게 배우는 무술 지도자의 가르침에 따라야 하는데 자기 주장을 피력하기 좋아하고 따지는 경우가 종종 있다. 설령 자기 생각이 그렇더라도 새로운 것을 배우려면 모든 것을 내려놓고 순수하게 받아들여야 하는 것이 맞는 것이다. 왜냐면 그 유파만의 특징과 움직임이 있기 때문이고 그렇게 가르치는 것에는 다 이유가 있는 것인데 자기 생각이 맞다고 따지고 들면 가르치기가 쉽지 않다.

그리고 최고로 중요한 것은 성실함이다. 죽기살기로 해도 될까 말까인데 그렇게 대충 해서는 아무런 결실도 맺을 수 없다. 무술을 건강을 위해 하는 사람, 취미로 하는 사람은 적당히 해도 된다. 취미로 하는데 죽기살기로 할 필요까지는 없다. 그러나 그것으로 밥을 먹고 사는 사람이고 지도자라면 최선을 다하는 것이 옳은 것 아니겠는가…!

79.
신의(信義)를 지키는 무술인이 되자

집이 시골이라 환경은 참 좋기는 하나 벌레가 많고 특히 집집마다 뱀 때문에 고생을 하기도 한다. 아직 에어컨을 틀 만큼 덥지는 않아서 앞뒤로 문을 다 열어놓고 자연풍에 의지를 하는데 그러고 있으면 상당히 통풍이 잘되고 시원하고 좋다.

오늘도 여느 때와 마찬가지로 문을 활짝 열어놓고 낮잠을 자고 있었는데 위 사진의 리오(미니핀)가 분주하게 움직이며 으르렁 하는 소리에 기분이 오싹해서 벌떡 일어나보니 현관 쪽에서 뱀 한 마리와 싸우면서 좌우로 돌며 유리한 위치를 선점하고 있는 것이다. 순간 너무 놀라 정신이 번쩍 들었고 뱀의 머리를 보니 독사였다. 군복무 시절에 GP라인 쪽에서 수색정찰을 하며 뱀을 많이 봐서 독사인지 아닌지 대충은 알 수 있다.

재빠르게 현관에 있던 삽으로 머리를 내리쳐 마무리를 하고 논에다 버린 후 기특하고 영리한 리오에게 상으로 육포 하나를 주려고 하는 순간 리오가 쓰러져버렸다. 순간 '물렸구나' 하는 생각에 재빨리 수건에 차가운 물을 적셔서 코에다 대고 동물병원으로 갔다. 항독성 주사와 쇼크로 쓰러졌을 때 맞는 주사, 그리고 영양제를 맞고 집으로 돌아왔는데 가슴이 미어지는 것 같았다.

워낙 아이가 어릴 때부터 나와 같이 산을 타고 운동을 많이 해서 상당히 건강하다. 겨우 5.5㎏ 작은 몸에도 30㎏이 넘는 진돗개 백구와 싸워 백구의 왼쪽 눈을 3㎝가량 찢어 동네 백구가 기겁을 하고 도망간 적도 있고 우리 집의 45㎏나 나가는 풍산개하고도 서열 싸움을 해서 수술비가 200만 원이나 나올 정도로 죽다 살아난, 정말 작지만 산전수전 다 겪은 아이다. 우리 집에 네 마리의 개가 있지만 유독 내가 이 아이를 좋아하는 이유는, 시오다 고조처럼 작지만 강하고 담대하기 때문이다. 때론 너무 겁이 없어서 탈인데 한번은 다대포에서 바닷속에 뛰어들어 파도에 떠내려갔는데도 유유히 헤엄쳐서 나오기도 한, 정말 멋진 아이다.

30년을 넘게 강아지를 키웠지만 이런 아이는 처음이다. 근데 강아지가 무술과 무슨 관계냐고 묻는다면 바로 신의(信義)를 말하고 싶다. 이 작고 귀여운 애가 독사에게 달려든 것은 물론 본능일 수도 있겠지만 내가 자고 있기 때문에 못 들어가게 하려고 자기 나름대로 최선을 다하다가 물린 것이다.

요즘 무술계에서는 가르쳐주는 스승을 배신하고 여기저기 옮겨 다니기를 밥 먹듯 하는 것이 그렇게 이상하지 않을 정도로 비일비재하다. 그 정도로 쓰레기 같은 놈들이 많은데 그에 비하면 비록 동물이지만 목숨까지 걸고 신의(信義)를 지키는 모습이 사람보다 백번 낫다.

아무튼 다리를 물리면 그나마 덜 위험한데 리오는 가슴과 가까운 어깨를 물려서 쇼크가 심하게 와서 정신을 잃었던 것이고 여기에 사진은 첨부하지 않았지만 피를 세 번이나 토했다.

더럽고 지저분한 한국 무술계가 하루빨리 깨끗하게 정화되기를 진심으로 기원한다.

80.
한 우물만 판 결과다

'업어치기의 달인' 전기영 용인대 유도학과 교수가 국제유도연맹
(IJF) 심판위원장으로 내정되는, 역사에 남을 만한 큰 쾌거를 올렸
다. 일본인이 아닌 한국인이 심판위원장에 오르는 것은 전례에 없
는 일이다.

유도선수로서의 전기영 하면 가장 먼저 떠오르는 것이 밑으로 파
고드는 전광석화 같은 업어치기다. 들어오는 것을 알고도 넘어간
다는 그 업어치기…. 내가 전기영 교수를 처음 본 것은 고등학교
때다. 이미 그는 고등학교 시절부터 세인(世人)의 주목을 받았고 그
의 시합에는 많은 사람들이 모여들었다. 예전부터 느낀 것이지만
사실 그렇게 키가 크거나 체구가 크지 않음에도 그 몸에서 뿜어져
나오는 기운과 힘은 가히 폭발적이다.

업어치기의 달인이라고는 하나 허리 기술도 상당히 잘하고 그의
안 뒤축 걸기는 정말 일품이다. 나도 유도를 했고 유명한 선수들의
경기를 많이 봤지만 그렇게 깔끔하고 군더더기 없는 기술을 구사
하는 선수도 드물다. 오죽하면 고등학교 때 대진표가 나오면 78kg

급 선수들은 제일 먼저 전기영 교수가 어느 쪽에 있는지를 살펴볼 정도였다. 이런 전 교수는 경기대를 졸업하고 한국마사회 실업팀에서 활동을 했으며 세계대회 3연패 그리고 1996년 애틀랜타 올림픽 금메달까지, 유도선수로서 최고의 행보를 보였다.

내가 전기영 교수를 정말 높이 평가하는 이유는 실력도 실력이지만 좌우 돌아보지 않고 초지일관 한 우물만 파며 나아갔다는 것이다. 2000년대 초반부터 전 세계에서 격투기 붐이 조성되며 K-1 프라이드 같은 격투기는 엄청난 인기를 얻었다. 한국의 유도 올림픽 메달리스트, 씨름 천하장사, 그리고 복싱 세계 챔피언까지 거액의 파이트머니를 받고 하나둘씩 링에 올라갔지만 전기영 교수는 끝내 링에 올라가지 않았고 유도가(柔道家)로서 자존심을 지켰다. 모르는 사람들이 '그것이 뭐가 대단한가'라고 생각할 수도 있겠지만 사실 정말 엄청난 일이다. 왜냐면 K-1 프라이드는 주최측이 일본이다. 따라서 일본의 유도 천재이자 국민 영웅인 요시다를 두 번이나 뭉개버린 전기영 교수를 어떻게 해서든 링에 올려서 망가지는 것을 보기 위해 우리가 상상하기도 어려운 파이트머니를 제시했을 것이다.

아마 그 어떤 사람도 그러한 제시를 쉽게 뿌리치지 못할 것이며 많은 갈등을 할 것은 자명하다. 하지만 전기영 교수는 돈보다 명예를 지켰고 유도가로서의 자존심을 지켰다. 그것이 오늘날 국제유도연맹 심판위원장이라는 역사에 길이 남을 성과를 남긴 것이다.

왜 이런 이야기를 하냐면, 요즘 무술계에 보면 여러 종목을 하면서 마치 그것이 실력이 뒷받침돼서 그런 것처럼, 또는 능력인 것처럼 이야기하는 사람들이 갈수록 늘고 있기 때문이다. 물론 여러 가지를 다 잘하면 얼마나 좋겠냐마는 사실상 불가능하다. 자신들은 잘한다고 생각하겠지만 정말 잘하는 사람들의 시각에서 보면 그저 안타까울 따름이다. 진정한 무도인이라면 한 가지라도 제대로 했으면 하는 마음이 간절하다.

81.
일본 유도(柔道)

2020년 도쿄 올림픽 유도 종목에서 일본이 금메달 9개를 획득하며 싹 쓸어버렸다. 어떻게 이런 일이 벌어졌을까? **비결은 기본기다.**

필자는 일본에서 유도를 수련했고 시합까지 출전한 적이 있는데 선수들이 하나같이 기본기가 탄탄하다는 공통점이 있다. 단지 유도뿐만이 아니다. 다른 종목도 그렇고, 무술 같은 경우에는 더욱더 기본을 확실히 하는 것을 알 수가 있었다.

그러나 한국은 어떤가? 다양한 기술을 펼치기는 하지만 기본기가 부족하여 점수로 이어지지 못하거나, 기본기가 잘된 일본 선수를 만나면 고전을 면치 못한다. 그렇다면 도대체 왜 일본처럼 기본기를 확실하게 가르치고 배양(培養)하지를 못할까? 문제는 국민성이다. "빨리빨리"를 입에 달고 사는 한국인들…. 외국인이 한국에 오면 제일 먼저 배우는 말이 "빨리빨리"라고 한다. 그만큼 성질이 급하다는 이야기다. 기본기를 확실하게 익히고 그다음 단계로 가는 것이 아니고 일단 시합에서 이길 수 있는 포인트 기술, 즉 점수 따는 기술을 가르쳐서 빨리 성적을 내려고 하다 보니 기본기가 부족한 것이고 그 상태로 어린 선수들이 그대로 성장을 하니까 결과가 좋지 못한 것이다.

무술도 마찬가지다. 필자가 10년을 넘게 무술 지도자 교육을 실시해왔지만 항상 듣는 말이, "기본기보다 기술을 중점적으로 가르쳐주시면 안 되나요?"라는 말과 "기술 몇 가지 더 알려주시면 안 될까요?"라는 말이다. 하지만 가르쳐줘도 기본기가 안 돼 있으면 아무런 소용이 없다. 기본기가 안 돼 있으면 아무리 많은 기술을 가르쳐줘도 소화를 못하는데 기술의 가지 수만 늘리면 무엇하나?

예를 들어 올림픽에서 금메달을 목에 건 유도선수의 시합을 한번 생각해보자. 처음 예선전부터 결승까지 몇 가지의 기술을 사용한다고 생각하는가? 선수에 따라 다소 차이는 있겠지만 많아야 서너 가지다. 보통 주특기 기술 한두 가지로 승부를 보고 그 외 잡기술 한두 가지다. 또한 복싱 세계 챔피언을 한번 보자. 그들이 훅을 칠 줄 몰라서 같은 기술을 매일같이 반복 연습하겠는가? 여러 가지를 배우는 것보다 한 가지라도 올바르게 제대로 내 몸에 익히고 숙지하는 것이 중요하다는 것을 잊으면 안 된다.

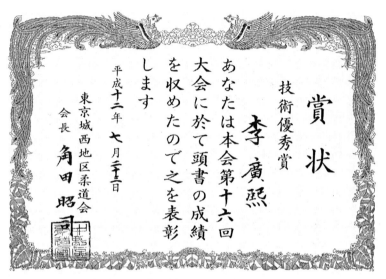

賞 状

技術優秀賞

李 廣熙

あなたは本会第十六回
大会に於て頭書の成績
を収めたので之を表彰
します

平成十二年 七月二十三日

東京城西地区柔道会

会長 角田 昭司

2000년 7월 23일 동경(東京)에서 열린 유도대회출전 기술우수상 수상

82.
대단한 대한민국의 격투 스포츠

1993년 겨울이었다. 필자가 열심히 땀을 흘리며 샌드백을 차고 있는데 밴텀급 동양 2위인 형님이 체육관에 들어오더니 심각하게 한마디 한다. "아서라, 하루라도 일찍 그만두는 게 몸 상하지 않고 돈 버는 거야." 이분은 한국인이면서도 세계적인 선수들이 나오는 마카오나 태국에 가서 그들과 어깨를 나란히 하는 분이었다. 그 당시 국내에는 상대가 없었던 사람이어서 주로 해외 원정 경기만 나가던 분인데 킥복싱은 비전이 없다며 그만두고 자기 매형 쌀가게에서 일을 하고 있었다. 마침 근처에 배달이 있어서 들렀다면서 체육관에 들어온 것이다.

이 시기에 필자는 체육관에서 먹고 자고 생활하면서 아침 5시부터 밤 10시까지 운동만 하던 시절이었기 때문에 운동량이 엄청났고 포부도 대단했다. 그런데 이분만 체육관에 왔다 가면 하루 종일 힘이 빠지고 맥이 풀렸다. 아무튼 그렇게 그다음 해 1994년에는 킥복싱 신인왕에 등극을 했는데 트로피와 상금을 받고 체육관으로 돌아가서 봉투를 열어보니 달랑 5만 원이 들어 있었다. 턱은 아프고 옆구리는 결리고 그 5만 원을 보자마자 눈물이 핑 돌았다. 죽기살기로 운동한 나의 땀의 결실이 고작 5만 원이라는 것에 대해서 왠지 모를 서글픔이 밀려왔던 것 같다.

　서론이 너무 길었는데 요점은 간단하다. 당시 우리나라의 격투 스포츠의 환경은 너무나 열악했다. 아니 열악하다 못해 정말로 비참했다. 운동만으로 생계를 유지한다는 것은 상상할 수도 없었고 부상을 당해도 자비로 다 해결을 해야 하니 동양 랭킹 2위 선수의 말처럼 하루라도 빨리 그만두는 것이 골병 안 들고 돈 버는 길이었다.

　그러나 현재는 어떤가? 한국의 격투 스포츠가 사양길로 가고 있었다는 말이 믿기 어려울 정도로 너무나 눈부신 발전을 했고 그 중심에는 로드 FC가 있다. 물론 아직 세계 격투시장의 최선두에 있다고 말할 수는 없지만 그래도 아시아에서는 단연 최고라고 해도 과언이 아닐 것이다. 세계무대에서 볼 수 있는 톱클래스의 선수들이 로드 FC에서 경기를 하고 있으며 파이트머니도 수천만 원 단위로 알고 있다. 또한 세계무대에서 활약을 하는 MMA 선수들이 텔레비전 예능 프로에 나오는가 하면 CF도 찍고 있으며 그 유명세를 바탕으로 체육관을 열어서 제법 괜찮은 수입을 올리고 있기에 예전과 비교한다면 '하늘과 땅 차이'라고 말할 수 있다.

　이처럼 세월의 흐름에 따라 모든 것이 발전하고 성장을 했다. 전혀 발전이 없을 것 같던 격투 스포츠에서도 세계 정상 수준의 선수들이 발굴되고 있으며 아시아 최고의 격투단체도 한국에 있다. 참으로 기쁜 일이 아닐 수 없지만 그런데 무술계는 예나 지금이나 아무런 변화가 없으니 무술인들의 한숨만 더욱 깊어져간다.

1994년도 한국 킥복싱 신인왕전 우승 증서

83.
실력자는 겸손하다-①

정말 겸손한 분 한 분을 소개하려고 한다. 앞에 로드 FC에 대해
이야기했는데 이분은 로드 FC 시작부터 현재까지 심판으로 활동
하고 있고 필자가 운영하는 법인의 설립 등기이사이며 직접 경호,
경비회사를 운영하는 오너이기도 한 김철 이사(理事)다. 이사님과
의 첫 만남은 2007년으로 거슬러 올라가는데, 겨울이었다. 필자가
일본에 있을 때 도쿄 베이호텔에서 통일교단체의 '평화통일 궐기대
회' 행사가 있어서 故 문선명 회장님을 모시고 한국에서 경호팀과
임원들이 입국했다. 당시 모 경호무술단체 총재님의 소개로 알게
되었고 그때의 인연이 지금까지 이어졌다. 경력도 화려하고 활동도
많이 하시지만 그 누구 앞에 나서거나 드러내지 않으며 묵묵히 무
술계와 격투 스포츠계를 위해서 헌신하는, 정말로 배울 점이 많은
분이다.

2013년 흑영체육관에서. 좌측이 필자, 우측이 김철 이사

84.
실력자는 겸손하다-②

이번에 소개할 분은 삼보 전 국가대표였던 최재열 이사(理事)다. 이 사님과의 인연은 2007년 도쿄에서 처음 시작돼 지금에까지 이르렀고 항상 나의 안부를 물으면서 틈틈이 시간 내어 찾아와주는 고마운 분이다. 최 이사님은 한국을 대표해서 국제 삼보대회에 여러 번 참가한 경력이 있으시고 유도 5단의 상당한 실력자이기도 하다. 게다가 남자가 봐도 멋진 카리스마에 겸손하고 점잖은 분이다.

이렇듯 실력자들은 늘 예의가 바르고 겸손한데 꼭 보면 허접한 것들이 별 꼴값을 떨며 설친다.

실력도 없는 것들이 설칠 수 있다는 것은 그만큼 한국 무술계가 전반적인 수준이 낮다는 증거다.

최재열 이사님과 맛있는 점심도 먹고 음료 한잔하며 많은 이야기를 나누고 좋은 시간을 보냈다.

좌측이 필지, 우측이 최재열 이사

85.
무술계에서 내가 가장 존경하는 김용신 고문

아래의 사진은 필자와 필자가 운영하는 연맹의 김용신 최고고문이
시다. 잘 알고 지내던 무술단체의 총재님께서 꼭 소개해주고 싶은
분이 계시다고 해서 같이 가서 아무 생각 없이 만나뵈었는데 너무
나 밝으시고 항상 겸손하시며 정말 정직하시고 늘 변함없이 한결
같으신, 무술계에서는 좀처럼 만나뵙기 힘든 존경할 만한 어른이
시다.

김용신 고문님은 부산의 남구 택견협회장직을 14년간이나 맡으시며 전통무예 발전과 지역 발전에 이바지하셨고 백제유술을 체험해보시고는 맨 마지막 최고위 과정까지 다 마치신 후 연맹의 최고 고문역을 맡으셔서 물심양면으로 도움을 주시고 계시는 고마운 분이시다. 고문님에게 정말 놀라웠던 것은 최고위 과정까지 약 3년에 걸쳐 배우시면서 단 한번도 교육에 불참을 하신 적이 없으시고 교육 중간에 쉬는 시간도 아깝다며 쉬지도 않으시고 연습을 하시던 모습이 아직도 기억에 남는다.

뿐만 아니라 고문님을 만난 지도 벌써 9년이 넘었는데 아직 단 한번도 필자에게 말을 놓으신 적이 없다. 고문님 연세가 이제 69세나 되시는데 말이다. 게다가 단 하루라도 운동을 하지 않으시면 뭔가 허전하시다면서 항상 운동을 생활화하시는데 사실 이런 분을 찾기가 쉽지 않다. 필자도 정말 많은 무술인들을 알고 있지만 나이 60만 넘어도 운동 잘 안 하며 특히 회장 정도 되면 누구 밑에 가서 배운다는 것은 생각하기조차 힘들다.

한마디로 김용신 고문님은 많은 무술인들이 보고 배워야 하는 무술계의 표본이시다.

86.
백제인으로부터 시작되었다

진(秦)씨의 본관에는 풍기(豊箕), 삼척(三陟), 용인(龍仁), 남원(南原) 등이 있는데 시조는 필명(弼明)이고 본관은 풍기 진씨의 분파로 알려져 있다. 물론 진(秦)씨와 주(周)씨는 중국 성씨이며 우리나라에서 위와 같은 성씨는 대부분이 화교다. 대표적인 사람이 가수 주현미 씨이며, 실은 나의 외할머니도 주씨 성을 가진 화교이다. 주씨는 당(唐)나라 때 신라로 귀화한 사람들이 신라인과 결혼을 하여 뿌리를 내린 것에 비해 진씨는 부여국의 사람으로 백제에 흡수되었다.

이러한 진씨는 5세기에서 6세기 초에 일본으로 건너가 服部 地域에 양봉(養蜂) 기술을 전하며 핫토리 지역에서 그 지명(地名)을 따서 핫토리씨로 일가를 이루고 부와 명예를 누린다. 왜냐면 지금도 좋은 꿀은 비싸지만 당시에는 아무나 먹을 수 있는 것이 아니었다. 이러한 핫토리 가문은 훗날 에도 막부 시절에 도쿠가와 이에야스(德川家康)의 가신으로 활약을 했고 그가 바로 핫토리 야스나가(服部保長)이며 도쿠가와 이에야스에게 가장 총애를 받던 열여섯 명의 가신 중 한 명이다.

또한 그의 아들 핫토리 마사나리(服部正成)는 핫토리 한죠(服部半
三)라는 이름으로 당대 최고의 이가 닌자(伊賀 忍者)의 당주였고 이
것이 닌자의 시초이며 모두 백제계 도래인(渡來人)의 후손이다.

양봉 기술을 전한 은혜를 기리는 핫토리의 무덤. 주택 한가운데 있는 것이 독특하다

87.
일본 최초의 닛뽄도(日本刀)

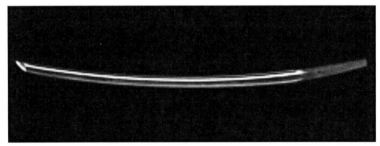

일본 최초의 일본도(日本刀). 국립규슈박물관 소장

作者	則房(칙방)
形狀	鎬造 - 鐵(호조 - 철)
法量	全長 87.3㎝, 刀長 69.5㎝
時代	鎌倉時代(카마쿠라시대)
年代世紀	13世紀
所藏	國立九州博物館(국립규슈박물관)

大摺上無銘ながらその傑出した作行から、備前国の福岡を拠点に作刀を行った一文字派の代表的刀工、則房の作と極められた刀。やや寸の詰まった猪首（いくび）風の中鋒。茎（なかご）は大きく摺上げ、姿は現状中程で反る。鍛（きたえ）は杢目に板目、肌立って地景入る。匂の上にごく微細な沸を振りまく。刃文は焼の高い逆足の入った重花丁子。物打付近には飛焼あり。鎬地あたりで乱映りが淡く立つ。帽子は乱れ込み、やや尖りごころに小丸に返る。刀身彫物は、表裏とも棟側にごく僅かな緑が残る片チリの棒樋を茎尻まで掻き通す。本品に添えた鎺は格調高い二重の金鎺であり、三つ葉葵を精緻に透彫していることから、徳川将軍家ゆかりの一口として伝世したことを想定しうる。

국립 규슈박물관 홈페이지에서 발췌한 내용

위 사진의 도검은 13세기 일본의 카마쿠라시대에 만들어진 일본도(日本刀)이다. 13세기에는 백제계의 미나모토노 요리모토(源賴朝)가 카마쿠라 막부, 즉 무사정권의 시대를 열어 무사(武士)들의 힘이 막강한 시대였다. 일본도도 이 무렵에 처음 나오기 시작한 것이다. 흔히 이야기하는 '사무라이'들이 지니고 다니던 칼이 바로 일본도인데 13세기 이전에는 일본도가 존재하지 않았으며 쯔루기(つるぎ)라고 하는 양날검이 주를 이루었고 이 양날검은 가야와 백제에 의해 규슈로 들어오게 된 것이며 그 후로 변화가 이루어지고 지금의

일본도가 만들어진 것이다. 그럼에도 불구하고 한국의 무술단체들은 고구려 신라 운운하며 저 일본도를 들고 전통무술이라고 외치며 무술 시연을 하고 있으니 정말 안타까운 노릇이 아닐 수 없다.

일본인만 일본도를 쓰는 것은 아니다. 그러나 한국에서 전통무술을 이야기하면서 일본도를 사용하며 무술 시연을 한다면 국내에서 전통혼례를 올린다고 하면서 기모노(着物)를 입고 하는 것과 뭐가 다르겠나?

마지막으로 국립규슈박물관의 설명 중 맨 끝의 두 줄을 보면 위 사진의 칼이 도쿠가와 장군가(德川将軍家)에 의해 전해져 내려온 것으로 상정(想定)한다고 되어 있는데 도쿠가와 장수 집안도 결국 백제계다.

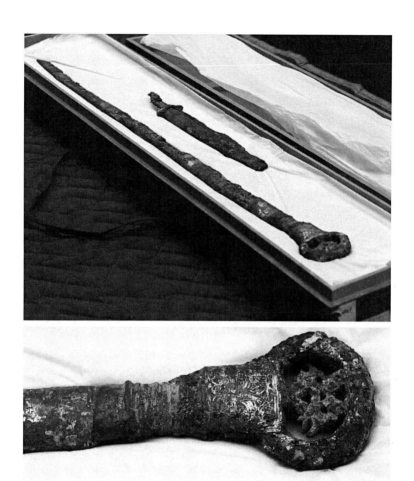

둥근 고리 칼 환두대도(環頭大刀)

검명	환두대도
제작시기	5~6세기
소장	군마 현립박물관

둥근 고리 칼 환두대도는 일본 군마현 아나카시(群馬縣 安中市)에서 출토됐는데 처음에는 중국의 것으로 추정됐으나 같은 환두대도가 김해(가야 지역)에서 출토되어 가야국(伽倻國)의 것으로 판명됐다.

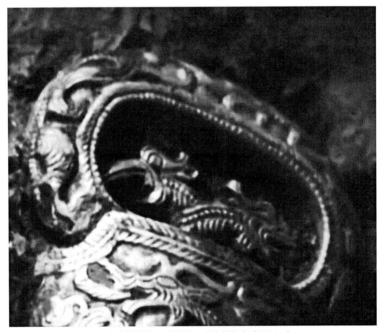

김해 지역에서 출토된 둥근 고리 칼 환두대도(環頭大刀)

일본에서 출토된 환두대도와 김해(가야 지역)에서 출토된 환두대도가 정확히 일치하므로 당시 5~6세기경 일본에는 철(鐵)이 없었던 것이 확실하고 그것은 일본 내 학자들도 인정하고 있다. 그러므로 일본이 사무라이, 즉 무사(武士)의 시초라는 것은 전혀 맞지 않으며 또한 무사라고 하는 것은 검을 쓰는 자(者)를 뜻하는 것인데 철(鐵)이 없는데 검이 있을 리가 없고 검이 없이 무사를 이야기한다는 것은 논리에 맞지 않는다. 또한 일본도(日本刀)가 만들어지기 전에는 대체로 위의 환두대도와 같은 형식으로 양쪽에 날이 있는 양날검의 형태였다.

88.
정말 그럴까?

우리나라의 무예가 임진왜란을 기점으로 체계적인 틀을 만든 것은 틀림없는 사실이다. 임진왜란을 된통 겪은 조선이 무예제보(武藝諸譜)와 무예신보(武藝新譜)를 바탕으로 정조가 무예도보통지(武藝圖譜通志)를 만들어 무예에 확실한 기틀을 만들었으니 틀린 말이 아니다. 그러나 말 그대로 이것은 조선시대 이야기다.

그럼 그전에는 무예가 없었나? 가위바위보로 싸웠을까? 무에서가 완성되고 훈련도감이 만들어진 것은 맞으나 그것을 이야기하며 거기서부터 전통무예를 논하는 것은 우스운 이야기다.

또한 "일본에서 많은 무도(武道)가 유입되었으니 솔직해지자"라며 언성을 높이면서 대부분 일본무술인데 전통무술 운운하지 말자고 이야기하는 사람들도 많은데, 그 말이 맞다. 전부는 아니지만 많은 무도가 일제강점기에 한국에 전해졌다. 그렇다면 예를 하나 들어 사과를 수확했다고 하자. 이 사과가 자기 혼자 클 수 있나? 가지도 없고 줄기도 없고 뿌리도 없이? 겨우 한 토막 잘라진 뱀 꼬리를 들고 뱀이라고 외치나? 물론 뱀인 것은 사실이다. 하지만 온전

한 뱀이 아니잖은가?

　일본에서 유입된 국내의 대다수의 무술은 백촌강 전투를 마지막으로 일본으로 건너간 백제계 도래인(渡來人)으로부터 시작되며 사무라이, 즉 무사의 전성기를 맞이하게 되고 약 700년간 이들에 의해서 나라가 다스려진다. 다시 말해서 장소만 바뀐 것이지 크게 변화된 것이 없다. 혹자는 말한다. 그렇게 오랜 시간이 흘렀는데 정말 바뀐 것이 없을까?

　필자도 처음에는 같은 생각을 했다. 1,300년 전부터 지금까지 내려오면서 얼마나 많은 부분이 달라졌겠는가? 물론 생활에 필요한 부분은 세월이 흐름에 따라 당연히 바뀐다. 10년만 지나도 세상이 변하는데 천 년이 넘는 세월이 흘렀다. 안 변하면 그것이 더 이상한 것이다.

　그러나 무술은 크게 변할 이유가 없으며 게다가 일본인은 옛것을 고수하며 전통을 지켜나가려고 하는 의지가 세계에서 제일가는 민족이다. 변화되지 않게 지키려고 많은 노력을 기울인 것을 일본에서 직접 고류(古流)무술을 배운 사람은 느꼈을 것이다. 모든 것은 변화가 있기 마련이기 때문에 무술도 변화했을 것이라는 생각은 당신만의 착각일 뿐이다. 물론 근현대 무술은 더 합리적으로 변화하며 발전했다. 하지만 전통을 중요시하는 일본에서 고류무술은 전혀 변하지 않았으며 특히 관절기 무술은 변화한다 해도 거기서 거기다.

89.
유술의 전문가(專門家)가 없는
안타까운 국내 현실

2019년 10월 11일 금요일　　　　　　　　　　　　　　　　　문화 / 스포츠

■ 송일훈 칼럼　　　백제무술인 유술의 근원 대발견과 무형의 문화유산! 이광희 총재에게 묻다(2)

이광희 총재가 언급한 것처럼 일본의 모든 문화는 백제의 아스카문화에 의해서 이루어진다. 백제가 멸망하고 모든 중심세력들이 일본으로 이주하고 새로운 지역을 평정하는데 이 총재가 찾아낸 사료를 다시 한 번 살펴보기로 하자.

일본으로 향한 백제인은 규슈에서 정착을 하게 되고 점점 오사카의 교토는 물론 관동지방으로까지 그 세력을 넓히며 확장을 한다.

「현지천황」 3년 664년 3월 백제의 선광왕(善光王)을 난바(難波)에 살게 하다」여기서 난바는 지금의 오사카 난바를 뜻하는 것이며 훗날 백제인의 집성촌이 되고 호족(豪族) 들로 하여금 이 지역을 다스리게 한다.

「백제국 하위계층 및 좌평 복신의 가문 귀실집사 소급하(소翁集斯 小錦下) 백제백성 남녀 4000여 명 근강국 포생군에 살게 하다 (近江國 蒲生郡) - 근강국 포생군은 지금의 시가현이며 훗날 백제에 도래인의 집성촌이 된다」

백제가 무사비 규슈에 입성을 해서 정착을 하지만 여전히 나당연합군은 두려운 존재이기 때문에 지금의 규슈 후쿠오카 다자이후(關西 太宰府)에 백제식으로 토성을 쌓는다.

천지천황은 백제인이 살아갈 수 있도록 밭을 나누어 주었고 축자국은 지금의 행정구역상 후쿠오카의 동부이며 혹시 모를 나당연합군의 공격을 방어하기 위해 쌓은 것의 성증에 하나다.

천지천황은 수도를 근강(近江)으로 옮기면서 백제인 2천여 명을 대리고 가 천황가의 세력을 굳건히 하며 백제인으로 삼는 것을 볼 수 있다.

「현지천황 10년 671년 1월 좌평 여자신(佐平余自信 沙宅紹明 授大錦下-法官大輔) 귀실집사나 (平室集斯 小錦下 - 學職頭) 닯솔 목소귀자 (授授率 木素貴子 同比초 닯솔 곡나진수 授授率 谷那晉首 同比초 닯솔 억예복류 授授率 億禮福留 同比초 닯솔 답발춘초 答發春初 關氏法) 발일비자찬비초 산파라 贊波羅 금나금수 金羅金須 解藥 귀실집신 鬼室集信 解藥 - 大山下 덕정상 授授率 徳頂上 解藥 길대상 吉大尚 - 小山上 授餘達率孚 外50餘人」

위 글은 천지천황이 백제의 후족(豪族) 및 장수들에게 관급을 주며 나라를 다스리게 하는 내용이 비교적 자세하게 기록되어 있다. 물론 모든 인원을 다 기록한다는 말은 오와 500여명으로 축약된 부분도 사실이지만 일본서기가 720년에 쓰여 진 것을 감안한다면 사실 상당히 자세하게 서술 해 놓은 것이다.

본문 내용에서 여자신과 귀실집사는 좌평 종1품으로 백제의 16개 관급(官級) 중에서 제일 높은 작에 해당하며 특히 귀실집사는 백제가 멸망하기 전에 부흥운동을 전개했던 귀실복신의 아들로 당시 최고의 권력을 가지고 있던 인물이다. 천지천황은 귀실집사를 학직두에 임명을 하게 되는데 학직두는 지금의 교육부장관이다.

또한 그의 아들 귀실집신은 해약별(別)이라 하여 의약사로 활동을 하게 하였으며 대산하 라는 직위를 주었다.

그리고 가장 중요한 백제의 장수들의 기용부분인데 닯솔 목소귀자를 포함한 여러 명의 장수를 한병법(關兵法)의 대신과 직을 받게 주며 활약을 하게 한다.

여기서 한병법이라 함은 당시 군사 전술 전략은 물론 칼을 창을 궁술 격투 유술 등 모든 전쟁에 필요한 기술을 말하는 것이고 한병법의 대신하의 특유로 백제의 닯솔들은 모든 기술을 고스란히 왜(倭)에 전파하게 되고 이러한 사실은 「일본서기」의 기록을 통해서 알 수가 있다.

이광희 (총재가 밝힌 위의 기록을 보면 알 수 있듯이 일본이 정식국가로 발돋움 할 수 있었던 것은 백제의 찬란했던 문물들이 그대로 일본에 전파되고 또 백제의 귀족 및 장수들 즉 수뇌부(首腦部)가 일본이라는 나라의 주축이 되어 이끌어 갔다는 것이다. 뿐만 아니라 이후 백제의 무사(武士) 세력은 점점 더 크게 확장하여 일본 내 무사정권을 시대를 열어갔으며 백제의 유술이 전래되었다는 것은 부정할 수 없는 사실이다. 그들의 후손에 상세히 기록되어 있는데 이 광희 총재가 다음 칼럼에서 사료를 제공하여 그 실체를 밝히하고자 한다.

마지막으로 국내 무술계에서는 많은 무술들이 일본에서 시작되어 한국으로 유입된 것으로 잘못 인식되어 있지만 그 근원(根源)을 보면 고대 한반도에서 시작해서 일본으로 전래된 것을 너무나도 쉽게 역사적 사료를 통해 그 근원을 확인할 수 있다. 따라서 우리는 우리 것에 대한 보다 깊은 관심과 열의를 갖고 연구하며 다신 한편 받바귀진으로 우리 것을 되찾아야 할 것이다.

송일훈 박사(동아시아 무예전쟁사·문화교류정책 평론가)
전 서울대학교 스포츠과학연구소 선임연구원

「세계타임즈」칼럼 인터뷰 기사

위의 기사는 용인대학교 유도학과 전임교수인 송일훈 박사의 권유로 2018년 7월부터 2020년 2월까지 정통합기도(AIKIDO)와 대동류

합기유술, 검술, 그리고 백제유술에 관하여 문답 형식으로 인터뷰를 했던 것 중 하나다. 인터뷰에 흔쾌히 응했던 이유는 현재 우리나라 무술계에서 지위고하를 막론하고 합기도, 검술 그리고 유술에 대한 지식을 가진 사람이 너무 없고, 역사에 관해서도 제대로 아는 사람을 찾아보기가 어려워 당시 칼럼니스트로 활동하던 송일훈 박사와 필자가 「세계타임즈」에 게재를 진행했던 것이다.

2년 가까이 연재를 하고부터 무술계에서 많은 사람들이 올바른 역사의식을 갖게 되었고 유술이 무엇인지 어떻게 시작되었는지 그 배경과 유래에 대해서 알게 되는 계기가 되었다.

국내 최초로 백제유술과 일본의 군사무술의 유래에 대해서 밝혔던 인터뷰 기사다.

제2부

海堂 선생의
무술 역사 이야기

01.
고대 한반도가 왜(倭)를 통치하게 된 배경

285년 선비족(鮮卑族)에 의해 멸망한 부여국(夫餘國)의 의라왕은 군사를 거느리고 일본으로 망명을 하며 최초로 사도장군(四道將軍)을 두어 일본을 다스리게 된다. 당시 일본은 국가가 형성되기 훨씬 이전이었고 부락을 이루며 살아가고 있을 정도로 그 규모나 생활수준이 상당히 뒤떨어져 있었다. 이러한 일본열도에 부여국의 생활문화와 정치, 군사, 법, 규율이 만들어지며 작은 국가로서의 기틀을 마련한다.

하지만 부여국의 통치를 받던 왜(倭)는 백제의 공격을 받아 부여국의 시대는 막을 내리며 당시 백제의 계왕(契王)이 즉위를 하였고 동시에 왜국(倭國)도 함께 다스리는 양국(兩國)의 왕이 된다. 즉, 계왕이 백제의 왕으로 즉위를 하고 일본에서도 본인이 천황이 되어 다른 적임자를 두지 않았는데 『일본서기(日本書紀)』에 나오는 12代 景行天皇이 계왕이다. 그러나 나중에 계왕은 근초고왕자를 일본으로 보내어 왜국의 천황으로 임명하게 되는데 근초고왕자는 백제 11代 비류왕의 둘째 아들로 344년에 일본의 13代 성무천황이 된다.

그러나 346년 백제 계왕(契王)의 갑작스러운 죽음으로 일본의 13代 천황인 성무(成務), 즉 근초고(近肖古)왕자는 본국으로 돌아가서 백제의 13代 근초고왕이 되는데, 불과 2년여의 짧은 기간 동안 재위하고 암살당한 계왕을 보며 근초고왕은 분봉제도(分封制度)를 도입하며 둘째 아들인 부여근을 왜의 왕으로 임명을 하고 부여근은 14代 중애천황(仲哀天皇)이 된다. 근구수는 근초고왕의 맏아들이며 백제의 14代 왕으로 잘 알려진 것에 비해 둘째인 부여근은 사실 잘 알려지지 않았지만 일본으로 가서 천황이 되고 신공황후를 부인으로 두어 그 사이에서 태자인 응신(應神)을 갖게 된 것이다.

이것이 일본의 천황가가 백제인이 된 계기이고 이후로도 백제계 천황에 의해 일본은 통치되며 분국(分國)으로써 본국인 백제를 따르게 된 것이다.

중애천황의 아들인 응신천황(應神天皇)은 『日本書紀』 등 여러 고서(古書)에 예전(譽田)이라고도 기록되어 있는데 나이가 너무 어려 신공황후(神功皇后)가 섭정을 하였으며 그 기간이 무려 69년이나 행하여졌다. 신공황후의 섭정이 끝나고 응신천황이 즉위하였지만 신공황후의 섭정 기간이 너무나 긴 나머지 일본왕대일람(日本王代一覽)에서는 신공황후를 일본의 15代 천황으로까지 기록을 했으며 응신천황을 16代 천황으로 기록했는데 실제로는 응신이 15代가 맞는 것이다.

백제계 왕족은 근초고왕 때부터 본격적으로 일본을 통치하며 확고한 기반을 잡아 다스리기 시작하지만 가장 확실하게 나라로써의 기틀을 마련한 것은 응신천황 때부터이며 오경(五經)에 능한 백제의 왕인박사(王仁博士)를 일본으로 불러들여 태자의 스승으로 삼는가 하면 정치적 고문이 되어 일본 조정에 큰 힘이 되었으며 사실상 일본에 처음으로 언어를 전달한 것이 왕인박사이고 백제의 문화가 전해지는 초석이 되었다.

이처럼 부여국이 최초로 일본을 다스리고 다시 백제의 왕족들로 정권 이동이 있었지만 사실 부여국의 후손이 백제인이기 때문에 한 줄기라고 해도 과언은 아니며 이후로도 백제 후손들의 장기집권이 이어지고 왜국은 상당한 발전을 이룬다.

백제는 근초고왕 시기에 많은 업적을 이루게 되는데 가장 큰 업적은 북으로 평양성을 공격하여 당시 최강이었던 고구려의 고국원왕(故國原王)을 전사시키고 중국 동부의 요서 지역을 정벌하여 요서군과 진평군을 설치했으며 중국 내에 백제의 힘을 크게 과시했다.

그러나 당시 한반도는 백제, 고구려, 신라 간의 잦은 침략으로 전쟁이 끊이지 않았으며 결국 신라가 당나라의 도움을 받아 삼국을 통일하게 되는데 백제는 이 전쟁에서 패하고 현해탄을 건너 분국인 일본으로 건너가게 된다. 이 전쟁이 당시 동아시아 최대 규모의 전쟁이었던 백촌강(百村江) 전투다.

백제는 일본으로 건너가 새로운 나라를 건설했고 일본열도에서 아스카 문화가 부흥하게 되었으며 백제계 도래인(渡來人), 즉 무장 세력이 나라가 다스리며 약 700년간 통치를 하게 되는데 이것이 바로 막부(幕府)다. 다시 말해서 백제가 멸망하고 그 백제인들이 바다를 건너가 세운 나라가 일본이며 그 백제 장수들의 후손들이 에도시대(江戶時代) 말기까지 나라의 중심세력이었고 메이지유신이 들어서면서 무장 세력인 백제계 무사들이 없어지기까지 일본을 좌지우지했다.

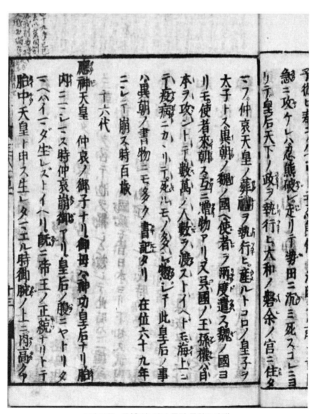

日本王代一覽(출처: 일본 국립 국회도서관)

위 문헌의 기록을 보면 16代 응신천황은 중애천황의 아들이고 어머니가 신공황후이며 제왕의 적통이고 신공황후의 배 속에서 이미 천황으로 삼았다고 기록되어 있다.

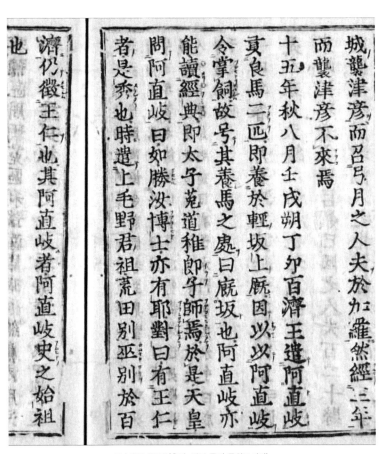

日本書紀 第5券(출처: 일본 국립 국회도서관)

十五年 秋八月壬戌朔丁卯, 百濟王遣阿直伎.

貢良馬二匹. 卽養於輕坂上廐. 因以阿直岐令掌飼. 故號其養馬之處, 曰廐坂也. 阿直岐亦能讀經典. 卽太子菟道稚郎子師焉. 於是, 天皇問阿直岐曰, 如勝汝博士亦有耶. 對曰, 有王仁者. 是秀也. 時遣上毛野君祖, 荒田別·巫別於百濟, 仍徵王仁也. 其阿直岐者, 阿直岐史之始祖也.

위 내용은 응신 15년 가을 8월에 천황이 백제에서 일본으로 온 아직기에게 너보다 더 뛰어난 사람이 있느냐고 묻자 왕인박사가 있다는 그의 답에 천황은 왕인을 불러들였다는 내용이 기록되어 있다.

02.
의라왕의 망명

국내 사학자들은 일본열도의 최초 이주민이 가야인(伽倻人)이라고 이야기해왔고 지금까지 그것이 정설로 받아들여져왔다. 그러나 연구조사를 하면서 그것이 사실이 아니라는 것을 알아냈는데 가야가 532년 신라에 의해서 멸망을 하고 규슈를 거쳐 지금의 오사카(大阪)에 정착을 하기 수백 년 전에 이미 부여인(夫餘人)이 일본에서 자리를 잡았고 그 중심에는 '의라왕(依羅王)'이 있었다.

　의라왕은 부여국(夫餘國)을 강대하게 성장시키고 다스렸지만 285년 선비족(鮮卑族)의 침략으로 인해서 망한 후 왜국(倭國)으로 망명을 한다. 물론 의라왕이 망명했다는 명확한 문헌은 없다. 기록은 없지만 아래의 문헌을 보면 의라왕이라는 것을 충분히 알 수가 있을 것이다. 아래의 문헌은 820년에 만들어진 『新撰姓氏錄』이다. 당시 헤이안 시대에 교토를 중심으로 그 일대의 호족들의 족보를 기록해놓은 것인데 여기에 보면 '의라(依羅)' 성씨가 보인다. 물론 혹자는 이렇게 말할 것이다. "다른 성씨일 수도 있지 않은가…!"

　필자도 그렇게 생각을 해봤다. 그러나 의라(依羅) 성씨는 당시 부여국의 왕인 의라왕만이 독보적으로 썼던 것을 알 수 있으며 의라왕의 아버지 의려(依慮)는 전쟁에 지고 나라가 망하자 자살로 생을 마감했고 당시 호족들마저도 왕과 같은 성씨를 쓸 수 없었다. 그리고 의라왕이 망명을 했다는 것을 뒷받침해줄 수 있는 가장 큰 증거가 있는데 그것이 바로 의라신사(依羅神社)이다.

요전 매스컴에서 춘일신사(春日神社)에 대해 이야기한 적이 있지만 일본은 성씨(姓氏)의 시조(始祖)를 신으로 모시고 신사를 만들어 참배를 하는 풍습이 있다. 따라서 의라신사가 있다는 것은 앞에 말한 모든 것을 입증해주는 것이며 『新撰姓氏錄』에 나오는 의라씨는 의라왕의 후손인 것이다.

『新撰姓氏錄』(출처: 일본 국립 국회도서관)

社 神 羅 依 大

南大阪編入記念誌 大正 14년(출처: 일본 국립 국회도서관)

결론을 짓자면 의라(依羅)씨는 일본은 물론이고 한반도 그 어디에도 있던 성씨(姓氏)가 아니며 오직 부여국의 당시 의라왕만이 쓰던 姓이다. 또한 부여국이 망하고 나서 많은 부여국의 습관이나 문화가 일본에서 보이기 시작했으며 또한 성씨록에도 나온 것을 보면 결코 우연이라고 할 수 없다. 이러한 모든 것을 의라대신사(依羅大神社)는 여지없이 증명하고 있다.

그럼 '의라왕이 일본으로 망명을 한 것이 뭐가 중요하단 말인가' 라고 생각하며 궁금해할 수도 있는데, 이것은 상당히 중요한 일이다. 왜냐면 백제가 일본으로 이주하기 전에 일본을 지배하던 것은 야마토 정권이다. 즉, 일본이라는 국호를 쓰기 전의 형국(形局)도 결국은 부여국의 영향을 받아 야마토 정권이 성립되어 나라가 움직였을 가능성이 높기 때문이다. 만약 그렇다면 야마토 정권도, 일본의 정식 국가의 역사도 결국 우리네 역사인 것이다.

03.
백제와 고구려는 부여국의 후손이다

海東繹史續卷第五
地理考五

夫餘

夫餘者、本濊地、北夷索離王子東明南來立國或稱北夫餘今未之見之間原
縣等地也。
史記貨殖傳、燕北隣烏桓夫餘、
後漢書夫餘傳國在玄菟北千里南與高句麗東與挹婁西與鮮卑接
北有弱水地方二千里本濊地也初北夷索離國王子東明南奔慶掩
漫水至夫餘而王之、
三國志夫餘傳夫餘在長城之北去玄菟千里方可二千里戶八萬、
晉書夫餘傳國在玄菟北千里南接鮮卑北有弱水渡海晉慕慕容之氏

1909년 출판 朝鮮群書大系(출처: 일본 국립 국회도서관)

위 문헌을 보면 북이왕자 동명이 남행(南行)하여 입국(立國), 즉 남쪽으로 가서 나라를 세웠다고 기록되어 있는데 여기서 동명왕자는 '주몽'을 이야기하는 것이다.

1900년 출간된 또 다른 문헌에는 더 자세하게 기록되어 있다.

1900년 출간 新編東洋史教科書(출처: 일본 국립 국회도서관)

1900년에 출간된 신편 동양사 교과서에는 부여국의 왕자 고주몽
이 국난을 피하여 남쪽으로 이동한 후 새롭게 왕업을 세워 고구려
가 된다고 기록되어 있다. 또한 고주몽의 아들 온조(溫祚)가 마한
(馬韓)에 들어가서 백제국을 창건했다고 되어 있다.

그럼 우리네 문헌에는 어떻게 기록되어 있으며 일본이 기록한 문헌과 어느 정도 내용이 일치하는지 살펴볼 것이다.

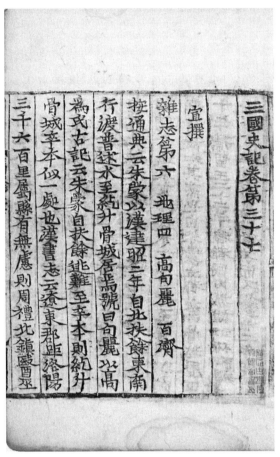

1512년 정덕본(보물 제723호)
삼국사기 제37권(출처: 국사편찬위원회)

위 문헌을 보면 주몽(朱蒙)이 북부여(北扶餘)에서 나와 동남쪽으로 가 보술수(普述水)를 건너 홀승골성(紇升骨城)에 이르러 자리를 잡고 국호를 구려(句麗)라 하였다고, 고기(古記)에는 주몽이 피난하여 졸본(卒本)으로 갔다고 기록되어 있다. 여기서 졸본은 홀승골성과 같은 곳이다.

이 졸본에서 나라를 세운다. 또한 나라의 국호가 구려인데 본인의 성(姓)이 고(高) 씨이기에 고구려가 된 것이다. 즉 고씨 본인이 세운 나라가 구려(句麗)라고 해서 '高句麗'다.

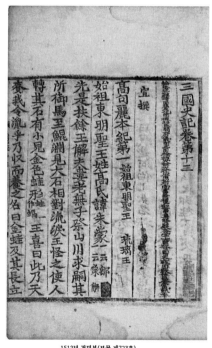

1512년 정덕본(보물 제723호)
삼국사기 제13권(출처: 국사편찬위원회)

삼국사기 고구려본기 제1장에는 시조 동명성왕이라고 명확히 기록되어 있다. 앞에서도 이야기했지만 동명성왕은 주몽을 이야기하며 다른 고서(古書)에는 '추모(皺牟)'라고 기록되어 있기도 하다. 기록을 보면 알 수 있듯이 부여국의 사람인 주몽이 훗날 고구려를 세우고 그의 아들인 온조와 비류가 남하하여 백제를 세웠던 것이다. 다시 말해 고구려와 백제는 부여국의 자손들이다.

漢·韓 史籍 日韓古代史(출처: 일본 국립 국회도서관)

쇼와 3년에 출판된 위의 백제전(百濟傳)을 보면 '百濟之先 出自高麗' 라고 되어 있는데 이 말의 뜻은 백제는 고구려에서 나왔다는 것이며, 즉 동족(同族)이라는 이야기다. 또한 비슷한 시기 출판된 다른 백제전에도 같은 기록이 있다.

百濟傳

出帝卒武帝初詔加延使持節散騎常侍、車騎大將軍、領護東夷校尉、遼東郡開國公高句麗王、賜衣冠

服物車旗之飾、天不中詔加延侍中驃騎大將軍、餘悉如故延死子成立詫於武定末共貢使無歲不至

百濟國其先出自夫餘其國北去高句麗千餘里、處小海之南其民土著、地多下濕、率皆山居、有五穀

其衣服飲食與高句麗同、延興二年、其王餘慶始遣使上表曰、臣、建國東極豺狼隔路、雖世承靈化

莫由奉瀋瞻望雲闕、馳情罔極涼風微應伏惟皇帝陛下、協和天休、不勝係仰之情、謹遣私署冠軍將

軍駙馬都尉弗斯侯長史餘禮、龍驤將軍帶方太守司馬張茂等、投舫波阻搜經玄津託命自然之運遣

進萬一之誠冀嚴若皇穹慈覆克達天廷宣暢臣志雖旦聞夕沒永無餘恨又云、臣與高句麗源

出扶餘先匹之時、篤崇舊款其祖釗輕廢隣好親率士眾陵踐臣境、臣祖須整旅電邁、應機馳擊、矢

石暫交梟斬釗首、自爾已來莫敢南顧、自馮氏數終、余燼奔竄、醜類漸盛、遂見陵逼、構怨連禍、三十

餘載、財殫力竭、轉自孱踧、若天慈曲矜、遠及無外、速遣一將來救臣國、當奉送鄙女、執掃後宮、並遣

子弟、牧圉外廄尺壤匹夫、不敢自有又云、今璉有罪、國自魚肉、大臣強族、戮殺無已、罪盈惡積、民庶

崩離、是滅亡之期、假手之秋也、且馮族士馬、有鳥畜之戀、樂浪諸郡、懷首丘之心、天威一舉、有征無戰

第十輯 書　七九

日韓 古代史(출처: 일본 국립 국회도서관)

위 문헌을 보면 '百濟國其先出自 夫餘 其國北去高句麗 千餘里'라고 되어 있는데 이 말의 뜻인즉 '백제는 부여족이며 천 리 정도 떨어져 있는 북쪽의 고구려에서 왔다'라는 뜻이다.

본래 백제는 고구려의 왕손이었으나 고구려의 성씨를 버리고 부여 성(姓)을 쓰기 시작했으며 663년 나당 연합군이 밀고 들어와 수세에 몰렸을 때 일본에서 지원군을 데리고 선봉장으로 왔던 사람이 바로 백제의 왕손인 부여풍(扶餘豊)이며 일본에서는 풍장(豊璋)이라고도 했다.

04.
강대한 나라 백제

비록 나당 연합군에 의해 나라가 망하기는 했지만 이웃나라 일본
은 물론이고 중국의 요서 지방까지 그 세력을 확장했던 최강의 나
라가 바로 백제였다.

百濟國 本與高驪俱在遼東之東千餘里, 其後高驪略有遼東, 百濟略有遼西 百
濟所治, 謂之晋平郡 晋平縣

『宋書』(출처: 국사편찬위원회)

백제국은 본래 高[句]驪와 더불어 遼東의 동쪽 1천여 리 밖에 있었다, 그 후
고[구]려는 요동을, 백제는 遼西를 경락하여 차지하였다, 백제가 통치한 곳은
晋平郡 晋平縣이라 한다.

위 내용은 단순한 설(說)이 아니다. 그러나 대다수의 사람들이
고구려가 중국의 요동은 물론 산둥반도까지 호령했고 또한 광개토
대왕에 대해서도 어려서부터 배웠기 때문에 익히 잘 알고 있다. 하

지만 백제사에 대해서는 그 어떤 교육도 이루어지지 않았으며 현재도 크게 다를 바가 없다. 따라서 관련 학자나 관심을 갖고 연구하는 사람이 아니면 모르는 것도 전혀 이상한 것이 아니다.

본론으로 들어가서 위 본문 내용을 보면 고구려는 요동을, 백제는 요서 지방을 점거했고 백제는 진평을 통치했다고 기록되어 있다. 4세기경에 쓰인 송서(宋書)는 송나라 60년(420~478)의 역사를 기록하였으며, 중국의 사서(史書) 중 가장 권위 있는 25정사에 들어갈 정도로 권위 있는 역사서이고 위와 같은 내용은 양서(梁書)에도 기록되어 있다.

이처럼 역사의 기록을 보면 백제가 얼마나 강대한 나라였는지 짐작할 수 있으며 백제의 군사력 또한 막강했음을 알 수 있다. 우리는 이러한 백제의 무예에 대해서 더욱 관심을 가지고 우리 것에 대한 자부심과 긍지를 가지며 후대에게 알릴 수 있도록 최선을 다해야 할 것이다.

05.
임나일본부설의 진실

고대 백제를 연구하면서 알게 된 임나일본부설. 처음에는 단순히
일본의 학자들이 자국의 편에 서서 주장을 하는 하나의 '설(說)'이
라고 생각을 했지만 실제로 『日本書紀』에 신공황후와 관련해서 임
나에 관한 이야기가 기록되어 있다.

이를 근거로 일본에서는 4세기부터 6세기 중엽까지 고대 한반도
의 남부 지역인 백제와 신라 그리고 가야를 통치했다고 이야기하
고 있지만 사실과는 전혀 다르며 한국에서는 임나일본부설을 아
예 부정하는 학자들도 많다.

그러나 필자가 연구조사한 결과 임나일본부는 분명 존재했지만
일본의 주장과는 정반대이며 일본의 주장을 받아들이고 있는 한
국 학자들의 주장도 맞지 않는 것을 알 수 있었다.

우선 임나일본부에 대해서 파악을 하려면 왜 임나일본부가 있어
야만 했는지 그 역사를 이해해야만 하는데, 임나일본부는 가야로
인해서 만들어진 일본의 병참기지라는 것을 알아냈다. 가야는 삼

국시대 초중반에 지금의 김해를 중심으로 합천, 고령 밑으로는 진주, 고성으로 나누어져 세력 다툼이 빈번했던 나라이다. 즉, 당시에는 가야를 포함하여 삼국이 아닌 '사국시대'였다고 해야 맞다. 가야 지역은 풍부한 철의 생산지로 강성한 나라였으나 하나로 단합된 나라가 아니고 금관가야, 대가야, 아라가야, 소가야로 분류되어 각기 다른 나라로 이루어져 그 힘이 분산되어 결국은 신라에 의해 멸망하게 되는데 그럼 왜 신라는 가야를 제일 먼저 침략의 대상으로 삼았을까?

신라는 위쪽으로는 막강한 고구려와 옆으로는 강대한 백제가 있으므로 항상 위기감을 느끼고 있었고 이는 실제로 많은 전쟁의 역사를 통해서도 잘 알 수 있다. 그러므로 중국과 교역을 함으로써 동맹을 이루려고 했고 훗날 중국의 도움으로 삼국도 통일한다.

그러나 신라가 중국과 교역을 하기 위한 해상 수단은 너무나 힘든 과정을 거치지 않고서는 불가능했으며 그 거리가 상당했다. 게다가 가야의 철은 신라의 국력을 증가시키는 데 있어서 최고의 수단이라고 판단했던 것이다.

이로써 신라는 수차례 가야를 공격하게 되며 신라의 공격에 두려움을 느낀 가야는 당시 백제의 분국이었던 일본에 손을 내밀게 되었고 일본은 군사원조를 해주는 조건으로 철을 얻을 수 있었던 것이다. 일본은 백제의 분국이라서 훗날 백제가 사실을 알게 될 경우 곤란한 상황에 처해질 것이 분명하면서도 도대체 왜 가야를 도왔을까?

섬나라인 일본은 대륙보다 문물이 크게는 약 100년 정도 뒤처져 있었으며 또한 철 생산이 불가능했는데 철은 곧 무기이기 때문에 없어서는 안 되는, 반드시 필요한 것이었다. 그래서 임나일본부가 세워진 것이다. 한국 학자들 중에는 임나일본부가 김해였다고 주장을 하는 사람도 있고 일부는 고령이었다고 주장하기도 한다. 그러나 이들의 주장은 아무런 근거가 없는 추정일 뿐이고 그 어떤 문헌이나 사료도 없다.

그럼 대체 임나일본부는 어디에 있었을까? 아래의 문헌을 보면 규슈에 임나일본부가 있었다는 것을 알 수 있으나 임나일본부가 아닌 그냥 '임나'이다. 왜냐면 당시는 일본이라는 국호가 없었을 시기다. 일본이라는 국호는 백제가 망하고 일본으로 건너간 663년 이후, 즉 7세기에 일본이라는 국호를 사용하며 정식으로 일본이라는 나라로 거듭난다. 따라서 "그전에 임나일본부라는 호칭이 있었다"라는 일본 학자들의 말은 맞지 않다.

즉, 당시 임나병참지는 규슈였는데 일본이 본국인 백제를 의식해서 가야에는 설치를 하지 못했고 가장 지리적으로 가까운 규슈에 설치를 하여 가야를 도우며 활동을 했던 것이다. 혹자들은 가야에서 규슈는 멀다고 하지만 당시 항해기술은 상당히 발달했으며 가야도 부강한 나라였기에 임나지원군이 올 동안은 충분히 버틸 수 있는 힘이 있었다.

、は大彦命の子武渟川別の祖、阿倍臣は天足彦國押人の裔彦國葺の和珥臣の祖、彦國葺の南皇族と、中臣大庭、島、物部十千根、大作武日の三連とに高橋を踏み給ふ是を五大夫と稱ふ大臣大連の濫觴なり。此比には常に近侍して國事を取る者を宿禰といひ、泉族貴腸及び士大夫の材幹ある者を遷任されしなほ定まる職名はなかりき。日葉酢媛后の願に五十聖敷命、大足遠彦等生れ給ひ五十瓊敷命を河内に遣はされこれ高石池和珥池、茅淳菟田諸池其他諸國に池溝八百餘處を開いて農事を勤めしめ、其情細に任せて川上部の武器を領し石上神寶の主となす輩。大足遠彦は成人の後御身の長一丈二寸屋の長四尺一寸に及び給ふ。皇太子に定めらる是を景行天皇とす。

○第五十四節　筑紫の亂　任那開府附常世の使。

ず、古き時代はいづれの國も廣き境域には統帥の屆かぬものにて日本聯島の内部

を日韓聞の聯合は世を經る久しきうちに大陸地の形勢につれて變化せざるを得

『日本古代史』(출처: 일본 국립 국회도서관)

18세기 중엽에 출판된 『日本古代史』에 기록된 바에 의하면 임나는 일본열도 내에 있었으며 축자에서 개막됐다고 기록되어 있다. 여기서 축자는 현재의 규슈 지역을 말한다.

분명 가야에 군사원조를 하는 '임나'는 존재했으며 사실이다. 그러나 일본이 말하는 한반도의 남부 지역을 다스리던 기관은 전혀 아니며 그 지역 또한 김해나 고령이 아니다.

그런데 왜 임나에 관해서는 유독 많은 설이 있으며 일본은 '임나설'에 민감하게 나오는 것인가? 우리가 일본과의 근현대사에 있어 역사의 좋지 않은 콤플렉스가 있듯이 일본도 한국과의 고대사에 있어서 상당한 콤플렉스가 있다. 특히 백제인에 의해서 일본의 문명이 발달하게 된 역사조차도 인정하지 않았지만 수많은 자료들이 나오고 그것을 뒷받침해주자 이제는 조금씩 수긍을 하는 추세다. 그러나 아직도 일본은 아주 많은 부분을 감추며 역사를 왜곡하고 있다.

06.
천지천황은 백제인이다

신라는 백제와 한강 유역을 놓고 오랫동안 싸움을 벌이지만 강대한 백제에 번번이 패하고 만다. 그러자 신라의 김춘추는 고구려의 연개소문을 찾아가 도움을 요청하는데 도움의 대가로 한강을 달라는 제안을 받는다. 한강을 빼앗기지 않기 위해 그렇게 백제와 싸우고 있는데 한강을 달라는 것은 터무니없는 제안이었다. 김춘추는 다시 당 태종을 찾아가 설득을 해서 굳건한 동맹이 되고 신라와 당이 연합한 나당연합군이 결성된다. 이러한 연합군은 백제를 공격하게 되고 강성했던 백제는 663년 8월 27~28일 양일간의 전투에서 대패를 하여 무너지고 한반도에서 사라지고 만다. 이것이 바로 백촌강 전투다.

하지만 백제도 처음부터 쉽게 물러서지는 않았다. 계백을 앞세운 백제는 연승을 했고 선전했지만 엄청난 규모의 당나라 군사를 상대하기에는 역부족이었다. 때문에 일본에 원군을 요청했고 일본은 마지막 전투였던 백촌강 전투에 배 170여 척과 2만 7천여 명의 지원군을 보내게 된다. 이때 왜군의 선봉장으로 앞장서서 총괄 지

휘를 했던 사람이 바로 백제 의자왕의 다섯째 아들 부여풍(夫餘豊)
이었다.

 일본이 엄청난 규모의 지원군을 보냈지만 백제는 패했고 부여풍
은 고구려로 도망을 갔다고 『日本書紀』에는 기록되어 있다.

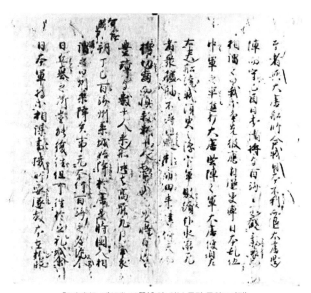

『日本書紀』 제27券 10쪽(출처: 일본 국립 국회도서관)

 그럼 도대체 일본은 왜 백제를 구원하기 위해서 혼신의 힘을 다
했을까? 당시 일본은 정식 국가로 발돋움하기 전이라서 단일 중앙
정부 체제가 아니었다. 따라서 천황도 각 지역을 관할하고 있는 호
족들의 도움이 없이는 군부를 마음대로 움직일 수가 없었다. 그럼

에도 불구하고 사이메이천황은 무리하게 원군을 모집했었고 그러던 중 사망을 한다. 그 후 그의 태자인 중대형(中大兄)이 천황의 장례도 간소화하며 계속해서 백제 구원에 열을 올린다. 단순한 동맹국에 이렇게 혼신의 힘을 다했던 이유가 있을까?

그 이유는 다름아니라 중대형은 의자왕의 여섯째 아들인 부여용(夫餘勇)이었기 때문이다. 그는 훗날 일본의 38代 천지천황(天智天皇)이 된다. 즉, 일본에게 백제는 단순한 동맹국이 아닌 아버지의 나라며 자기 자신의 나라였던 것이다.

필자가 처음 일본 고대사에 관한 연구조사를 할 때 이해가 가지 않았던 부분이 바로 위의 부분이었고 또 패망한 백제가 일본으로 이주를 했을 때 천지천황은 내각은 물론이고 모든 중요 요직에 백제인을 기용했던 것을 보고 도저히 믿기지가 않았다.

단순한 기용이 아닌, 주요 핵심 요직을 포함해서 50여 명에게 관위를 주기 때문이다. 이러한 기용으로 분명 기존의 관료들과 크나큰 마찰이 있었을 것은 자명한 것이고 아무리 동맹국이라고 하더라도 나라를 다스리는 가장 큰 직위에 다른 나라의 이주자를 앉힌다는 것은 위험천만한 행위이다. 하지만 천지천황이 백제의 왕자라면 모든 것은 간단히 설명이 되고 이해가 간다. 이뿐만이 아니라 천지천황은 백제계 후지와라씨(藤原氏)로 하여금 내각의 중추적인 역할을 담당하게 하며 군부를 움직여서 자신의 안위를 굳건히 하는 것을 볼 수 있는데 당시 백제의 달솔(達率)들을 한병법(閑兵法)으로 등용하고 백제군사무술, 즉 검술·창술·체술을 포함한 병법을 가르치게 한다. 이것이 일본에 백제의 군사무술이 전해지게 되는 가장 큰 계기가 되는 것이다.

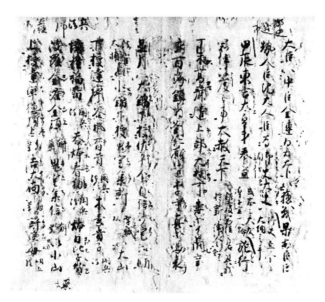

『日本書紀』 제27券 25쪽(출처: 일본 국립 국회도서관)

천지천황 10년 671년 1월 여자신 외 50여 명에게 관위를 줌

좌평 여자신(佐平 余自信) 사택소명(沙宅紹明) 대금하(大錦下)는 法官大輔(지금으로 말하면 법무부 차관이다).

귀실집사(鬼室集斯) 소금하(小錦下)는 學職頭(지금의 교육부장관).

달솔 목소귀자(達率 木素貴子) 달솔 곡나진수(達率 谷那晋首) 달솔 억예복류(達率 憶禮福留) 달솔 답발춘초(答㶱春初) 발일비자(㶱日比子) 찬파라(贊波羅) 금나금수(金羅金須) 귀실집실(鬼室集信)은 대산하(大山下).

달솔 4인 목소귀자, 곡나진수, 억예복류, 답발춘초는 병법장수로 등용이 되었고 귀실집실은(解藥) 의약사로 임명이 되었다.

달솔 덕정상(德頂上) 길대상(吉大尙)도 의약사로 임명을 하였으며 직위는 소산상(小山上) 이다. 이외에도 중요 관직을 50여 명에게 주었다.

위의 문헌을 보면 백제계 천지천황은 백제에서 온 귀족, 장수 그리고 당시 백제의 대신들에게 비슷한 관위를 주었고 이들로 하여금 천황가의 세력을 더욱 확고하게 했으며 특히 백제의 장수들에게 한병법(閑兵法, 병법전문가)으로 활약을 하게 하여 백제의 무예를 전수하게 했던 것을 쉽게 알 수가 있다.

이처럼 일본은 바다 건너 또 다른 백제였다는 것을 우리는 역사적 사료를 통해서 충분히 알 수 있으며 백제의 문물이 일본 건국의 초석이 되었고 그중에서도 백제의 군사무술이 그대로 전해졌다는 것을 명확하게 알아야 하며 일본 현대무도의 뿌리가 되었다는 것을 잊어서는 안 될 것이다. 이제 우리는 무술계에 잘못 알려진 역사를 바로잡고 재정립해서 후손에게는 올바른 역사와 진실을 알려야만 한다.

07.
칠지도(七支刀)-①

칠지도

   일본은 한때 임나일본부설(任那日本府說)을 이야기하며 4세기 후반부터 6세기 중엽까지 일본이 백제, 신라 그리고 가야를 다스렸고 특히 한반도의 남부 지역인 가야에 '일본부'라는 기관을 두어 통치했다고 주장을 하곤 했다. 이와 같은 일본의 주장에 국내의 일부 학자들까지 동조하기도 했는데 그 이유는 '칠지도'에 있었다.

칠지도(七支刀)는 1874년 일본 나라현 덴리시에 있는 '이소노카미 신궁'의 대궁사 스가 마사도모(菅政友)에 의해서 세상에 알려지게 된다.

이후 도쿄제국대학(東京帝國大學)의 호시노 히사시 교수는 칠지도가 『日本書紀』에 등장하는 칠지도와 동일하다고 발표했고 이로써 임나일본부설을 정설화하였다. 왜냐면 『일본서기』에는 신공황후 한반도 남부 정벌설이 있고 따라서 칠지도는 백제가 일본에 조공으로 바친 물품이라는 것을 이야기하며 일본이 한반도를 다스렸다는 것에 쐐기를 박았다.

그러나 이러한 일본의 주장과는 전혀 다른 반전이 생겼다. 칠지도에는 앞면 34자, 뒷면 27자의 총 61자의 글자가 적혀 있는데 그 내용을 보면 이렇다.

先世以來未有此刀

百濟王世子奇生聖音

故爲倭王旨造傳示後世

이제껏 이런 칼은 없었다

백제의 왕세자 기생성음이

왜의 왕 지(旨)를 위하여 만들었으니

후세에 전하여 보여라

해석한 내용을 살펴보면 다스림을 받고 있는 나라의 왕세자가 자국을 다스리는 왜(倭)의 왕에게 보내는 글이라고는 전혀 볼 수 없다. 오히려 반대로 백제가 다스리고 있는 왜, 즉 일본의 왕에게 하사하는 듯한 내용이다.

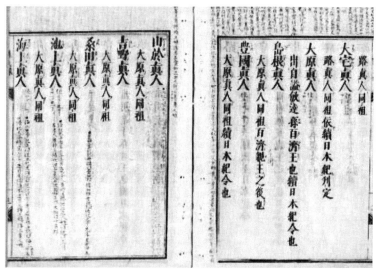

일본 고대 씨족 족보 『新撰姓氏錄』(출처: 일본 국립 국회도서관)

위의 문헌을 보면 알 수 있듯이 일본이 고대 한반도를 다스린 것이 아니고 오히려 반대로 백제의 왕손이 왜(倭)로 보내어져 통치했다는 것을 명확히 알 수 있다. 그러나 정반대로 잘못 알려져 있는데 이것은 단지 일본뿐이 아니라 한국도 마찬가지다.

얼마 전 한 무술단체의 협회장이 칠지도를 특수 제작한 후 무술 시범을 보였다. '도대체 무술시범이 뭐가 잘못된 것인가'라고 의아해할 수도 있지만 실은 칠지도는 위에서도 이야기했듯이 백제의 왕세자가 일본의 왕에게 선물한 상징적인 물건이다. 실전에서 쓰는 검이 아니다.

또한 일본에서 새해 풍년을 기원하며 첫 모종을 심는 의식에 제구로 사용했다는 기록도 있다. 즉, 전쟁에서 쓰는 칼이 아닌데도 마치 삼국시대에 백제가 전쟁에서 사용한 무기인 것처럼 재연을 해서 시범을 보인 것이다.

이러한 것을 대수롭지 않게 생각을 할 수도 있지만 실은 아무것도 모르는 사람들에게 잘못된 정보를 전달하여 혼란을 주는, 아주 잘못된 행위이며 큰 오류 중의 하나다.

우리 것을 소중히 여기고 후세에 알리는 것은 좋지만 보다 세밀한 연구조사를 통해 정확하고 올바른 역사를 국민에게 알리는 것이 더욱더 중요하다고 본다. 따라서 정부기관 혹은 단체는 좀 더 신중하게 국민들에게 다가서야 할 것이다.

08.
칠지도(七支刀)-②

칠지도(七支刀)에 관한 연구를 하다가 새로운 것을 알게 되었다.

泰和 四年(태화 사년)	태화 4년(서기 369년)
五月 十六日(오월 십육일)	5월 16일
丙午 正陽(병오 정양)	병오 한낮에
造百練銕七支刀(조백련철칠지도)	쇠를 백 번을 담금질하거나 두드리거나 해서 만든 칠지도

　위 내용은 칠지도의 앞면에 새겨진 내용이다.

　그런데 태화 4년의 태화(泰和)는 백제에서 쓰던 연호가 아니고 북방에서 쓰던 연호인데 백제가 북쪽 부여족의 후손이라서 태화를 쓰지 않았나 싶다. 태화로 4년이면 369년이고 음력으로 육십갑자를 계산을 해도 369년이 맞다.

　그리고 병오 정양은 바를 정(正)에 햇볕 양(陽)이니까 해가 중천에 있는 한낮에 '造百練銕七支刀(백번 단련한 쇠로 만들었다)'라고 해석이 된다.

그런데 백 번이든 이백 번이든 그것이 중요한 것이 아니고 태화 4년, 즉 369년이 아주 중요한 단서다. 369년이면 근초고왕이 재위하던 시기다. 그럼 근초고왕이 왜(倭) 왕에게 하사를 했을까? 그렇지 않다.

그럼 앞에서 칠지도의 뒷면을 해석한 것을 다시 보도록 하자.

先世以來未有此刀

百濟王世子奇生聖音

故爲倭王旨造傳示後世

이제껏 이런 칼은 없었다

백제의 왕세자 기생성음이

왜의 왕 지(旨)를 위하여 만들었으니

후세에 전하여 보여라

해석한 내용을 살펴보면 왕이 아닌 왕세자가 준 것이며 따라서 근초고왕의 아들이 왜왕에게 준 것이다. 그리고 왜의 왕 지(旨)에게 준 걸로 해석이 되어 당시 왜왕 지(旨)에 대해서 연구조사를 했는데 369년의 왜왕, 즉 일본의 천황은 근초고왕의 둘째 아들인 부여근이었다. 근초고왕이 자신의 아들을 일본으로 보내어 천황에 즉위하게 한 것이다. 그가 중애천황(仲哀天皇)이다. 그런데 도대체 왜 '지

(旨)'라고 했는지, 중애천황에 관한 문헌이라는 문헌은 죄다 찾아봤는데 지(旨)라는 내용의 말은 없었다. 15대 응신천황의 경우 어릴 적 이름이 예전(譽田)이다. 그래서 혹시 중애천황도 천황 즉위 전에 다른 이름이 있었는지 찾아보았지만 백제에서 쓰던 '부여곤'이라는 이름 외에는 없었다.

그래서 정말 많은 혼선이 있었다. 그러다가 왜(倭)의 왕을 지(旨)라고 단정짓지 말고 지(旨)라는 단어에 대해서 살펴보기로 했다. 지(旨) 자는 '맛 지'다. 즉 '음식 맛이 있다, 없다'라는 이야기를 할 때 쓰는 글자인데 천황에게 '맛 지'라는 글자를 쓴다는 것은 이해하기 힘들었다.

그래서 우선 지(旨)라는 글자에 대해서 알아봤다. 왜냐면 한문은 글자 하나에도 여러 가지 뜻이 있기 때문이다.

그랬더니 놀라운 것을 알아냈다.

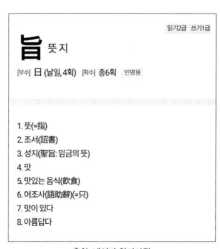

출처: 네이버 한자사전

위 뜻을 보면 2번에 조서(詔書)라고 되어 있다. 조서는 문서다. 다시 말해서 왜(倭)왕 지(旨)를 위해서 만들었다는 것이 아니라 왜왕을 위해서 칼의 형태로 조서를 만들어 글을 새겨 보낸다는 뜻이었다. 하지만 글을 해석해보면 아마 누구라도 처음과 같은 해석을 했을 것이다.

아무튼 결론을 이야기하자면 당시 왕세자인 근구수왕자가 왜(倭)왕에게 보내는 조서인데 여기서 왜왕은 바로 자기 동생인 부여근이다. 근초고왕이 맏아들 근구수는 왕위를 이어야 하기 때문에 둘째인 부여근을 일본으로 보내어 천황을 시킨 것인데 그것을 형인 근구수왕자가 기념하기 위해 단순한 서찰이 아니라 칼에 글을 새겨 조서 형태로 보냈던 것이다.

다만 한 가지 아직 풀지 못한 미스터리가 있는데, 다름아닌 백제 왕세자 기생성음(奇生聖音)이라는 단어다. 근구수왕자는 무슨 뜻으로 자신을 기생성음이라고 했는지 아직 알 수가 없다.

여러 가지 의문과 궁금증이 있을 수 있기에 미리 몇 가지 답을 해 놓으려고 한다.

Q: 왜 하필 칠지도인가? 육도 있고 팔도 있는데 굳이 칠을 했을까 하는 의문

A: 당시 백제는 七을 성수(聖數)로 생각했던 것 같고 가지처럼 여러 명의 자손을 낳고 번성하라는 의미에서 칠지도로 하지 않

았나 싶다.

Q: 중애천황은 362년에 즉위를 했는데 왜 7년 후인 369년 칠지
   도를 보냈나?

A: 앞에서도 말했듯이 칠이라는 숫자를 상당히 좋아했고 또한
   왕들이 재위 1~2년 만에도 사망을 하는 경우가 흔하게 있었기
   때문에 즉위 후에 바로 조서(詔書)를 보내어 축하를 하지 않았
   던 것 같다. 물론 답은 나의 추정이며 연구조사를 하며 느낀
   지극히 주관적인 것이다.

그러나 단순한 예감이나 추측이 아니라 연구조사를 토대로 하
는 추정이며 문헌이나 사료가 있는 경우에는 반드시 '팩트'라고 이
야기를 하여 혼란을 주지 않기 위해 최선을 다하여 노력을 했다.
많은 무술인들이 우리의 역사와 전통에 대해 좀 더 많은 관심을
가졌으면 하는 바람이다.

09.
대영주 오우찌씨(大內氏)는 백제인이다

대한민국의 많은 무예인들이 『무예도보통지』를 잡고 안간힘을 쓴다. 그 책 하나에 왜 그렇게 달라붙어 안달일까? 그 이유는 간단하다. 우리나라는 이웃나라인 일본처럼 전통을 제대로 지키지 못했고 그로 인해서 후손들이 책을 잡고 사정을 해야 하는, 웃지 못할 일이 벌어지는 것이다. 그럼 정말 『무예도보통지』 외에 다른 길은 없는 것인가?

결론부터 이야기하자면, 있었는데 모두가 알지 못했고 알려고 하지도 않았다. 이렇게 단호하게 이야기하는 이유는 본인이 연구조사를 한 결과 너무나도 많은 단서와 문헌이 있다는 것을 알게 되었기 때문이다.

필자는 유술을 하는 사람이라서 주로 유술에 관한 것과 고대사 백제에 대해 많은 연구조사를 하고 있다. 백제가 망하고 일본으로 이주를 하기 이미 백 년 전에 가야도 신라에 의해 망하고 규슈를 통해 오사카에 정착을 하였으며 백제도 663년 신라에 의해 망해 일본으로 갔고 668년에는 고구려도 망하고 지금의 일본 관동지방 군마 지역으로 가서 자리를 잡았기 때문에, 사실 관심을 갖고 장기적으로 연구를 하면 분명 단서가 나온다. 내가 아무것도 없는 백지 상태에서 연구에 연구를 거듭하여 백제에 관한 것을 찾아낸 것처럼 말이다.

어찌되었든 이번에는 일본에서 상당한 경제력과 군사력을 가지고 일본 천황가(天皇家)마저도 손에 놓고 쥐락펴락했던 오우찌 가문(大內家門)에 대해 이야기하려고 한다.

오우찌씨는 백제 성왕의 셋째 아들인 임성태자(琳聖太子)의 후손으로 임성태자는 추고천황(推古天皇) 19년에 당시 일본의 스오국이라고 불리는 야마구찌에 상륙해 타타라라고 하는 성씨(姓氏)와 함께 오우찌의 영지를 하사받고 거기서 영주하며 백제에서 데리고 온 제철 기술자로 하여금 철을 생산하여 오우찌 지역을 발전시키게 되는데 훗날 후손들은 오우찌 지역의 지명을 따서 오우찌 성씨를 쓰게 된다.

이 오우찌씨(大內氏)가 어느 정도의 권력을 행사했는가 하면, 전성기 때는 일본열도의 7개의 영주로써 규슈를 포함한 간사이 지역의 상당 부분을 다스렸다 해도 과언이 아닐 정도로 크나큰 힘을 과시했었다. 이뿐만 아니라 오우찌 가문은 14세기 무렵 야마구찌현(山口縣)에서 가장 활발하게 무역활동을 했고 중국과 고려 그리고 조선과도 교역을 했으며 조선왕조실록에는 태조에서 명종까지 약 200회 이상 대내전(大內殿)이라는 기록이 있는데 이것이 바로 오우찌 가문이다.

이 오우찌 가문은 일본열도는 물론이고 중국, 고려, 조선과도 일대일로 무역을 하고 교류를 했을 정도로 막강한 부와 권력을 가지고 있었는데 이들이 바로 백제 도래인(渡來人)의 후손인 우리의 선조이다.

오우찌씨의 조상 임성태자가 추고천황 19년에 일본으로 건너갔다고 여러 기록에 쓰여 있는데 추고천황 19년은 과연 언제일까? 바로 611년이다. 이때는 백제가 나당연합군에 의해 망하기 52년 전인데 백제의 태자가 어떻게 일본에 마음대로 드나들며 또 거기서 자신의 역량을 발휘하고 일본의 중추적인 역할을 할 수 있었을까 의문이 나지 않을 수 없다.

내가 고대 한일관계 즉 백제와 일본의 관계를 연구하면서 가장 이해가 가지 않던 부분이다. 일본의 우익이나 우익과 관련 있는 학자들은 백제가 일본의 속국이라서 배신을 하고 일본을 위협하는 행위를 막기 위한 방편으로 백제의 왕자가 일본으로 보내어져 볼모로 잡혀 있었다고 하는데 이런 말은 전혀 맞지 않는 허황된 이야기에 불과하다. 왜냐면 볼모(인질)로 잡혀간 사람이 일본이라는 나라의 중추적인 역할을 하며 정권을 들었다 놨다 한다는 것이 상식적으로 말이 되지 않는다.

앞에서도 여러 번 언급했지만 일본은 4세기 무렵부터 백제의 분국(分國)으로써 다스림을 받았기 때문에 백제의 호족(豪族)들은 마음대로 드나들며 자신의 세력을 구축할 수 있었던 것이다.

그럼 여기서 가장 중요한 포인트는 '어떻게 오우찌 가문이 일본의 중심이 되었을까' 하는 것인데 답은 바로 백제의 제철 기술이었다. 임성태자가 처음 오우찌에 왔을 때 하사받은 성씨가 타타라(多多良)라는 성씨이다. 여기에는 철(鐵)이라는 뜻이 내재되어 있는데 다시 말해서 제철 기술을 가지고 왔다고 해서 타타라라는 성을 받게 된 것이고 임성태자가 가지고 온 제철 기술은 단순한 농기구만을 만드는 것이 아니라 무기를 만들어 지역의 힘을 증가시켰으며 함께 부를 축적하게 된 것이다.

무기는 곧 힘이고 힘은 부를 축적하는 도구였기 때문에 임성태자의 후손인 오우찌 가문은 날로 번창했고 그 힘의 원천인 무기를 다루는 기술 또한 백제의 기술이라고 보면 정확히 맞다.

오우찌 가문은 일본 전국시대(戰國時代)에 막강한 힘을 발휘했는데 폐위된 쇼군을 다시 복귀시킬 정도로 정치적 군사적 힘은 대단했다.

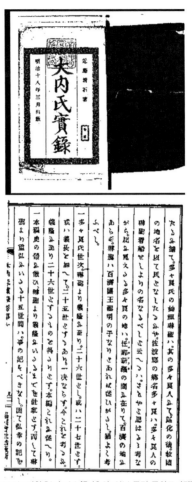

1885年 편찬 『大内氏實錄』(출처: 일본 국립 국회도서관)

　위 문헌을 보면 타타라의 시조 임성태자는 귀화 후 지명(地名)을
따라서 성씨가 되었고 백제왕 성명의 아들이라고 명확하게 기록되
어 있다.

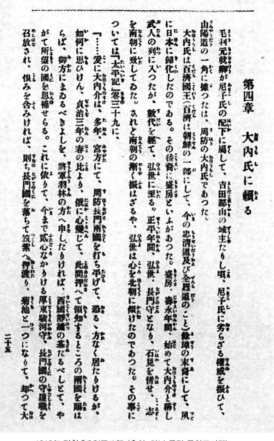

1918年 편찬 『毛利軍功記』(출처: 일본 국립 국회도서관)

　위의 『毛利軍功記』를 보면 오우찌씨(大內氏)는 백제국왕(백제는 조선의 일부분으로 지금의 충청도와 전라도의 곳) 여장(餘璋, 성명왕)의 末裔(마쯔에이), 즉 성명왕 말기의 후손으로 일본으로 귀화하였다고 정확하게 기록되어 있다.

조선왕조실록 태조실록 태조 4년(출처: 국사편찬위원회)

日本大內多多良, 遣人來獻土物

일본 대내전(大內殿)의 다다량(多多良)이 사람을 보내서 토산물을 바쳤다.

위의 태조실록을 보면 오우찌씨가 조선 조정에 토산물을 바쳤다
고 기록이 되어 있다. 이는 조선과 무역을 허락하는 답례로 보내
는 것이며 조공은 아니다. 다른 기록에 보면 가격이 맞지 않아 물
건을 다시 가지고 일본으로 돌아갔다는 기록도 있다.

조선왕조실록 명종실록 명종 2년(출처: 국사편찬위원회)

丙午/上接見日本國 大內殿 義隆使送僧稽囿西堂等于勤政殿, 頒賜有差

상이 일본국 대내전(大內殿) 의륭(義隆) 사송(使送) 승(僧) 계유서당(稽囿西堂)

등을 근정전에서 접견하고 차등 있게 반사(頒賜)하였다.

위 명종실록을 보면 오우찌 가문에서 조선 조정을 방문하여 근
정전에서 만났고 오우찌 가문에서 온 사람들의 지위에 맞게 각각
다른 선물을 주었다는 기록이 있다. 이외에도 상당히 많은 기록이
있지만 그 양이 방대하여 다 올릴 수 없어 태조실록의 기록과 명
종실록의 기록을 올려 설명을 하였다.

위 기록을 보면 명확하게 오우찌 타타라(大內多多良) 이라고 기록
되어 있는 것을 확인할 수가 있고 오우찌 가문이 일본 내에서뿐만
아니라 국제적으로 무역을 하며 하나의 국가처럼 활동을 했던 것
을 알 수가 있다.

이번에는 오우찌씨(大內氏)에 대하여 알아보았지만 실은 일본 천
황가는 물론, 우리가 이름만 대도 다 아는 미나모토노 요리토모,
다케다 신겐, 도쿠가와 이에야스, 사이고우 다카모리 모두가 백제
계 도래인이며 우리의 조상이다. 그럼 일본은 왜 그렇게 아니라고
부인을 하는가? 입장을 바꿔보면 금방 알 수 있다. 예를 들어 이순
신 장군이 일본인이라고 치자. 한국인이 그 사실을 인정할 수 있을

까? 같은 맥락이다. 일본 역사 속의 인물들, 그것도 단순한 인물이 아니라 일본의 통치자들이 백제인, 즉 한국인이라는 것을 어떻게 인정하겠는가? 하지만 사실이다.

위의 백제 후손들은 일본 속에서 다시 세력을 키워 새롭게 또 다른 백제를 세웠으며 백제의 모든 문물이 일본 속에서 다시 피어났다. 따라서 우리는 이제부터라도 역사를 바로잡고 우리의 후손들에게 제대로 알려야 할 것이다.

10.
유술(柔術)과 야와라(柔)

호주와 오스트레일리아는 같은 말이다. '호주가 오스트레일리아'이고 '오스트레일리아가 호주'라는 것인데 그럼 '유술과 야와라'는 같은 말일까? 같은 말로 알고 있는 무술인들이 대부분이지만 그러나 유술과 야와라는 전혀 다르다.

부드러움을 전제로 한다는 것은 같지만 그 안의 기법이 확연하게 차이를 보인다. 즉, 유술은 곡선의 기법을 행하고 있고 야와라는 직선의 기법으로 이루어져 있다. 혹자는 직선의 움직임 속에서 곡선의 형태도 띠고 있다는 이야기를 하기도 하지만 말장난에 불과하고 두 형태가 같이하기에는 어려움이 따른다. 직선이면 직선의 움직임, 곡선이면 곡선의 움직임으로 가야 한다. 물과 기름이 하나가 될 수 없는 것처럼 말이다.

또한 유술에는 조건이 따르는데, 첫째, 유술은 검(劍)의 동작에서 그 형태가 체술(体術)로 고스란히 이어져왔기 때문에 검의 동작과 일치한다. 따라서 검을 이해하지 못하거나 검을 다루지 않는다면 그것은 절대 유술(柔術)이 아니다. 그럼 유도(柔道)는 유술인가? 검을 들고 하는 유도를 본 적 있는가? 유도는 '야와라'의 일종이다. 부드럽다고 다 유술이 아니다. 부드럽다고 유술이면 택견도 유술이라고 해야 한다.

둘째, 발차기가 있으면 유술이 아니다. 유술의 시작은 고대 고급 무사들, 즉 장수들의 병법에서 시작이 된다. 40kg이 넘는 갑주를 입고 발차기를 한다는 것은 실제로 전장(戰場)에서 효율적이지 못했다. 또한 유술은 어느 한 사람이 만든 것이 아니고 수많은 전쟁 속에서 서로 살기 위해 몸부림치며 많은 희생의 대가를 치르고 발전되어온 것이다. 단순한 스포츠가 아니다. 많은 사람들이 유술과 야와라를 혼동하고 있고, 특히 꺾고 비트는 무술 또는 그라운드 기술의 운동이 유술이라고 잘못된 상식을 가지고 있는데 이제는 바로 알고 고칠 시기가 되었다. 20년 전만 해도 이런 이야기를 하면 다들 이해하기가 어려웠을 것이나 이제는 때가 왔다고 본다. 올바르게 제대로 가야 할 것이다.

11.
일본유술의 잘못된 상식

일본뿐 아니라 국내의 무술 관련 지도자들, 그리고 심지어 교수나 박사들마저도 잘못 알고 있는 것이 있는데 그것이 바로 유술(柔術)의 기원(起源)이다. 일본에서는 유술의 기원을 명나라의 진원빈(陳元賓)이 일본에 처음으로 유술(柔術)과 정골술(整骨術)을 전했다고 이야기하며 이것이 일본유술(日本柔術)의 시작이라고 주장하고 있다. 그러나 결론부터 말하자면 전혀 맞지 않는 이야기다. 왜냐면 진원빈은 소림사(少林寺) 권법을 익힌 사람이지 유술을 한 사람이 아니다. 또한 그가 정말 유술을 했다면 중국이 유술의 시초가 된다는 말인데 그런데 왜 현재 중국에는 유술이 없는가? 과연 이것을 어떻게 받아들여야 할까? 그럼 일본이 유술의 기원을 명나라 말기 사람인 진원빈이라고 주장하는 근거는 무엇일까?

진원빈은 일본에 유술을 전한 것이 아니라 권법(拳法)을 전한 것이다. 그 권법이 천신진양류(天神眞楊流)의 모체(母体)가 된 것이고 천신진양류는 일본을 대표할 만한 고류유술(古流柔術)이기 때문에 진원빈을 유술의 시초(始初)라고 이야기하는 것이다. 그러나 명확하게 짚고 넘어가야 할 것은 천신진양류 유술이 진원빈의 권법에 기반하여 만들어졌다고 해서 모든 유술을 다 진원빈을 시작점으로 봐서는 안 되는 것이다. 그것은 천신진양류의 시작이지 어떻게 모든 유술의 시작이라고 말할 수 있나? 유술은 엄연히 그전에도 존재했다.

吉田千春이 1893年에 쓴 『天神眞楊流柔術極意教授図解』(출처: 일본 국립 국회도서관)

위의 천신진양류 해설 자료에 의하면 진원빈(陳元賓)이 유술의 원조라고 기록되어 있다. 이러한 일본의 주장을 한국에서는 그대로 받아들이고 있는 실정이며 누구 하나 거기에 대해서 이의(異議)를 제기하거나 연구조사하는 사람이 없기에 유술(柔術)의 원조 또는 시작점을 다들 명나라 말기의 진원빈이라는 사람으로 알고 있는데 정말 안타까울 따름이다.

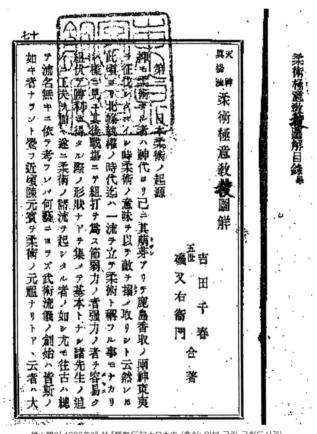

雄山閣이 1936年에 쓴 『類聚伝記大日本史』(출처: 일본 국립 국회도서관)

ねし、云々。

拳法の語は、當時やはらの意味に使つてゐた。明人陳元贇は
萬治三年に死んだといふから、つまり柔
術は徳川初期に初めて輸入されたといふことになる。

然るに、同じく平城小傳には、「小具捕搏の術かあつて、
そこに、

小具足捕搏は、其の傳来久しき者也。専ら小具足を以て世に
鳴るものは竹内也。今それを腰の廻りと謂ふ

とあり、拳と小具足を別種としてゐるが、小具足も柔術の一種
と見るべきである。すると、柔術の歴史は陳元贇以前に遡るこ
とが出来る。右に見える竹内とは、竹内中務大夫久盛の竹内流
のことで、これは天文年間に開かれたといふ。また、洞房諸國
に、寛永年間に一橋知見齋といふ「その頃隠れなき柔術一統の
名人」がゐたとあり、とにかく陳元贇以前にすでに柔術が行は
れて居り、陳はその一法を新たに傳来したと見たがよからう。

平家物語を讀むと、殿場の組討があるが、これは柔術の一種
といへよう。さらに遡ると、野見宿禰と當麻蹶早の話で知れる
やうに、奈良朝時代から相撲があつたが、これも殿場に用ゐら
れたと思はれ、そして柔術の一種としてよからう。これは、近
世になつて懲搏・和・柔道・小具足・捕手・拳法・白打・手搏

ぬ。

關口柔心

一〇五

など〜稱されるものを、みな柔術の一種としての見方であるが、
とにかく柔術もその起原を遠く上代にまで遡らせることが出来
るのである。

この點、劍道においても同じであらう。しかし、徳川時代に
流行した劍道の諸派は、戰國時代より起つたものである。劍道
は上古より存したであらうとしても、徳川時代の劍道は戰國時
代よりその型がはつきり決められたものである。これは柔術に
おいても同じであらう。今日の親愛を以てする柔術、これは腰
昧なる舊薔であるが、言ひ換へる徳川時代の柔術の諸流は、近
一つとして榮えてゐる柔術の諸流は、近世に至つて漸く形作ら
れたものである。そして帯刀時代においては、柔術の流行は劍
道以上になることは出来なかつた。かう考へてよいと思ふ。
房刀の腸である、

なは徳川時代に榮えた武藝は、劍術や柔術のみならず、弓術
でも、馬術でも、居合でも、戰國時代にさま〜な型が出来、
清流が出来たものである。されば、武藝万面より見たる「近世」
の簡單で、戰國混亂の世に之をきざしてゐたのである。
たは、帯刀時代の柔術は、劍術と常に關聯があり、今日の如
く獨立したものではなかつたことに、注意しておかねばなら
ぬ。

雄山閣이 1936年에 쓴『類聚伝記大日本史』(출처: 일본 국립 국회도서관)

그러나 위 문헌을 보면 유술(柔術)의 기원(起源)에는 진원빈설(陳元贇說)이 있지만 그 이전에도 유술은 존재했다고 명확하게 기록되어 있고 당시 야와라(柔)라고 하는 이름의 권법이 행해졌으며 심지어 일본 중세에는 조토(組討, 쿠미우찌)라고 해서 전장(戰場)에서 적을 넘어트려 제압하거나 목을 따는 기술도 있었으며 이것도 유술의 일종(一種)이라고 설명하고 있다.

결론을 짓자면 위 문헌의 명나라 사람 진원빈은 만치 이년(萬治二年), 즉 1659年에 일본에 귀화(歸化)를 했다고 기록되어 있는데 진원빈이 유술을 한 사람도 아니지만 만약 유술을 했다고 가정을 해도 1659년이면 다케우찌류(竹內流)와 대동류유술(大東流柔術)보다 짧은 역사를 가지고 있는데 '유술의 기원이 진원빈에 의해서 시작되었다'라고 말하는 것은 논의를 할 가치조차 없는 이야기다.

12.
백제의 후손들

세키구찌류의 유술은 일본에서도 그 역사가 오래된 유파 중에 하나이며 초기 강도관 유도에 상당한 영향을 주었다. 세키구찌씨의 초대 시조는 이마가와(今川氏)씨이며 청화 원씨의 후손이자 원의가(源義家)의 자손이다. 따라서 이들은 모두 56代 청화천황(淸和天皇)의 자손들이며 백제계 도래인이다.

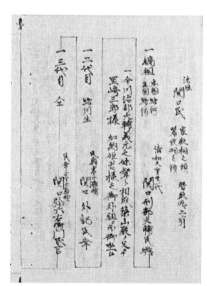

세키구찌씨(関口氏)가 청화천황의 자손이라는 증거
자료인 本朝武家諸姓分脈系図
(본조무가제성분맥계도)
(출처: 일본 국립 국회도서관)

위의 문헌 오른쪽 3번째 줄에 청화천황의 자손이라고 기록되어 있다.

세키구찌 가문(関口家門)은 2代 氏幸부터 도쿠가와 이에야스 가문 (德川家康 家門)의 가신(家臣)으로 보필을 하기 시작하며 그 인연은 도쿠가와 이에야스의 정실부인(正室婦人)인 쯔키야마토노(築山殿)와 의 정략결혼으로 시작이 된다. 위의 문헌을 보면 알 수 있듯이 쯔키야마토노(築山殿)는 세키구찌 가문의 시조인 이마가와 요시모토 (今川義元)의 여식으로 1557年 正月 15日 도쿠가와 이에야스(德川家康)와 결혼을 함으로써 두 가문은 인척(姻戚) 관계가 되며 이에야스의 부인 쯔키야마토노가 장남 노부야스(信康)을 낳자 훗날 세키구찌의 사람들로 노부야스를 보좌하게끔 하고 세키구찌 가문도 유술을 연마하게 되며 이때부터 야와라(柔)라고 하는 말로 전해지는 시초가 되고 정식으로는 17세기 중엽에 보편적으로 알려지게 된다.

또한 도쿠가와 이에야스의 손자인 호시나 마사유키(保科正之)가 아이즈한(会津藩)의 번주가 되자 세키구찌 사람들로 교류를 하게 하며 아이즈한의 오시키우찌(御式內)를 전수받게 되어 세키구찌계 대동류(関口系大東流)라고 불리는 단초가 되고 분파(分派)의 성격을 띠게 된다.

續日本史卷之四十三終

續日本史卷之四十四

尾張

一色重熙 著

列傳二十
今川氏親 子義元

今川氏親小字龍王出自鎮守府將軍源義家義家之後為長氏任上總介
授四位居參河遷駿河有二子曰滿氏曰國氏長氏與參河於滿氏駿河於
國氏滿氏稱吉良氏國氏稱今川氏國氏生基氏基氏生範國範國生範氏
世從足利氏有功受官位居要路以吉良今川與足利同始祖時人推尊之
為語曰將軍無後嗣吉良今川充厥位矣範氏孫四位民部大輔範政曾孫
四位洽部大輔範忠避從足利將軍伐阪東任副將軍範忠生義忠義忠襲
父官取伊勢貞藤之女生氏親貞藤子長氏來寓為時西鄙賊起義討之
賊四散義忠返至擅貝坂賊射義忠乃斃老臣三浦朝比奈九島三氏爭權
不協長氏諭三氏和講奉氏親立之氏親時甫七歲天貫潁敏長有膽力以
父祖之貲割有嚴河遠江為上總介遷偹理大夫此際足利氏衰弱不振氏
親欲出都牽兵西上大河內欠綱棄于引間要衝道然自知非敵引斷波義

1882년 출간 『續日本史(속일본사)』 (출처: 일본 국립 국회도서관)

　이마가와씨(今川氏)가 원의가(源義家)의 후손이라고 오른쪽 첫째 줄에 기록되어 있다.

1937년 출간 『日本名婦傳(일본명부전)』(출처: 일본 국립 국회도서관)

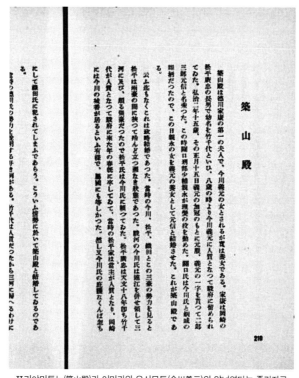

築 山 殿

築山殿は徳川家康の第一の夫人で、今川義元の女とされるが實は姪女である。宗族は岡崎の松平廣忠の長男で幼名を竹千代といひ、八歳の時より今川義元となつて駿府に留められてゐた。私治二年十五歳、その五月十五日義元の加冠のもと元服、義元の一字を貰つて三郎元信と名乗つた。この時關口刑部少輔親永が現菊の役を勤めた。關口氏は今川氏と親戚の細柄だつたので、この日親永の女を義元の養女として元信と結婚させた。これが築山殿である。

『五花もなくこれは政略結婚であった。當時の今川、松平、織田との三家の勢力を見ると松平は兩家の間に挟つて心もとなき状態であった。駿河の今川氏は進江を併せて三河に及び、獨り徳川氏は今川氏に頼つてゐた。松平廣忠は天文十八年即ち竹代が人質となつて駿府に来た年の卒死に成してゐて、當時の松平家は當主が人質となり、岡崎には今川氏の城番が居るという有樣で、馬國にも等しかつた。然し又今川氏の庇護なくんば到底松田氏に起されてしまふであらう。こういふ情勢に於いて築山殿と結婚してゐるわけである。竹代は人質だつたから三河へ帰へるわけに

219

쯔키야마토노(築山殿)가 이마가와 요시모토(今川義元)의 양녀였다는 증거자료

본문 내용을 보면 쯔키야마토노(築山殿)가 도쿠가와 이에야스(德川家康)의 제일 첫 번째 부인으로 이마가와 요시모토(今川義元)의 어식이며 양녀(養女)라고 기록되어 있다. 또한 친부(親父)는 세키구찌 찌카나가(関口親永)이지만 이마가와 요시모토에게 양녀로 보내어 모토노부(元信)와 결혼을 시킨다고 되어 있는데 여기서 모토노부(元信)는 도쿠가와 이에야스의 개명(改名) 전 이름이며 화친을 위한 정략결혼이라는 것을 쉽게 알 수 있다.

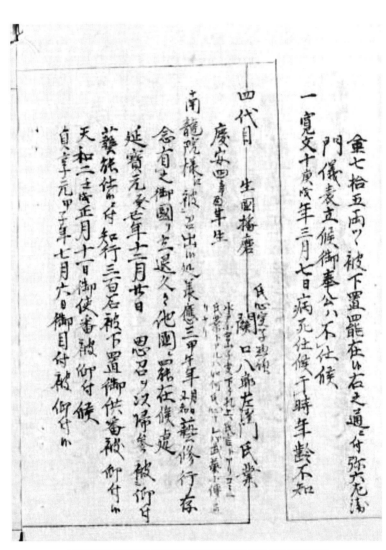

本朝武家諸姓分脈系図(본조무가제성분맥계도)(출처: 일본 국립 국회도서관)

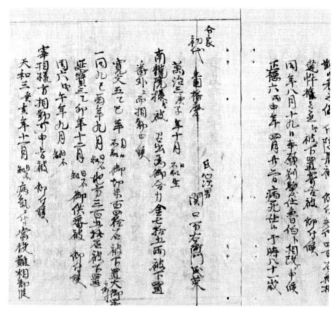

本朝武家諸姓分脈系図(본조무가제성분맥계도)(출처: 일본 국립 국회도서관)

위 문헌을 보면 4代에서 분가(分家)하는 것이 기록되어 있다.

세키구찌 가문은 4代에서 장자인 氏業과 차남인 氏英이 대를 이어가게 되는데 이때 차남이 분가를 한 것이 기록으로 남아 있다. 세키구찌류의 정식 개조(開祖)는 氏幸의 아들인 氏言(세키구지 유우신, 関口柔心으로 알려져 있다)이며 아버지인 氏幸이 도쿠가와 가문의 가신(家臣)으로 들어가면서 유술을 전수받게 되고 아들 때에 정식으로 지금의 세키구찌 신심류(関口新心流)가 된다.

또한 도쿠가와 이에야스 시절에 세키구찌 쥬우신(関口柔心)이 기슈 다이난고(紀州大納言, 현재의 차관급)로 임명되었고 훗날 세키구찌 신심류의 유술이 기슈번(紀州藩)의 지정 무술이 되고 야와라(柔)라는 명칭도 세키구찌류에서의 시작으로 17세기 중엽에 전국으로 확산되어 보편적인 단어가 되며 유술이라는 말과 같이 쓰이게 된다.

야와라(柔)의 시작과 세키구찌 쥬우신(関口柔心)의 다이난고(大納言)임명 증거자료.
1899년 출간『중외의사신보(中外醫事新報)』(출처: 일본 국립 국회도서관)

본문 내용을 보면 유술발명(柔術發明)은 도쿠가와 때 세키구찌 쥬우신(関口柔心)이 시작했고 그 후 기슈(紀州)의 다이난고(大納言)로 임명되어 야와라(やわら)와 유술(柔術)로 명(名)하였다고 기록되어 있는데 이 시기부터 두 단어를 같이 쓰기 시작하면서 혼돈을 초래했다.

즉, 유술이라는 명칭과 야와라라고 하는 명칭은 이 시기에 전해
지는 것을 알 수 있다. 이뿐 아니라 앞에서도 언급했지만 세키구찌
가문은 현대 유도의 시초가 된 강도관유도(講道館柔道)가 만들어질
때 지대한 영향을 주기도 했다.

武特會 形制定 委員團

위 사진은 明治 39年(1906년)에 유도의 형을 제정하기 위하여 교
토에 모인 무특회 형(形) 제정위원단의 사진이며 가운데가 가노 지
고로(嘉納治五郎)이고 앞열 오른쪽 세 번째가 세키구찌 신심류의
10대 쥬우신 우지다네(10代 柔心氏胤)이다. 우지다네는 유도 형(形)
제정 위원은 물론이고 대일본무덕회(大日本武德會)의 유도범사(柔道

範士)이자 무도선고위원(武道選考委員)으로 활동하면서 강도관유도가 만들어지기까지 지대한 영향을 미친다.

　이러한 것을 보면 알 수 있듯이 백제의 후손들에 의해 일본무술이 시작되었고 지금의 유도가 만들어지기까지 가장 큰 영향력을 행사했던 것이다.

　우리는 역사를 바로 알고 재정립해야 하며 우리 것의 우수함과 소중함을 깨닫고 발전 계승시키며 후손에게 물려줘야 할 것이다.

13.
신라삼랑원의광(新羅三郎原義光)

한국합기도를 하는 사람들이 합기도의 역사를 이야기할 때 자주 인용하는 것이 '신라삼랑원의광(新羅三郎源義光)'이다. 왜냐면 앞에 있는 신라(新羅)라는 단어 때문일 것이다. 필자 또한 신라라는 단어 때문에 수년을 헤맸던 적이 있었다. 결론부터 이야기하면 원의광은 신라인이 아니라 백제계 도래인(渡來人)의 후손이다.

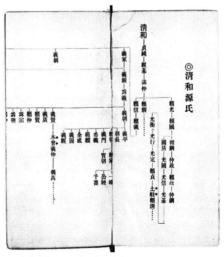

1899년 출간 『國史辭典(국사사전)』(출처: 일본 국립 국회도서관)

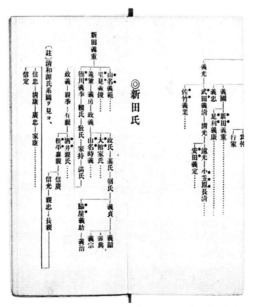

1899년 출간 『國史辭典(국사사전)』(출처: 일본 국립 국회도서관)

위 도표는 청화 원씨의 가계도다. 여기서 청화(淸和)는 일본의 56
代 세이와 천황이며 원씨 가문의 시조다. 그 밑으로 정순(貞純) - 경
기(經基) - 만중(滿仲) - 뢰친(賴親) - 뢰신(賴信) - 뢰의(賴義)가 있고
뢰의는 의가(義家)·의망(義網)·의광(義光) 세 아들을 두었다.

의광의 할아버지 뢰신(賴信)은 1029年 甲斐守(지금의 야마나시현 부
근의 지역)에 임관을 하였고 그 후로 아들 뢰의(賴義)와 손자 의광(義
光)에까지 이어지며 의광이 다케다 성씨의 시조가 된다. 그 계기는
아스카시대(飛鳥時代)부터 상당한 힘을 과시했던 아베씨(阿倍氏)의

무장 반란을 원뢰의, 원의가, 원의광 세 부자가 약 9년에 걸친 전쟁 끝에 잠재웠고 그 공로로 지금의 야마나시현(山梨県)의 영토를 하사받아 다스리게 되며 다케다 성씨도 받게 된다.

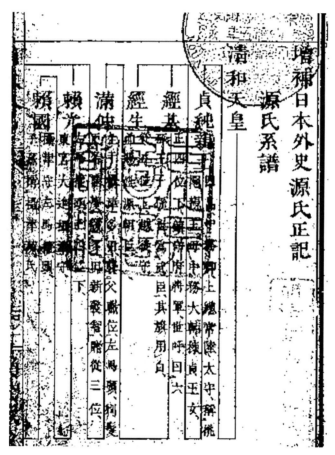

1876년 출간 『日本外史 源氏政記』(출처: 일본 국립 국회도서관)

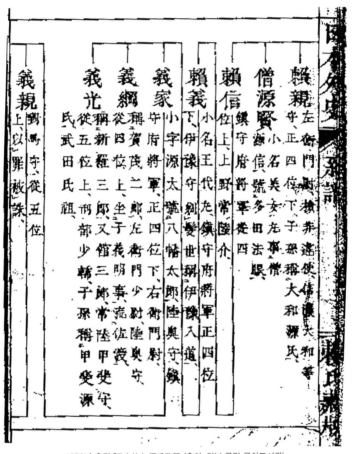

1876년 출간 『日本外史 源氏政記』(출처: 일본 국립 국회도서관)

메이지 9年에 출간된 『원씨정기(源氏政記)』의 계보에 보면 의광(義光) 신라삼랑(新羅三郎)이라 기록되어 있고 갑비원씨(甲斐源氏) 무전씨(武田氏) 조(祖), 즉 다케다 성씨의 조상이라고 기록되어 있다.

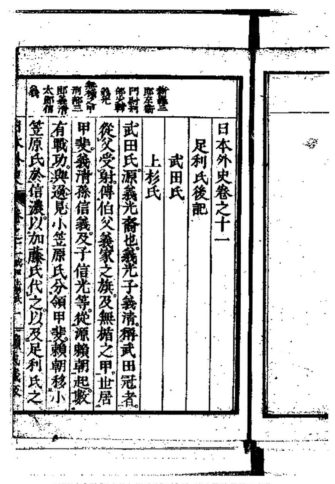

위의 일본외사(日本外史) 자료 11권에 의하면 의광(義光)의 아들인
의청(義淸)부터 다케다(武田) 성씨를 사용한 것으로 기록되어 있다.

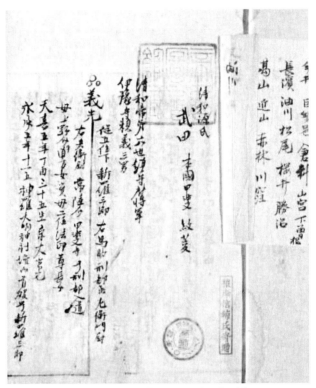

本朝武家諸姓分脈系図(출처: 일본 국립 국회도서관)

위 문헌을 보면 의광(義光)은 뢰의(賴義)의 세 번째 아들이고 청화천황의 6대손이며 청화 원씨(清和源氏) 다케다(武田) 라고 되어 있다. 또한 직위가 從五位라고 적혀 있는데 당시 종5위까지의 직위는 황족, 즉 귀족 출신에게만 주어지는 직위다. 또한 명확하게 신라삼랑(新羅三郎) 이라고 기록되어 있다.

여기서 신라삼랑이라는 호칭 때문에 많은 사람들이 의광은 신라계 도래인이며 합기도의 뿌리는 신라인으로부터 시작됐다고 이야기하지만 그러나 의광은 백제계 도래인이고 다만 원복(元服)을 원성사(園城寺) 내부에 있는 신라선신당(新羅善神堂)에서 했기 때문에 앞에 신라(新羅)가 붙게 된 것이다. 또한 삼랑은 사내 랑(郎)을 써서, 셋째이기 때문에 삼랑(三郎)이 된 것인데 사람들의 추측은 산더미처럼 불어나 의광은 신라인이며 죽을 때 의광이 "나는 신라인이다"라고 이야기를 했다는 억측까지 나돌게 된다.

의광은 백제계 도래인이다. 그러나 많은 사람들이 궁금해하기를 '그럼 왜 신당(神堂)이 신라(新羅)라고 되어 있는가' 하는 것이다. 그 이유는 청화천황에게 자각대사(慈覺大師)라고 시호를 받은 엔닌(園仁) 스님이 중국에서 공부를 하고 돌아오는 길에 풍랑을 만나 배가 난파되어 죽을 지경에 이르렀는데 이를 장보고가 만든 신라방의 사람들에 의해서 도움을 받아 겨우 살아나고 다시 일본으로 돌아가게 되는데 신라방 사람들의 고마움을 기리기 위해 엔닌 스님의 제자인 엔친(園珍) 스님이 스승의 법을 따라 貞觀2年(860년)에 원성사(園城寺)를 건조(建造) 했으며 지금은 일본 정부의 특별 보호건조물로 지정되어 있다.

결론은 신라선신당(新羅善神堂)은 신라와 관계가 있는 것은 사실이지만 그렇다고 해서 의광이 신라계 도래인은 아니며 합기도(合氣道)의 시작과 근원이 신라라고 하는 것은 아주 잘못된 착각이다.

엔닌 스님과 장보고 신라방 사람들의 이야기는 『入唐求法巡禮行記』에 기록되어 있다.

원성사 내부에 있는 신라선신당의 모습.
1910年 滋賀県 출판(출처: 일본 국립 국회도서관)

圓城寺山內新羅善神堂 （特別係装建造物）
貞觀二年智證大師勅ヲ奉シテ之ヲ創建シ曆
應三年足利尊氏之ヲ再建ス蓋足利時代優秀
ノ神殿造ナリ

원성사 산 내부에 있는 신라선신당의 설명

貞觀2年(860年) 지증대사(智證大師) 건조(建造), 曆應3年 足利尊氏 再建.

위 내용은 860년에 엔친 스님이 만들었고 남북조시대 室町幕府 (무로마찌 막부)에 아시카가 다카우지(足利尊氏)에 의해 재건되었는데 아시카가 다카우지도 원씨 집안의 백제계 도래인이며 무로마찌 막부의 창건자이자 정이대장군(征夷大將軍)이다.

14.
자각대사(慈覺大師)와 지증대사(智證大師)

엔닌(圓仁) 스님과 엔친(圓珍) 스님에 대하여 약간의 부연 설명을 하고자 한다.

　고대사를 보면 한국의 저명한 스님을 대사(大師)라고 칭하는 것을 알 수가 있는데 이것은 일본도 크게 다르지 않다. 그러나 일본은 평상시에는 그냥 스님이라고 부르고 입적을 하면 천황에게 시호(諡號)를 받아서 대사라고 칭함을 받게 되는데 엔닌 스님이 바로 자각대사(慈覺大師)이며 일본 천태종의 3代교주이다. 엔친 스님은 엔닌 스님의 제자이며 지증대사(智證大師)이고 나중에 원성사(圓城寺)를 건립하여 좌주(座主)스님이 된다.

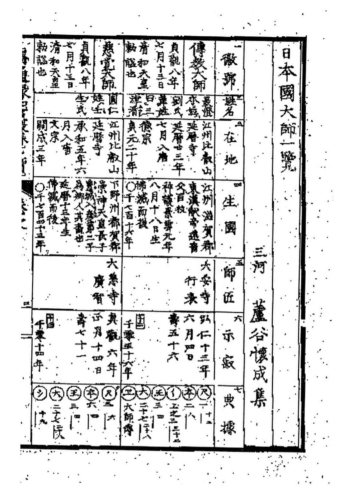

日本國大師一覽(출처: 일본 국립 국회도서관)

위 문헌을 보면 자각대사(慈覺大師)는 貞觀8年 7月 13日에 청화천
황(淸和天皇)에게 칙시(勅諡), 즉 시호를 받았으며 연력사(延曆寺)의
좌주(座主)스님이었다고 되어 있다.

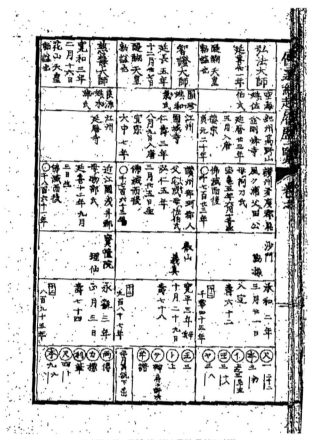

日本國大師一覽(출처: 일본 국립 국회도서관)

위 문헌을 보면 지증대사(智證大師)는 延長5年 12月 7日에 일본의 60代 제호천황(醍醐天皇)에게 칙시(勅諡), 즉 시호를 받았으며 원성사(園城寺)의 좌주(座主)스님이었다고 되어 있다.

15.
신라삼랑원광(新羅三郎源義光)의
백제계열 계보

신라삼랑원광(新羅三郎源義光)이 백제인이며 대동류(大東流)가 백제인에 의해서 시작되었다는 사실을 증명하는 것은 생각처럼 어려운 일이 아니다. 왜냐면 현재 일본의 여러 대동류 유파 중에서 고무도협회에서 인정하고 있는 가장 유력한 대동류 유파는 곤도 마사유키(近藤昌之)가 본부장으로 있는 대동류 단체다. 이 단체는 대동류의 기원을 일본 56代 청화천황(淸和天皇)의 6대손 신라삼랑원의광(新羅三郎源義光)으로부터 시작되었다고 정확히 이야기하고 있기 때문에 원의광이 백제인이라는 것만 증명되면 모든 게 간단명료해진다.

이제부터 원의광(源義光)의 선조인 청화천황(淸和天皇)과 청화천황의 선조인 민달천황(敏達天皇)에 대해서 설명할 것이다. 우선 민달천황부터 후대(後代)로 내려가보자.

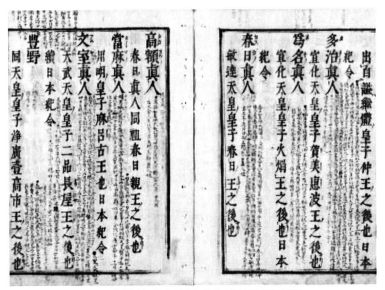

일본 고대 씨족 족보 『新撰姓氏錄』(출처: 일본 국립 국회도서관)

위 문헌을 보면 춘일진인(春日眞人)이라는 인물이 나온다. 옆의
설명을 보면 민달천황(敏達天皇)의 황자(皇子), 즉 아들인 춘일왕(春
日王)의 후손이라고 기록되어 있는데 춘일왕은 백제계다. 그럼 다
음 문헌을 보도록 하자.

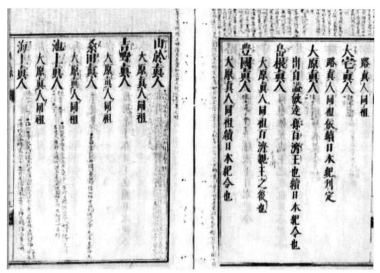

일본 고대 씨족 족보 『新撰姓氏錄』(출처: 일본 국립 국회도서관)

위 문헌을 보면 대원진인(大原眞人)이라는 인물이 나오는데 옆의
설명에는 민달(敏達) 백제왕(百濟王)의 후손이라고 되어 있다. 즉, 대
원진인은 백제 왕손인 민달의 후손이라는 말이다. 앞의 문헌에 민
달이 누구라고 나와 있었나? 천황(天皇)이라고 기록되어 있다. 그렇
다 민달은 일본의 30代 천황이며 백제계다. 그럼 민달천황과 그의
자식들 그리고 민달천황의 아버지에 대해서 간단하게 알아보고 그
계보를 살펴보도록 한다.

민달천황이 백제왕의 후손이라는 것이 밝혀졌으니 그의 아버지도 백제계인 것은 두말할 나위가 없다. 아들이 백제인인데 아버지가 신라인 일 수는 없잖은가. 민달천황의 아버지는 일본의 29代 킨메이텐노, 즉 흠명천황(欽明天皇)이며 여러 명의 자식을 두는데 둘째가 훗날 30代 천황이 되는 민달천황(敏達天皇)이며 넷째가 31代 용명천황(用明天皇), 열두 번째 아들이 32代 숭준천황(崇峻天皇)이다. 33代 추고천황(推古天皇)이 바로 흠명천황의 딸이며 604年에 백제인들을 데려다가 최초로 일본에서 달력을 만든 사람이다. 그리고 34代 서명천황(舒明天皇)이 증손자이고 민달천황의 손자이며 오시사카노 히코히또노 오오에노미코 황자(押坂彦人大兄皇子)의 아들이다. 35代가 황극천황(皇極天皇)인데 황극천황은 36代 효덕천황(孝德天皇)이 약 10년 정도의 제위를 끝으로 병으로 사망하자 이름으로 사이메로 바꾸고 다시 천황이 되는데 사이메이 여제 즉 제명천황(齊明天皇)이다. 제명천황은 38代 천지천황(天智天皇)의 어머니이며 천지천황의 아버지가 34代 서명천황(舒明天皇)이다. 천지천황은 신라가 나당연합군을 형성하여 백제를 공격했을 때 백촌강 전투에 지원군을 보낸 인물이다.

이들 모두가 다 백제인이다. 일본의 고대 천황가를 보면 혈통을 보존하기 위해 근친상간을 하는 것을 쉽게 알 수가 있고 천황가의 며느리는 백제의 여식으로만 들이는 것을 알 수 있는데 주로 당시 최고의 가문인 후지와라 가문의 여식을 황후(皇后)로 맞이한다. 이처럼 일본 천황가는 백제인이 대대로 그 자리를 지키며 나라를 다스리고 통치를 하다가 수도를 나라(奈良)에서 교토(京都)로 천도하면서 막부(幕府) 체제로 무사들이 정권을 잡게 되고 사무라이의 전성시대를 여는 것이다. 물론 정권을 잡고 나라를 다스리던 무사들도 전부 백제인이었다.

[30代] 민달천황(敏達天皇)

日本政記(1876年, 出版者: 賴又次郎)(출처: 일본 국립 국회도서관)

위 문헌을 보면 민달천황은 흠명천황의 둘째 아들이며 임진년(壬辰年) 원년(元年) 여름 4월에 즉위했다고 기록되어 있다.

[31代] 용명천황(用明天皇)

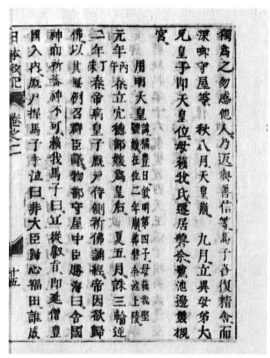

日本政記(1876年, 出版者: 賴又次郞)(출처: 일본 국립 국회도서관)

위 문헌을 보면 흠명(欽明)의 第 四子, 즉 넷째 아들이라고 기록되어 있다.

[32代] 숭준천황(崇峻天皇)

日本政記(1876年, 出版者: 賴又次郎)(출처: 일본 국립 국회도서관)

위 문헌에 숭준천황(崇峻天皇)은 흠명(欽明)의 12번째 아들이라고 기록되어 있다.

日本政記(1876年, 出版者: 賴又次郎)(출처: 일본 국립 국회도서관)

위 문헌을 보면 흠명(欽明) 녀(女)라고 쓰여 있고 어머니가 용명(用明)과 동일하다고 기록되어 있다. 일본의 최초 여제(女帝)이다.

[34代] 서명천황(舒明天皇)

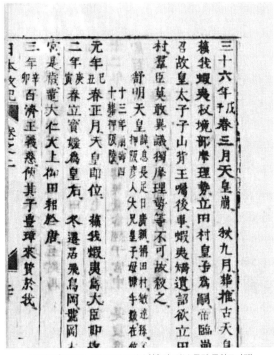

日本政記(1876年, 出版者: 賴又次郎)(출처: 일본 국립 국회도서관)

위 문헌을 보면 민달(敏達)의 孫(손자)이며, 父(아버지)가 押坂彦人大
兄皇子, 즉 오시사카노 히코히또노 오오에노미코 황자라고 기록되
어 있다.

[35代] 황극천황(皇極天皇)

日本政記(1876年, 出版者: 賴又次郎)(출처: 일본 국립 국회도서관)

    위 문헌을 보면 황극천황(皇極天皇)은 민달(敏達)의 曾孫(증손)이며 押坂彦人大兄皇子, 즉 오시사카노 히코히또노 오오에노미코의 孫(자손)이고 父(아버지)가 모정왕(茅渟王)이라고 기록되어 있는데 35대 天皇이자 37代 천황인 제명천황(齊明天皇), 즉 사이메이 여제(女帝)다.

[36代] 효덕천황(孝德天皇)

日本政記(1876年, 出版者: 賴又次郎)(출처: 일본 국립 국회도서관)

위 문헌을 보면 효덕천황(孝德天皇)은 皇極同母, 즉 황극천황과 어머니가 같고 재위 10년 만에 붕괴됐다고 기록되어 있다. 효덕천황은 황극천황의 동생인데 지병으로 사망하자 황극천황이 제명(齊明)이라는 이름으로 다시 천황에 오른다.

[37代] 제명천황(斉明天皇)

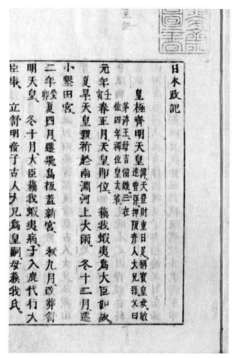

日本政記(1876年, 出版者: 賴又次郎)(출처: 일본 국립 국회도서관)

　위 문헌을 보면 민달(敏達)의 曾孫이라 되어 있고 押坂彦人大兄皇子, 즉 오시사카노 히코히또노 오오에노미코의 孫(자손)이고 父(아버지)가 모정왕(茅淳王)이라 되어 있는데 35代, 37代의 천황이기에 皇極斉明天皇이라고 기록되어 있다.

[38代] 천지천황(天智天皇)

日本政記(1876年, 出版者: 賴又次郞)(출처: 일본 국립 국회도서관)

위 문헌을 보면 천지천황(天智天皇)은 서명의 장자(舒明長子)이며 어머니가 皇極齊明이라 기록되어 있다. 즉, 아버지가 서명천황(舒明天皇)이며 어머니가 황극제명천황(皇極齊明天皇)인 중대형황자(中大兄皇子)가 바로 천지천황이며 663年 백촌강(百村江) 전투에 원군을 보낸 장본인이다.

[39代] 홍문천황(弘文天皇) 천황대우(天皇大友)

日本政記(1876年, 出版者: 賴又次郎)(출처: 일본 국립 국회도서관)

위 문헌을 보면 천황대우(天皇大友)라고 기록되어 있는데 홍문천황(弘文天皇)은 皇子 시절부터 대우황자(大友皇子)로 불렸기에 천황이 되고도 여러 기록에 천황대우(天皇大友)로 쓰여 있는 것을 볼수 있다. 대우천황은 천지천황(天智天皇)의 장자(長子)다.

[40代] 천무천황(天武天皇)

日本政記(1876年, 出版者: 賴又次郎)(출처: 일본 국립 국회도서관)

40代 천무천황(天武天皇)은 38代 천지천황(天智天皇)과 형제이며
위 문헌에도 天智同母라고 기록되어 있다.

[41代] 지통천황(持統天皇)

日本政記(1876年, 出版者: 賴又次郎)(출처: 일본 국립 국회도서관)

위 문헌을 보면 지통천황(持統天皇)은 천지천황(天智天皇)의 둘째
이며 딸이고 천무천황(天武天皇)의 황후이기도 하다.

[42代] 문무천황(文武天皇)

日本政記(1876年, 出版者: 賴又次郎)(출처: 일본 국립 국회도서관)

위 문헌을 보면 문무천황(文武天皇)은 초벽태자(草壁太子), 즉 쿠사 카베타이지의 아들이라고 기록되어 있는데 쿠사카베는 천무천황(天武天皇)의 아들이다. 따라서 문무천황은 천무천황의 손자가 된다.

[43代] 원명천황(元明天皇)

日本政記(1876年, 出版者: 賴又次郎)(출처: 일본 국립 국회도서관)

위 문헌을 보면 원명천황(元明天皇)은 천지(天智)의 四女, 즉 넷째
이자 딸이라고 기록되어 있다.

[44代] 원정천황(元正天皇)

日本政記(1876年, 出版者: 賴又次郎)(출처: 일본 국립 국회도서관)

위 문헌을 보면 원정천황(元正天皇)은 원명(元明)의 女라고 쓰여
있고 문무(文武)의 姉라고 기록되어 있다. 즉, 원정천황은 초벽태자
(草壁太子)와 원명천황(元明天皇) 사이에서 태어난 장녀(長女)이고 문
무천황의 누나가 된다.

[45代] 성무천황(聖武天皇)

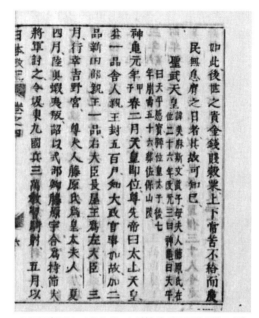

日本政記(1876年, 出版者: 賴又次郞)(출처: 일본 국립 국회도서관)

위 문헌을 보면 성무천황(聖武天皇)은 문무(文武) 子 그리고 母, 夫人 藤原氏라고 기록되어 있다. 즉 성무천황은 문무천황의 아들이고 어머니와 부인이 등원씨(藤原氏)라는 것이다.

앞에서도 이야기한 바 있지만 황후(皇后)는 백제의 여식으로 들이는 것을 볼 수 있다. 등원씨(藤原氏)는 일본어 발음으로 '후지와라씨'라고 불리는데 후지와라씨는 당시 최고의 백제계 귀족 가문이었으며 이 가문의 여자들을 천황의 부인으로 맞이하여 천황가의 혈통을 백제혈통으로 유지한 것이다.

[46代] 효겸천황(孝謙天皇)

日本政記(1876年, 出版者: 賴又次郎)(출처: 일본 국립 국회도서관)

위 문헌을 보면 聖武 女, 母 皇后 藤原氏라고 기록되어 있는데 즉 효겸천황(孝謙天皇)은 성무천황(聖武天皇)의 딸이며 어머니 황후는 후지와라씨라는 뜻이다.

[47代] 순인천황(淳仁天皇)

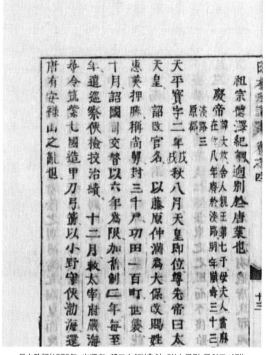

日本政記(1876年, 出版者: 賴又次郎)(출처: 일본 국립 국회도서관)

　위 문헌을 보면 순인천황(淳仁天皇)을 '廢帝'로 기록하였는데 위의
문헌뿐 아니라 여러 고문서에도 순인천황은 '廢帝'로 기록되어 있
다. 사인친왕(舍人親王)의 일곱 번째 아들이며 천무천황(天武天皇)의
손자이다.

[48代] 칭덕천황(稱德天皇)

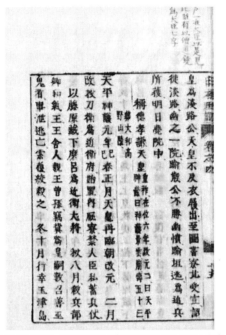

日本政記(1876年, 出版者: 賴又次郎)(출처: 일본 국립 국회도서관)

위 문헌을 보면 칭덕효겸천황(稱德孝謙天皇) 중조(重祚) 在位 六年 故
元이라고 기록되어 있다. 이 뜻은 효겸천황과 칭덕천황은 동일인(同一
人), 즉 같은 사람이라는 것이고 중조(重祚)는 다시 한번 재위한다는
뜻이다. 따라서 47代 순인천황이 폐위가 되자 46代 효겸천황이 칭덕
(稱德)으로 개명을 하며 48代 천황에 자리에 다시 오른다. 그러나 칭
덕천황은 6년이라는 짧은 재위기간을 다스리고 49代 광인천황(光仁
天皇)이 보위에 오르는데 광인천황은 663年 백촌강 전투에 원군을 보
낸 천지천황(天智天皇)의 손자다. 이들은 모두 백제인(百濟人)이다.

[49代] 광인천황(光仁天皇)

日本政記(1876年, 出版者: 賴又次郎)(출처: 일본 국립 국회도서관)

위 문헌을 보면 천지(天智) 孫, 父 施基皇子라고 기록되었는데 광인
천황은 천지천황의 손자이며 아버지인 시기황자(施基皇子)는 천지
천황의 일곱 번째 아들이다.

[50代] 환무천황(桓武天皇)

日本政記(1876年, 出版者: 賴又次郎)(출처: 일본 국립 국회도서관)

위 문헌을 보면 환무천황(桓武天皇)은 光仁長子, 즉 광인천황의 맏아들이라고 기록되어 있다. 50代 환무천황은 한국에서도 많은 사람들이 익히 알고 있는 일본의 천황 가운데 한 사람인데 왜냐면 아키히토 천황이 2002년 한일 월드컵 공동 개최를 앞두고 텔레비전 인터뷰에서 환무천황(桓武天皇)의 생모가 백제 무령왕의 자손이라는 속일본기(續日本記)의 기록에 대해서 한국과의 깊은 인연을 느낀다고 발언을 하여 일본인들에게 엄청난 충격을 안겨준 적이 있는 반면 한국인들에게는 정말 참신한 뉴스를 전해줬기 때문에 환무천황에 대해서는 낯설지가 않다.

[51代] 평성천황(平城天皇)

日本政記(1876年, 出版者: 賴又次郞)(출처: 일본 국립 국회도서관)

위 문헌을 보면 桓武長子 母, 皇后藤原氏라고 기록되어 있다. 즉 환무천황의 맏아들이고 어머니인 황후가 후지와라씨라는 것이다.

[52代] 차아천황(嵯峨天皇)

先帝子高岳親王爲皇太子右大臣兼左大將藤原
內麻呂中納言兼右大將阪上田村麻呂卽故
弘仁元年庚寅三月始置藏人所頭二人以巨勢野
足藤原冬嗣爲之皆四位屬官有五位六位總七人
夏六月以上皇詔罷觀察使復象議　秋九月右

夏五月天皇即位于大極殿尊先帝爲太上天皇立

清、復置舊國司　秋廢衛士府置靫貟府
四年比夏四月天皇不豫禪位於皇太弟
嵯峨天皇諱神野手搔同母弟在位十五年後九年改
崩年五十七

日本政記(1876年, 出版者: 賴又次郎)(출처: 일본 국립 국회도서관)

　위 문헌을 보면 平城同母, 弟라고 기록되어 있는데 차아천황은 평성천황과 어머니가 같으며 평성천황의 동생이다. 어머니는 백제계의 후지와라노 오토무로(藤原乙牟漏)다.

[53代] 형화천황(淳和天皇)

日本政記(1876年, 出版者: 賴又次郎)(출처: 일본 국립 국회도서관)

위 문헌을 보면 형화천황은 桓武 子, 母 藤原氏라고 기록되어 있
다. 즉 아버지가 환무천황이고 어머니는 후지와라씨라는 것이다.

[54代] 인명천황(仁明天皇)

日本政記(1876年, 出版者: 賴又次郎)(출처: 일본 국립 국회도서관)

위 문헌을 보면 인명천황은 嵯峨 第二子, 母 皇后, 橘氏라고 기록되어 있다. 즉 인명천황은 차아천황의 둘째 아들이며 어머니인 황후는 귤씨(橘氏, 다찌바나씨)라는 것인데 다찌바나씨(橘氏)도 백제계 민달천황(敏達天皇)의 후손이며 인명천황의 외할아버지, 즉 어머니 황후의 아버지는 橘淸友(다찌바나노 키요토모)이다.

[55代] 문덕천황(文德天皇)

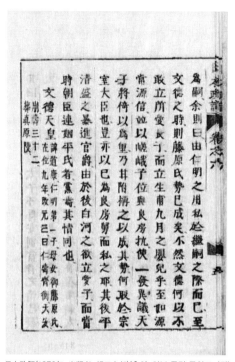

日本政記(1876年, 出版者: 頼又次郎)(출처: 일본 국립 국회도서관)

위 문헌을 보면 문덕천황은 仁明 第一子 母 藤原氏라고 되어 있다.
즉 문덕천황은 인명천황의 첫째아들이며 어머니가 후지와라씨라
는 것이다.

[56代] 청화천황(淸和天皇)

日本政記(1876年, 出版者: 賴又次郞)(출처: 일본 국립 국회도서관)

　위 문헌을 보면 청화천황은 文德 第 四子, 母 藤原氏라고 기록되어
있다. 즉 청화천황은 문덕천황의 넷째 아들이고 어머니는 후지와
라씨라는 것이다. 이로써 청화천황이 백제인이라는 것이 밝혀졌고
일본정기(日本政記)를 통해서 확인할 수 있었다.

30代 민달천황부터 56代 청화천황까지 백제계 순수혈통으로 내려오는 것을 볼 수 있고 순수혈통을 이어가기 위해 근친상간을 하기도 하며 며느리를 백제계 여인으로만 받아들이는 것을 문헌을 통해 잘 알 수 있다. 일본 측 대동류 단체가 주장하고 있는 대동류유술(大東流柔術)의 시조(始祖) 신라삼랑원의광(新羅三郎源義光)은 청화천황의 6대손(代孫)이며 청화 원씨(源氏) 가문을 이루어 훗날 헤이안시대에 최고의 무사(武士)로 거듭난다. 이들은 모두 백제계 도래인(渡來人)의 후손이다.

16.
원평합전(源平合戰)

지금은 당구를 하지는 않지만 고등학교 때 유도부 친구들과 자장면 내기 당구 또는 당구 게임비 지불하기 당구를 가끔씩 했었다. 참 오래전 일이다. 그 시기에 당구장에 가면 "겐빼이 치자"라는 말을 자주 들었는데 그때는 무슨 뜻인지 물어봐도 그 누구도 제대로 아는 사람이 없었고 심지어는 당구장 주인에게 물어봐도 올바른 답을 듣기 어려웠으며 그저 편을 가르고 게임을 하는 것이라고 말할 뿐이었다.

당시에는 "겐빼이"라는 뜻이 사실 그렇게 중요한 것이 아니기에 그냥 넘어갔었는데 훗날 일본사(日本史)를 공부하면서 중세 일본의 전쟁 중 하나였던 것이 당구장 용어의 시초가 되었다는 것을 알게 되었다. 고대 일본은 나라(奈良)에서 교토(京都)로 천도하면서 무사(武士)의 전성시대가 시작되는데 이때 가장 권력이 세고 큰 무사집단이 원(源)씨 성을 가진 가문의 무사와 평(平)씨 성을 가진 가문의 무사였다. 이 시기에는 천황의 보위를 놓고 세력 간의 다툼이 빈번했었고 평씨 성을 가진 무사들이 난을 일으켜 원씨 가문의 신라삼랑원의광(新羅三郎源義光)과 원의광의 형 원의가(源義家) 그리고 그의 아버지 원뢰조(源賴朝) 부자가 평씨 가문의 무사들을 약 6년간의 긴 전쟁 끝에 물리치고 독점을 하게 되며 이때부터 막부시대가 열리게 되고 무사들이 나라를 통치하게 되는 것이다.

이때의 원씨와 평씨의 싸움을 '원평합전(源平合戰)'이라고 하는데 일본어로 하면 "겐뻬이 갓센"이라고 발음한다. 당시 치열했던 싸움의 이야기가 후대에도 전해져 내려왔는데 짧게 앞머리만 따서 '겐뻬이'라고 칭했다. 이것이 우리나라까지 건너와 심지어는 당구장에서도 편을 가르고 게임을 할 때 '겐뻬이'라고 했던 것이다.

그러나 여기까지의 이야기는 그렇게 놀랄 일은 아니고 앞에서도 이야기했지만 당시 헤이안시대(平安時代)의 가장 막강한 무사 집단은 원(源)씨 가문과 평(平)씨 가문이었는데 원씨 가문은 56代 청화천황(清和天皇)의 후손이며 평(平)씨 가문은 50代 환무천황(桓武天皇)의 후손이다. 결국 같은 동족이며 백제의 후손들이 권력을 놓고 내부에서 싸움을 벌였던 것이다. 사무라이라는 말도 이 시기에 나온 것이고 사무라이들이 사회적으로 최고의 권력을 갖는 시대를 열어갔다.

17.
다케다(武田) 가문의 멸망

다케다 성씨는 신라삼랑원의광(新羅三郞源義光)의 증손자인 다케다 노부요시(武田信義)부터 정식으로 사용하게 되었고 밑으로 16代를 거쳐 내려오면 전설의 기마부대를 이끈 장수 다케다 신겐(武田信玄)이 등장하는데 신겐은 법호(法號)이며 본명은 다케다 하루노부(武田晴信)이다. 그 유명한 도쿠가와 이에야스(德川家康)도 다케다 신겐의 기마부대와 정면대결을 피하기 위해 동맹을 맺을 정도였으니 당시 신겐의 부대가 얼마나 강했는지 미루어 짐작할 수 있다.

하지만 신겐은 지병으로 사망했고 그의 아들과 손자가 신겐의 뒤를 이어 선전했으나 둘 다 같은 전쟁에 나가서 패하고 포로가 되어 자결을 하여 생을 마감하고 만다. 이렇게 다케다 신겐 가문은 오다 노부나가(織田信長)에 의해서 멸족이 되어 역사 속으로 사라지게 된다.

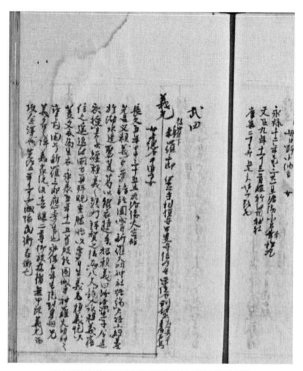

일본 선철상전(先哲像傳) 1券(출처: 일본 국립 국회도서관)

위 문헌을 보면 우측에 다케다(武田)라고 쓰여 있고 좌측에 의광 (義光), 그리고 오른쪽 첫째 줄에 신라삼랑(新羅三郞)이 기록되어 있 다.

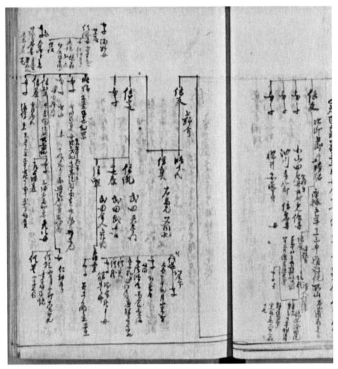

다케다 신겐(武田信玄, 1521~1573)에 관한 계보.
일본 선철상전(先哲像傳) 1券(출처: 일본 국립 국회도서관)

　위 문헌을 보면 신겐의 딸들은 이름도 없이 여자라고 기록되어
있는데 당시 여자들은 호적에도 오를 수 없었고 그나마 명문 가문
의 여식들이여야만 여자라고 기록이 되었다.

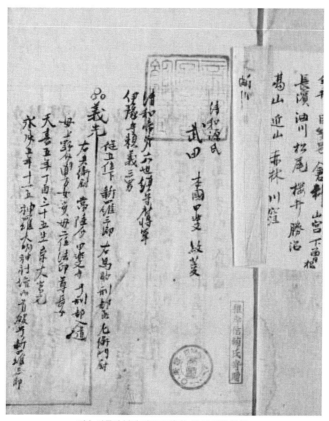

장수 가문의 분파 계보를 적어놓은 또 다른 문헌.
本朝武家諸姓分脈系図(본조무가제성분맥계도)(출처: 일본 국립 국회도서관)

이 문헌의 기록에도 보면 다케다 성씨는 청화천황(淸和天皇)의 후손이며 청화 원씨의 후손인 의광(義光)으로부터 시작함을 볼 수 있다.

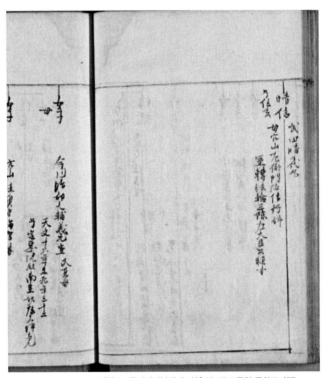

本朝武家諸姓分脈系図(본조무가제성분맥계도)(출처: 일본 국립 국회도서관)

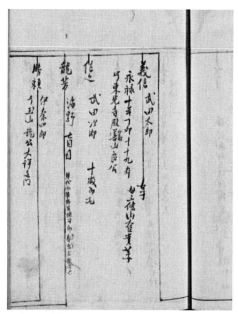

다케다 하루노부(武田晴信)에 관한 계보. 옆에 신겐(信玄)이라고 기록되어 있음. 本朝武家
諸姓分脈系図(본조무가제성분맥계도)(출처: 일본 국립 국회도서관)

다케다 신겐(武田信玄)의 자녀들의 계보는 아래와 같다.

長男	다케다 요시노부(武田義信), 廢嫡
次男	다케다 류우보우(武田龍芳), 盲目
三男	다케다 노부유키(武田信之), 10歲 死亡
四男	다케다 카쯔요리(武田勝賴), 신겐의 계승자. 武田家 第20代 当主. 自殺
五男	니시나 노부모리(仁科信盛), 盛信 仁科氏 繼承. 自殺
六男	카쯔라야마 노부사다(葛山信貞), 葛山氏元の養子. 自殺

딸들도 있었지만 이 문서에도 단지 여자(女子)라고 기록되어 있다.

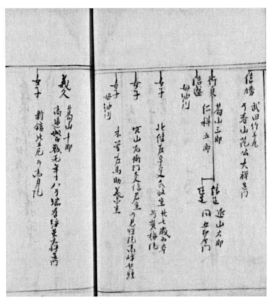

本朝武家諸姓分脈系図(본조무가제성분맥계도)(출처: 일본 국립 국회도서관)

　이처럼 다케다 신겐의 장남은 장자의 자리에서 폐위(廢位)가 되고 기록을 보면 알 수 있듯이 차남은 맹목(盲目), 즉 볼 수 없는 맹인이었다. 또한 셋째는 지병으로 10살 때 사망을 하며 넷째 계승자(繼承者)이었던 카쯔요리는 자기 아들인 노부카쯔와 같이 전쟁에 나가서 패하고 할복자살을 한다. 다섯째 또한 오다군의 공격에 강하게 저항하지만 결국 자살로 생을 마감하고 여섯째는 카쯔라야마씨(葛山氏)의 양자로 가서 카쯔라야마 성주(葛山城城主)가 되는데 그러나 여섯째마저도 오다 노부나가(織田信長)에 의해 가족이 멸족됐다는 것을 알고 선광사(善光寺)에서 자살로 생을 마감한다. 이렇게 다케다 신겐의 장군 가문은 끝이 나고 멸족을 하게 되며 비참하게 막을 내렸다. 그럼에도 불구하고 다케다 신겐의 자손을 칭하는 사람들이 있는데 현재 일본 내 전문가들이나 학계에서는 이를 인정하고 있지 않는 실정이다.

18.
호시나 마사유키(保科正之)

대동류 합기유술(大東流合氣柔術)과 정통합기도(AIKIDO), 그리고 두 무술의 원류(原流)인 백제유술(百濟柔術)도 호시나 마사유키(保科正之)가 없었더라면 존재하기 어려웠다. 많은 사람들은 대동류 합기유술이 다케다 가문(武田家)에 의해서 전해져 내려왔다고 잘못 알고 있는데 대동류 합기유술은 다케다 가문에서 명맥을 유지하지 못했으며 도쿠가와 이에야스(德川家康)의 손자인 호시나 마사유키(保科正之)가 아이즈한(会津藩)의 번주(藩主)가 되면서 전해지고 명맥을 유지한 것이다.

또한 예부터 도쿠가와 집안을 대대로 보좌하는 서향씨(西鄕氏, 일본어로 "사이고우"라고 발음함)가 모든 것을 관장하였고 서향가(西鄕家)의 9代 가노(家老)인 사이고우 타노모(西鄕頼母)에 의해서 전수되었다. 그 시기에 다케다 소우카쿠(武田惣)도 문하생으로 들어와 잠시 배우게 되는데 이것을 계기로 훗날 대동류는 다케다 가문에서 내려온 것으로 잘못 알려지게 되며 심지어는 다케다 소우카쿠가 대동류의 실질적인 창시자라는 소문까지 나돌게 된다. 왜냐면 소우카쿠는 전국을 순회하며 대동류를 가르치고 많은 제자들을 배출해서 그 세(勢)가 급속도로 확장됐기 때문이다. 이때 우에시바 모리헤이(植芝盛平)도 소우카쿠를 만나 대동류를 배웠고 훗날 정통 합기도(AIKIDO)로 독립을 하게 된다.

그럼 여기서 도쿠가와 이에야스(德川家康) 손자의 성(姓)이 왜 호시나(保科)인지 의문을 가질 수 있는데 그 이유는 호시나 마사유키의 아버지인 도쿠가와 히데타다(德川秀忠)가 유모를 건드려서 그 사이에서 나온 아이가 바로 호시나 마사유키이기 때문이다. 당시 절대권력이었던 도쿠가와 가문의 배경상 인정하기 어려웠고 따라서 호시나 가문(保科家)에 양자로 보내지게 되며 호시나 마사미쯔(保科正光)가 양아버지 겸 절대적인 후견자가 되어 도쿠가와의 이에야스의 손자 마사유키는 호시나 가문의 사람이 된다. 현재 일본의 대동류 단체에서는 청화 원씨(清和 源氏)의 신라삼랑원의광을 시조로 하고 있지만 실은 원의광의 형인 원의가(源義家)가 시조이며 도쿠가와 이에야스도 원의가의 후손이다.

신라삼랑원의광(新羅三郎源義光)의 후손들의 계보는 아래와 같다.

源義光(미나모토노 요시미쯔) 증손자부터 武田姓氏로 개명하여 전승이 이어진다.

源義淸(미나모토노 요시키요, 1075~1149)

源清光(미나모토노 키요미쯔, 1110~1168)

武田信義(다케다 노부요시, 1128~1186)

武田信光(다케다 노부미쯔, 1162~1248)

武田信政(다케다 노부마사, 1196~1265)

武田信時(다케다 노부도키, 1220~1289)

武田時綱(다케다 도키쯔나, 1245~1307)

武田信宗(다케다 노부무네, 1269~1330)

武田信武(다케다 노부다케, 1292~1359)

武田信成(다케다 노부나리, 不明~1394)

武田信春(다케다 노부하루, 不明~1413)

武田信滿(다케다 노부미쯔, 不明~1417)

武田信重(다케다 노부시게, 1386~1450)

武田信守(다케다 노부모리, 不明~1455)

武田信昌(다케다 노부마사, 1447~1505)

武田信繩(다케다 노부쯔나, 1471~1507)

武田信虎(다케다 노부토라, 1494~1574)

武田信玄(다케다 신겐, 1521~1573)

武田勝賴(다케다 카쯔요리, 1546~1582)

武田信勝(다케다 노부카쯔, 1567~1582)

-終-

팔번태랑원의가(八幡太郎源義家)의 후손들의 계보는 아래와 같다.

源義家(원의가, 미나모토노 요시이에)는 源賴義(원뢰의, 미나토모노 요리요시)의 장남이며 源義光(원의광, 미나모토노 요시미쯔)의 형이다. 源義家(원의가, 미나모토노 요시이에)의 자손으로부터 松平家門(마쯔다이라 가문)으로 전승이 이어지고 德川家康(도쿠카와 이에야스)와 保科政之(호시나 마사유키)로 이어지게 된다.

源義國(미나모토노 요시쿠니, 1091~1155)

新田義兼(닛다 요시카네, 1114~1135)

新田義房(닛다 요시후사, 1162~1195)

新田政義(닛다 마사요시, 1187~1257)

新田政氏(닛다 마사우지, 1208~1271)

新田基氏(닛다 토모우지, 1253~1324)

新田朝氏(닛다 토모우지, 1274~1328)

新田義貞(닛다 요시사다, 1301~1338)

新田義宗(닛다 요시무네, 1331~1368)

得川親季(도쿠카와 찌카스에, 출생일 불명~1385)

得川有親(도쿠카와 아리찌카, 출생 및 사망 불명)

松平親氏(마쯔다이라 찌카우지, 출생일 불명~1467)

松平信光(마쯔다이라 노부미쯔, 1404~1488)

松平親忠(마쯔다이라 찌카타다, 1431~1501)

松平長親(마쯔다이라 나카찌카, 1473~1544)

松平信忠(마쯔다이라 노부타다, 1490~1531)

松平清康(마쯔다이라 기요야스, 1511~1535)

松平廣忠(마쯔다이라 히로타다, 1526~1549)

德川家康(도쿠카와 이에야스, 1543~1616)

德川信康(도쿠카와 노부야스, 1559~1579)

德川秀忠(도쿠카와 히데타다, 1579~1632)

保科政之(호시나 마사유키, 1611~1673)

-終-

19.
술기는 변하지 않았다

백제유술을 이야기할 때, "많은 세월이 흘렀는데 백제시대의 백제
유술과 지금의 백제유술이 과연 같을 수 있겠느냐" 하는 질문을 자
주 받는다. 언뜻 생각해 보면 일리가 있는 말이다. 한두 해도 아니
고 천 년이 넘은 세월이다. 그동안 얼마나 많은 변화가 있었겠나?

　그러나 필자는 단언코 "변함이 없다"라고 이야기할 수 있다. 왜
냐면 유술은 관절기 기술이 주를 이루기 때문인데, 관절이 무엇인
가? 신체 부위에 구부러지거나 접히고 돌아가는 곳이 관절이다. 손
가락, 발가락을 제외한 관절은 팔다리, 허리, 목이 전부다. 어떤 기
상천외한 방법으로 꺾는다고 해도 사실 거기서 거기다. 여러 유술
유파를 유심히 보면 금방 알 수 있다. 기본적인 기술 몇 가지가 전
부고 나머지는 기술의 응용 동작이다. 조금 다른 유파도 있지만
크게 다르지 않다. 따라서 백제시대에 행하였던 유술과 지금의 백
제유술은 다르지 않다는 것이다.

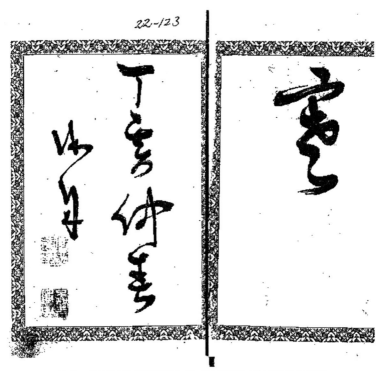

22-123

1887年 출간 柔術劍棒図解秘訣(著者: 井口松之助)(출처: 일본 국립 국회도서관)

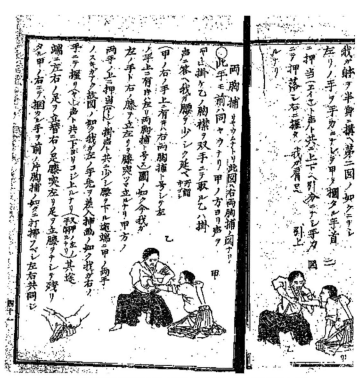

1887年 출간 柔術劍棒図解秘訣(著者: 井口松之助)(출처: 일본 국립 국회도서관)

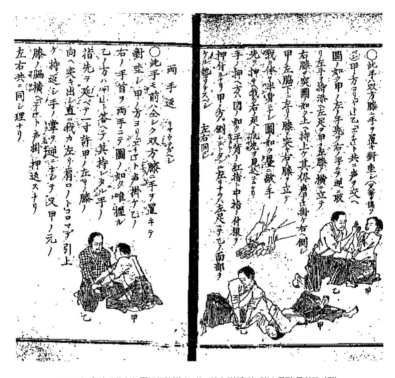

1887年 출간 柔術劍棒図解秘訣(著者: 井口松之助)(출처: 일본 국립 국회도서관)

위 문헌은 메이지 20년(1887年) 유술에 관한 기술에 대해 서술해 놓은 것이다. 여기에 나온 기술의 설명을 보면 현재 기술의 방식과 다르지 않다.

20.
라스트 사무라이

2003년 12월 개봉 일주일 만에 전미(全美) 흥행 1위를 차지하고 그 기세를 몰아 3주 후 일본에 개봉돼서 화제가 되었던 영화가 있다. 다름아닌 톰 크루즈 주연의 「라스트 사무라이」다. 톰 크루즈를 좋아하기도 하지만 사무라이다운 포스를 그대로 재연한 와타나베 겐(渡辺謙)의 연기와 그리고 검술에 대한 기술 부분을 어떻게 묘사했는지 궁금해서 개봉하자마자 바로 신주쿠(新宿)에 있는 상영관으로 달려갔다.

영화는 일본의 천황이 구시대적 관습을 버리고 서양 문물을 들여오려는 것에서부터 시작된다. 천황은 톰 크루즈를 정부군의 교관으로 초빙하여 데려온다. 그러나 막상 톰 크루즈는 사무라이의 정신세계에 흠뻑 빠져 사무라이와 하나가 되어 정부군에 대항한다는 내용인데 말 그대로 말도 안 되는 내용이다. 이런 말도 안 되는 영화를 같은 장소에서 세 번이나 봤기 때문에 당시에는 대사까지 외웠다. 필자가 이 영화를 세 번이나 보게 된 계기를 지금 돌이켜 생각해보면, 그것은 우연이 아닌 필연이었고, 어떠한 메시지를 나에게 주고 있었는데 나는 전혀 느끼지 못했던 것이다.

그렇게 라스트 사무라이를 혼자서 보고 왔는데 같이 사는 친구가 너무 보고 싶지만 영화관에 혼자 가기가 뻘쭘하다면서 같이 가자고 사정을 하기에 한 번 더 봤다. 그런데 일주일도 안 돼서 소개팅에서 만난 일본 여자가 톰 크루즈를 너무 좋아해서 「라스트 사무라이」를 보러 가자는 것이다. 그래서 두 번이나 봤기 때문에 보고 싶지 않다고 거절을 했다. 그럼에도 불구하고 계속해서 "오네가이 시마스"를 하길래, 어쩔 수 없이 또 봤다. 너무 웃긴 건 같은 영화를 같은 상영관에서 같은 자리에서 세 번을 봤다는 것이다. 이게 흔히 있을 수 있는 일인가? 일본 사람은 싫다고 하면 어지간해서 부탁을 하지 않는다. 그것도 처음 본 자리에서 처음 본 사람에게…

「라스트 사무라이」는 메이지유신을 세운 일등공신 사이고우 타카모리(西郷隆盛)가 중심이 되어 1877년에 있었던 서남전쟁(西南戦爭)을 배경으로 한 영화다. 서남전쟁은 정부군에 대항하는 반정부군의 반란으로 많이들 알고 있는데 실은 정부군의 오해로 벌어진 사건이라고 봐야 한다. 그 당시 막부정권이 막을 내리고 새로운 중앙집권적 세력이 통치를 하는 가운데 의견이 맞지 않아 사이고우 타카모리는 모든 것을 내려놓고 고향인 가고시마(鹿児島)로 내려가 학교를 짓고 후학을 양성하게 된다. 제자들이 늘어나고 세력이 커지자 정부가 이를 오해하고 견제를 하기 시작하면서 그것이 발단이 되어 전쟁이 시작된 것이고 사이고우 타카모리가 이끄는 반정부군은 전쟁에서 패하고 영화는 끝이 나는데, 그러나 영화가 아닌 현실 세계에서는 타카모리가 자결을 하여 모든 것이 끝이 나고 사무라이들은 역사 속으로 사라지게 된다.

일본 우에노 공원의 사이고우 타카모리 동상
(日本 上野公園 西郷隆盛 銅像)(출처: 야후 재팬)

위 사진은 우에노 공원에 있는 사이고우 타카모리 동상이다. 필자는 우에노 공원에서 도보로 약 10분 정도 되는 거리의 동네에서 2년을 살았다. 그 시기에 아침마다 우에노 공원까지 뛰어가서 타카모리 동상을 지나곤 했는데 그때까지도 타카모리가 백제계 도래인의 후손이라는 것을 미처 몰랐다.

또한 필자가 다니던 일본어학교도 우에노 공원에서 그리 멀지 않았다. 날씨가 좋을 때는 반 친구들과 편의점 도시락 하나 사들고 우에노 공원에서 먹곤 했었는데 지금 생각해 보면 너무 등잔 밑이 어두운 것 아니었나 싶다. 이처럼 많은 메시지를 나에게 보내고 있었지만 그때는 전혀 감을 잡지 못했다.

하루는 당시 일본어학교 담임 선생님에게 우에노 공원에 개 한 마리 데리고 있는 아저씨 동상은 대체 누구냐고 물었는데 선생님 왈, "메이지시대 초기의 유명한 장수였다"라는 대답이 전부였다. 그러나 저 배불뚝이 동상의 사이고우 타카모리는 마지막 사무라이일 뿐 아니라 사이고우 가문에서도 최고로 역량 있는 인물로 평가되며 일본에서 제일 존경받는 인물인 사카모토 료마와 같이 가장 많이 화두가 되는 인물이다.

사이고우 가문에서 백제의 군사무술이 전해진 것이며 대동류 합기유술도 사이고우 타노모(西鄕賴母)에 의해서 다케다 소우카쿠(武田物惣)에게 전해지고 소우카쿠는 홋카이도(北海道)로 이동을 하면서 활발한 활동을 시작했으며 대동류 유술에 합기유술(合氣柔術)

이라는 무명(武名)을 붙여서 본격적인 중흥조(中興祖)로 자리매김을 하게 된 것이다.

이처럼 일본 땅에 백제의 장수들에 의해서 군사무술이 전해지고 훗날 가전무술(家傳武術)로 이어지다가 근현대에 들어서 일반인에 게도 보급이 된 것이 바로 유술(柔術)이며 체술(体術)이고 검술(劍術) 이다.

이어지는 장(章)에서 세 편의 논문을 소개할 것인데, 논문을 통해서 많은 무술인들과 후학들이 올바른 역사를 인지하고 이것을 바탕으로 보다 폭넓은 연구가 이루어지기를 간절히 바란다.

21.
조선유술의 시원과 배경 및
역사적 함의 - 송일훈

조선유술의 정확한 고증문헌은 임진왜란과 정유재란 시기인 이덕
형의 문헌이 존재한 『조선왕조실록』과 강항의 『간양록』 이후 1719
년 신유한의 『해유록』기록과 1880년대 서재필의 『회고록』과 「독립
신문」에서는 각축 택견과 유술을 구분하고 있으며 1910년대 「황성
신문」 만평에서 일본유술보다 더 천연적 유술이라고 확고히 하고
있다는 것이 주목할 만하다.

이러한 전통 조선유술 역시 전쟁에 그 기원을 두고 있으며 일본
보다 39년 앞서 조선에서 맨 처음 유도라는 어휘가 등장한다. 이
기록은 『朝鮮王朝實錄』에 3차례이며 정확한 유도 어원의 묘사는
1598년 6월 22일이다. 이 시기에는 임진왜란의 국란이 있었다. 임
진왜란은 1592년 5월 23일~1598년 12월 16일까지이다. 1598년 6월
22일 『朝鮮王朝宣祖實錄』 원전기사에는 병법으로서 '유도'라는 단어
가 등장하는데 '유도제지(柔道制之)'라는 어휘이다.
이것은 일본의 1637년 진신류 유도(眞信流柔道)의 어원보다 약 39

년 정도 더 빠른 것이다. 이는 임진왜란과 밀접한 관계가 있으며 이 전쟁을 승리로 이끈 이덕형에 의해 『朝鮮王朝宣祖實錄』에 맨 처음 유도의 어원과 병법의 묘사가 등장한다.

『朝鮮王朝宣祖實錄』101권, 선조 31년 1번째 기사 1598년 6월 22일 내용에는 우의정 이덕형이 임진왜란 7년 전쟁을 치르면서 일본의 왜적에게 승리할 수 있는 군사적 병법인, 우리 조선군사가 백병전 살수(殺手)로서 유도의 병법을 가지고 있다는 원전기사 내용이다. 이를 요약하면 다음과 같이 보인다.

외간(外間)에서는 연일 유언비어가 은밀히 전파되고 있는데 사태가 점점 심각해지고 있습니다. 혹자는 '보병(步兵)이 호령을 따르지 않기 때문에 표병이 무기를 가지고 각자 호위하고 있다'…(중략)…예로부터 성급하고 사나운 적병을 다루는 데는 그 방법이 여러 가지 있는데 방책(方冊)에서 상고할 수 있습니다. 반드시 먼저 유도를 사용하여 상대를 제압하고(柔道制之使) 또 교만하고 분개하는 기운으로 하여금 우리의 행동을 보고서 차츰 굴하게 만든 연후에 방법을 강구하여 몰아쳐야 하는 것입니다. 황석공(黃石公)이 이른바 '부드러운 것이 강한 것을 이길 수 있다(柔能勝强)'고 하였기에 참으로 지극히 긴요한 요지인 것입니다…(중략)…항차 왜노(倭奴)가 파견한 첩자들의 이목(耳目)이 여기저기 퍼져 있으니, 사세로 보나 도리로 보나 결코 이렇게 해서는 안 될 것입니다…(중략)…"밖에는 왜적이 있고 안에는 간적(姦賊)이 있는데 적당(賊黨)의 수효 또한 많으니, 천하의 일이 어찌 될는지 모르겠다" 하였다.

『조선왕조선조실록』 101권, 선조 1598년 6월 22일 '유도제지(柔道制之)'와
'유능승강자(柔能勝强者)', 고유 병법 '유도'에 관련된 원전 기사1)

1)　○乙亥/經理下官有私相密語, (票) 兵亦爲來集, 所見極爲殊常. 右議政李德馨稟曰:"連日於外間, 訪得流言潛布, 光景漸變. 或言:'步兵不遵號令, 故標兵執器械, 各自爲衛.' 或言:'老爺將移住別處.' 或言:'老爺已上辭本, 各營隨當撤兵.' 無知愚民等, 又聽其言, 疑惑不定. 固知老爺, 勁氣大度, 萬甲在胸, 應機制變, 有非常情所測, 豈有纖毫聲色, 見於緩急哉? 其必細人, 下卒, 中間造言, 傳相告語, 以致如此耳, 職不勝愕惋. 自古駕馭慓悍之兵, 其策非一, 在方冊可考也. 必先以柔道制之, 使其驕愼之氣, 見我之所爲而稍屈, 然後設法以驅策之. 黃石公所謂柔能勝强者, 誠至要之論也. 若聞人之偶言, 而我不免先動, 施爲之間.

이처럼 조선 군사들은 일본 왜적과 7년 전쟁을 하면서 갑주를 착용하고 칼과 조총을 가지고 있는 왜적에게 대처하는 백병전 살수(殺手)로, 즉 적병의 급소 부위를 칼과 손으로 잡고, 찌르고, 던지고, 메치고, 누르고, 꺾고, 포박하는 란포(亂捕), 란투(亂投), 란취(亂取) 등 '유도제지(柔道制之)' 병법을 완성하여 승리하였다. 이는 우의정 이덕형과 이순신, 그리고 조선 군사의 임진왜란 업적을 보더라도 알 수 있는데 이덕형 그는 1595년 경기도·황해도·평안도·함경도 4도체찰부사가 된다. 1597년 정유재란이 일어나자 명나라 어사(御史) 양호(楊鎬)를 설복시켜 서울 방어를 강화하게 했다. 이해에 우의정에 오른 뒤 다시 좌의정으로 승진한다. 또한 우의정 이항복의 진언으로 명나라 제독(提督) 유정(劉綎)과 함께 순천에 이르러 통제사 이순신(李舜臣)과 합동으로 적장 고니시(小西行長)의 군사를 대파했다. 1601년 행판중추부사로 경상도·전라도·충청도·강원도 4도체찰사를 겸하여 전란 뒤의 민심 수습에 힘썼고, 다음 해 영의정이 되는 인물이며 이로 인해 조선군은 실전 육박전 큰 대도와 소도를 가지고 전진한 일본군을 소멸시켜 전쟁에서 승리를 쟁취하여 7년 전쟁의 종지부를 찍었던 것이다.

그렇다면 격투유술의 수벽치기와 탁견의 전신이라는 수박(手搏)의 관계를 살펴보면, '수벽치기'의 어원은 1921년에 저술된 『海東竹枝』에 나타난다. 『海東竹枝』는 1921년 당시 70세이던 최영년이 우리나라 4천 년 동안의 역사와 세시풍속 등을 칠언절구 혹은 칠언율시로 읊은 것을 그의 제자가 1925년에 출판한 서적이다. 이 서적의 「手癖打」조에는 '옛 풍속에 수술이 있는데 옛날 검기로부터 나왔다. 즉 지키면서 서로 양손이 오고가는데, 만일 한 손이라도 법칙을 잃으면 곧 타도당한다. 그 이름을 수벽치기라고 한다(舊俗有手術古自劍技而來 對坐相打兩手去來 如有一手失法則便打倒 名之曰수벽치기)'라는 원전기사 내용이 보인다.

그러므로 이 '수벽타'를 한글로 '수벽치기'라고 기록하고 있음을 볼 수 있는데, '수벽치기'라는 우리말을 한자를 빌려 표기하면서 '수벽'과 비슷하게 발음되는 '수벽(手癖)'이라는 한자와 '치기'를 의미하는 '타(打)'를 빌려서 '수벽타'라 표기하였음을 알 수 있다. 이 수벽은 『才物譜』에 기록된 '슈벽'이라는 용어와 동일한 것으로 보인다. 이만영이 1798년 편찬한 『才物譜』에 "수박(手搏) - 지금의 '슈벽'과 같다. 마땅히 이 글자를 써야 한다(手搏 - 소今之슈벽當用此字)"라고 기록되어 있는데 수벽과 슈벽은 동일한 발음으로 봐도 큰 무리는 없어 보인다. 이는 명칭이 수박(手搏)→슈벽→수벽치기로 변화했음을 말해주는 사례이다.[2]

이와 같이 수벽치기는 고려시대부터 내려오던 수박(手搏)과 연관을 가지고 있음을 알 수 있다. 『高麗史』에 수박희(手搏戲)로 보이고 『朝鮮王朝實錄』 또는 『東國輿地勝覽』에 '수박(手拍)', '수박(手搏)' 또는 『才物譜』에는 '슈벽', 『海東竹枝』에는 '수벽타'와 '수벽치기'로 기록되어 있어 그 전승이 오래되었음을 짐작하게 해준다. 또한 조선시대의

---

2) 김산, 허인욱, 송일훈(2009), 『전통무예시연회 수벽치기』 참조.

기록에도 수박(手搏) 등이 보이는데 정조(1777~1800)때 이성지가 쓴 『才物譜』에 '변, 수박위변 각력위무 약금지(卞, 手搏爲卞 角力爲武 若今之) 탁견'이라는 한글 표기가 되어 있다.

이상과 같이 수벽치기와 수박(手搏)이 앞서 언급대로 서로 연관된다면, 현재 전승되는 수벽치기의 수박은 고려시대 및 조선시대부터 그 역사를 추정해볼 수 있다. 물론 고구려 고분벽화에 나타나는 '수박희'도나 백제가 일본에 영향을 미친 시기 '백제금동대향로'의 무예 표현상, 그리고 경주 용강동 고분에서 발견된 병사상 등을 넓은 의미에 있어서 일반명사의 격투유술을 총칭하는 '수박(手搏)'의 전신으로 생각해볼 수도 있을 것이다.

한편 일본의 본격적인 유술의 발전은 임진왜란 39년 이후 일본으로 유도가 전래되었다는 것은 1637년 진신류 유도(真信流柔道)의 기원을 보더라도 부인할 수 없는 사실이다.

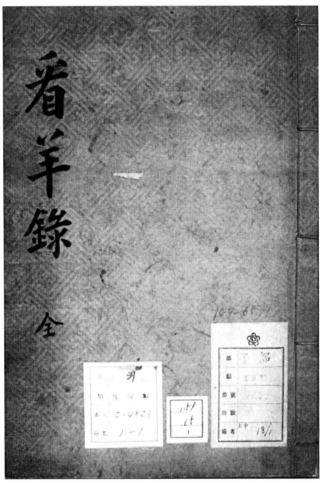

강항(姜沆)의 『간양록(看羊錄)』인데 정유재란 때 포로가 된 후 일본 생활을 기록한 고서이다. 이 기록에는 일본 각력(스모)과 조선 각력의 유술이 대결하여 승리하였다고 수록되어 있다(한국학중앙연구원 소장).

강항(姜沆)의 『간양록(看羊錄)』에는 일본 무사들과 장군들이 무경칠서, 병법서 등이 있기는 하나 그대로 간직할 뿐 제대로 읽는 무사가 없다고 했다. 그리하여 조선의 강항이 일본 사람들에게 무학을 공부시켰다는 내용이다.

이에 관련하여 김재우, 남덕현[3]에 의하면 임진왜란 이후 일본과 교류한 조선 통신사(通信使)와 정유재란 이후 포로 조선인과 일본인과의 각력(角力) 격투에서 조선의 유술적 측면을 엿볼 수 있다.

> 일본인들은 키가 왜소하고 힘도 없다. 조선인 무사들과 각력(격투유술)을 하면 매번 패배하는 쪽은 일본 무사이다. 삶을 가볍게 여기고 죽음을 아끼지 않는다고 여기지만 그들의 실상은 그렇지도 아니하였다. 정유년 가을부터 무술년 초여름까지 왜군이 우리와 싸우면서 그들은 군대를 지속적으로 징발했으나 일본 사상자가 대량으로 발생하였다. 일본 사람들 중 군대에 뽑힌 자들은 모두 울면서 전장으로 떠났으며 그중에는 도망하는 자까지 생겼다. 또한 일본막부는 병사들의 어미와 처를 가둬 강제로 입대시켜 전쟁터로 보냈다. 왜병들은 일본으로 돌아와 "일본 검은 그저 몇 걸음 안에서만 쓸 수 있지만 조선의 화살은 멀리 수백 보 밖까지 미친다. 특히 조선이 전력으로 전쟁에 임하면 우리가 감히 맞붙기 어려웠을 것"이라고 일본인들은 이구동성으로 말했다.[4]

위 기록은 정유재란 때 일본의 포로가 된 강항(姜沆)이 본 것인데, 즉 조선 무사가 일본의 각력(角力)인과 시합을 하고 있는 것을 묘사한 글이다. 이는 조선 무사가 일본 각력인보다 실력이 월등하

---

3) 김재우, 남덕현(2020), 「한국 맨손무예와 일본 柔術과 연관성 논의」, 제14권, 제1호(통권 제32호), pp.57~58 참조.
4) 『看羊錄』,「賊中封疏」, 國男子 與倭角力 倭人輒屈 其所謂輕生而忘死者 亦不能每人而得之.

402   진眞짜 무술 이야기

다고 평가하고 있다. 뿐만 아니라 또 다른 내용을 보면, 조일전쟁에서 일본의 검과 조선의 활, 그리고 백병전에 대한 언급과 함께 전쟁에서 승리할 수 있는 전략전술의 병법까지 수록되어 있으며 일본은 조선의 군사적 측면과 전략전술을 면밀히 분석하고 있다는 내용이다.[5] 즉『看羊錄』으로는 1597년 9월 23일부터 1960년 5월 19일까지의 기록물이다.

강항(1567-1618)은, 조선왕조 중기의 학자·의병장이며 1597년 정유재란 때 분호조판서 이광정의 종사관으로, 남원에서 군량 보급에 전력을 다하였으나 남원이 함락되어 고향 영광으로 간 그는 의병을 모집하여 싸웠으나 전세가 불리하였다. 그리하여 이순신 장군 휘하에 들어가려고 하였으나 남행 도중에 일본의 포로가 되어 파란만장한 일대기를 만들어낸 것이『看羊錄』이다. 포로가 된 그는 일본 오사카로 이송되어 1598년 교토 후시미성에서 학식 높은 승려들과 교유하며 유학을 일깨워주었으며 승려 중 슈쿠(肅)는 승려를 그만두고 유학자가 되었다.

그가 일본 주자학 선구자가 된 후지와라 세이가(藤原惺窩, 1561~1619)이며 퇴계 이황의 경철학이 전파하게 되며 일본무술에도 많은 이론적 영향을 미친

---

5) 『看羊錄』,「賊中封疏」, 其槍戟甲冑旗帳舟楫,務令簡便華靡,多以虎皮及雞尾爲戎衣,且以金銀作硯礰,以裝馬首及人面,極其詭駭,要欲眩曜人目,臣初見之,不覺一笑,壬辰年潰退之軍皆曰,虎豹魍魎,一時俱發,不覺喪心褫魄,嗚呼死虎之皮,死雞之尾,豈能殺人,木人之面,木馬之面,豈能殺人,要之我國軍令,不如死虎死雞木人木馬之可畏故耳,其人短小無力,我國男子與倭角力,倭人輒屈,其所謂輕生而忘死者,亦不能每人而得之,自丁酉秋至戊戌春夏,與天兵交鋒,殺傷甚多,督令加點則涕泣而往,間有棄妻逃走者,或囚其母妻以送之,放砲者十居二三,而發命中者尤少,嗟乎以我國士馬之精銳,弓矢之長技,屈於此奴之短兵,寧捨君父之讎,寧子女與賊,而不肯效死力戰,至有如臣之被擄傔生者,罪當萬死,不容誅矣,戊戌夏,賊徒自嶺徼還,皆曰,日本之劍,只用於數步之內,朝鮮之弓矢,遠及於數百步之外,使朝鮮力戰,難與爭鋒云矣,臣之懦劣,最出萬夫之下,然以耳目之所覩記,苟得手中訓鍊之兵數千,則亦可保守三里之城七里之郭矣.

다. 강항은 일본의 지리와 군사시설을 비롯한 적정에 대해 적어 조선으로 밀
송을 하였다. 1600년 포로생활에서 풀려나, 가족들과 함께 고국에 돌아왔
다. 사서오경의 화훈본(和訓本) 간행에 참여해 몸소 발문을 썼고, 「곡례전경
(曲禮全經)」, 「소학(小學)」, 「근사록(近思錄)」, 「근사속록(近思續錄)」, 「근사별록(近
思別錄)」, 「통서(通書)」, 「정몽(正蒙)」 등 16종을 수록한 『강항휘초(姜沆彙抄)』를
남겼다. 이들은 모두 일본의 내각문고에 소장되어 있으며 일본식 유술과 유
도에 퇴계 이황의 경철학적 사고인 주일무적과 심평체정으로서 선(禪)의 심
법(心法)과 신체관을 이어받으며 다쿠앙(澤庵)에게까지 이어지는 결과를 만들
어주었다.

이를 증명하듯이 아래 고서화에서 일본 각력인과 조선 무사는
유술이라고 하여 대시합을 했다는 것을 필자가 제시하였다. 이는
7년 전쟁을 통해서 얻어진 결과물이며 처음에는 조선군은 긴 칼을
든 일본군에게 패전하였지만 새로운 병법으로 백병전에서 살수적
기법을 통해 승리를 쟁취하였다.

하지만 일본은 패전 시기에 조선의 병법인 유술기법의 도입과 동
시에 적응 및 습득하기 위해 대시합을 통해 이를 얻고자 하였다.
이러한 기록 및 고서화가 존재하고 있기에 유술의 근원은 조선유
술이라는 것을 부인할 수 없는 사실이다.

그렇다면 아래 내용을 통해 더욱 자세히 알 수 있었는데 이는
다음과 같이 보인다.

초하루부터 남자가 있는 집은 각기 종이 깃발을 세워 싸움을 보고하는 도구로 삼아 미리 용맹을 기른다. 이날이 되면 먼저 아이들을 곳곳에 모아, 이쪽 저쪽이 對陣하여 돌로 投石戰을 마구 벌이는데, 마치 우리나라의 각저(角觝) 놀이처럼 한다.[6]

이 기록은 1607년 홍문관교리로 경섬(慶暹)이 통신부사로 일본에 다녀온 뒤 기록한 사행록이다. 이 기록에서 돌싸움놀이(石戰)를 보고 각저놀이(角觝之戲)라고 하였는데, 격투적 요소인 전장유술에서 난(亂)을 평정하는 듯 상대를 제압하는 것으로 보아야 한다.

사시의 명절은 우리나라와 서로 같은데, 8월 초하룻날과 10월 초하룻날도 또한 俗節이 되고, 단오와 백중날이 가장 佳節이 된다. 단오에는 집집마다 기를 세워서 전쟁을 익히는 장난을 하니, 우리나라의 두 남자가 하는 각력의 종류와 같은 것이다.[7]

의술과 칼 쓰기도 배워서 녹을 먹는 자가 가장 많으며 혹은 유술을 배워서 몸을 나는 것처럼 하고 치고 찌르는 것을 겸하여 불의에 남을 습격하니 병가에서 중히 여기고 있다.[8]

6) 『海槎錄』, 海行摠裁, 6月 丙申條, 初一日 有男子之家 各堅紙旗 以爲報戰之具 養男銳 及至是日先聚兒童 處處屯集 彼此對陣 投石亂擊 如我國角觝之戲
7) 『靑泉集』, 海遊雜錄 天文, 四時名節 略與我國相似 而八月十月初一日 亦爲俗節 端午中元日 最爲佳節 端午則家家竪旗 爲習戰之戲 如我國兩男 力之類
8) 『海遊錄』, 學醫學劍, 而致祿食者最多. 或爲柔術. 逐物如飛. 兼於擊刺. 出人不意. 兵家重之.

이 기록은 1719년 숙종대 신유한(申維翰)이 통신사의 제술관으로 일본에 다녀온 사행기록이다. '일본에도 단오날에 전쟁 경기를 한다. 조선의 각력(角力)과 같다'라고 하였는데 강항의 어휘적 표기와 동일한 의미로 유술과 유사한 전장 전투적 기법을 표현하고 있다. 또한 위의 원전기사를 보면 '유술을 배워서 몸을 나는 것처럼'이라며 문헌에서 유술이라는 어휘가 역시 등장하고 있기에 이를 증명하는 증거이다.

한편 일본은 전쟁이 끝나고 더욱 많은 유파를 형성하게 되며 발전되는데 일본의 진신류 유도(眞信流柔道)의 성립배경을 살펴보자. 시부카와류(渋川流)는 세끼꾸찌신음류(関口新心流)의 2대 하치로우에몬씨업(八郎右衛門氏業)의 제자 시부카와 반고로(渋川伴五郎義方)에 의한 것이다. 그의 태생은 다이와(大和)라고 하는데 이에 대한 정확한 정설이 없다. 『南紀德川史』의 굴내신(堀内信)편 세끼꾸찌류(関口流)의 역대를 기록한 문헌에는 의방(義方)의 유심(柔心)에게 배운 것처럼 서술되었으나 기주(紀州)의 유술(柔術)을 언급한 서적 『紀藩柔呷集』과 『本朝武芸小伝』 등에는 씨업(氏業)에게 배웠다고 기록되어 있다. 시부카와류(渋川流)는 초대 의방(義方), 2대 윤친(胤親), 3대 자구(資矩), 증손시영(曾孫時英)들에 의해 이론적으로 집대성된 것으로 생각된다.

상무관유술(尚武館柔術)의 연혁(沿革)에는 다음과 같이 언급하고 있다. 유술(柔術)의 가르침은 관영(寛永)의 옛날 관구유심(関口柔心)이 연구 확장해 내제자, 즉 삽천반오랑의방(渋川伴五郎義方)에 이르러 반윤친(反胤親)같이 모든 힘을 기울였다. 정통 일가를 이루어 무의당(武義堂) 도장을 설립하여 제자들을 양성했다. 이 세상에 삽천류유술(渋川流柔術)이라 명명했다. 그의 손자 자구(資矩)가 더욱 이러한 이치를 깨우쳐 증손자 시영(時英)에 이르러 뛰어난 기법을 모아 재정립했으며 이를 기세법이라 정하고 기록했다.

『日本武芸小伝』에 의하면 의방(義方)이 세끼구찌류(関口流) 전수를 받은 것은 보영(宝永)의 1711년 5월이며 그의 나이 29세 때였다. 그는 즉시 화가산(和歌山) 성벽 아래에 도응관(道凝館) 도장을 개관했다. 또 천화(天和)의 1681~1684년 초에 에도에 가문지(芝)의 구보성산(西久保城山) 지역에 무의당(武義堂) 도장을 다시 개관했다. 이 지역은 현재로 말하면 동경항구(東京港区)를 의미하며 노중(老中) 자리에도 있었다. 지금으로 말하면 장군 직속으로 정무일반인 총리이며 아부풍후수(阿部豊後守), 토옥상모수(土屋相模守), 토좌번수산내후(土佐藩守山内侯)의 비호를 받았으며 그의 세력을 확장했다.

일본유술의 유파인 기도류(起倒流)는 후쿠노 마사카츠(福野正勝)가 창안한 후쿠노류(福野流) 유술부터 시작된다. 기도류(起倒流) 시조인 후쿠노(福野)는 섭진랑화(摂津浪華)에서 출생했다. 이 지역은 현재로 말하면 대판(大阪)이다.

그는 사전평좌위문정(寺田平左衛門定安)로부터 복야류(福野流)로 전래되었던 것이 사전감우위문정중(寺田勘右衛門正重), 경극단후수고국(京極丹後守高国)의 신하 복야정승(福野正勝)의 3대에 본격적으로 시작되며 기도류(起倒流)라고 개명하게 된다. 횡산건당씨(橫山健

堂氏) 기록에 의하면 기도류(起倒流)는 같은 복야(福野)의 문(門)이며 그는 회목전재(栃木專齋)의 명명으로 사전(寺田)은 자류(自流)가 속하는 유파를 진신류유도(眞信流柔道)라고 했다. 이것을 유술(柔術) 또는 유도(柔道)라고 개명한 인물이다.

임진왜란 이후 조선통신사가 교류했던 시기로서 일본 에도시대(江戶時代)의 화첩이며 아래 왼쪽 조선유술 무사와 오른쪽 일본 스모(각력) 대시합을 한 장면이다. 이 대시합은 강항(姜沆)이 일본에서 포로 생활했던 1960년 『看羊錄』에 수록되어 있는 내용과 일치하다. 즉, 조선통신사가 일본에 12차례(1607년~1811년)나 방문하였다(자료출처: 일본 강도관 소장).

그러나 일반적으로는 복야(福野)로부터 3대에 이르러 사전감우위 문정중(寺田勘右衛門正重)에 의해 기도류(起倒流)를 창시했다는 말이 전해지고 있으나 일본 고류유술에 에도마포(江戶麻布)의 국정사

(国正寺)에서 진원빈(陳元斌)의 권법을 전해주었다는 것에 많은 오류가 발생하게 된다. 기도류(起倒流)는 진원빈이 하는 권법과는 성질이 다른 무예이며 다른 형태의 신체기법을 가지고 있다.

이러한 감우위문(勘右衛門)은 처음 경극고국(京極高国)의 무사로 있었지만, 후에 송강후(松江侯)의 무사가 되며 1674년 8월 17일 57세에 사망한다. 그의 제자 중에 길촌병조부수(吉村兵助扶寿)가 걸출한 인물이 있었다. 그 이후에 작주진산(作州津山) 삼가(森家)의 무사가 되어 쌀 200석(石)이 주어졌다.

1637년 자목우좌위문후방(茨木又左衛門後房)의 해『起倒流亂目錄』 전서가 편찬된다. 그는 이 전서를 편찬하여 낼 때, '난(亂)'을 선승인 다쿠앙(澤庵)에게 가지고 가자 다쿠앙은 '기도류란(起倒流亂)'의 '본체(本體)'와 '성경(性鏡)'의 2권의 전서를 나누어 그에게 주었다. 이로부터 기도류(起倒流)는 당초에 선(禪)의 심법(心法)을 받아들여 전서를 집대성하게 된다. 이런 기술의 구성은 체(體), 체차(體車), 정(請), 좌우(左右), 전후(前後)의 5가지를 기본으로 해서 유끼쯔레(行連), 유끼찌가이(行遠), 유끼아떼(行當), 미꾸다끼(身碑), 타니스베리(谷滑) 5가지[9]를 포함해 다시 히끼오찌(引落), 세이호나와(生捕繩) 등 15가지의 병법이었다.

이처럼 임진왜란 이후 일본의 유술계는 새로운 전쟁 신체기법들이 성립되었으며 적을 큰 대도로 칼로 베기, 찌르기를 한 다음 상

---

9) 이학래(1990), 『한국유도발달사』, 보경문화사 참조.

대를 메치고 누르면서 조르기와 꺾기 등 완전히 상대를 굴복시키는 병법서로서 일본 군사무술로 자리 잡게 되었던 원동력이 되었다. 이로 인해 일본 군사무술은 더욱 발전하는 계기를 만들었다. 그뿐만 아니라 동아시아 국가 중에서 제일 강한 군사력을 확보하게 되었던 것이다.

독립운동가 서재필이 조선유술 명인 훈련원 출신 임은명과 각축(角蹴) 택견 명인 이규완에 전승받았던 기록이 존재한다. 이 시기에 김옥균의 권유로 조선의 국방력을 양성해야 한다는 생각을 가진다. 하지만 무예와 병서를 모르는 서재필은 무예를 익히지 않았기 때문에 택견의 명수인 이규완에게서는 각축 택견의 고난도 동작을 익히며 임은명에게는 유술과 씨름 기술, 즉 조르기, 누르기 등 유술(柔術) 전반에 걸쳐 기술을 전승받았으며 1800년대 이어 독립신문(1899년 9월 29일)에 조선유술이 보인다.

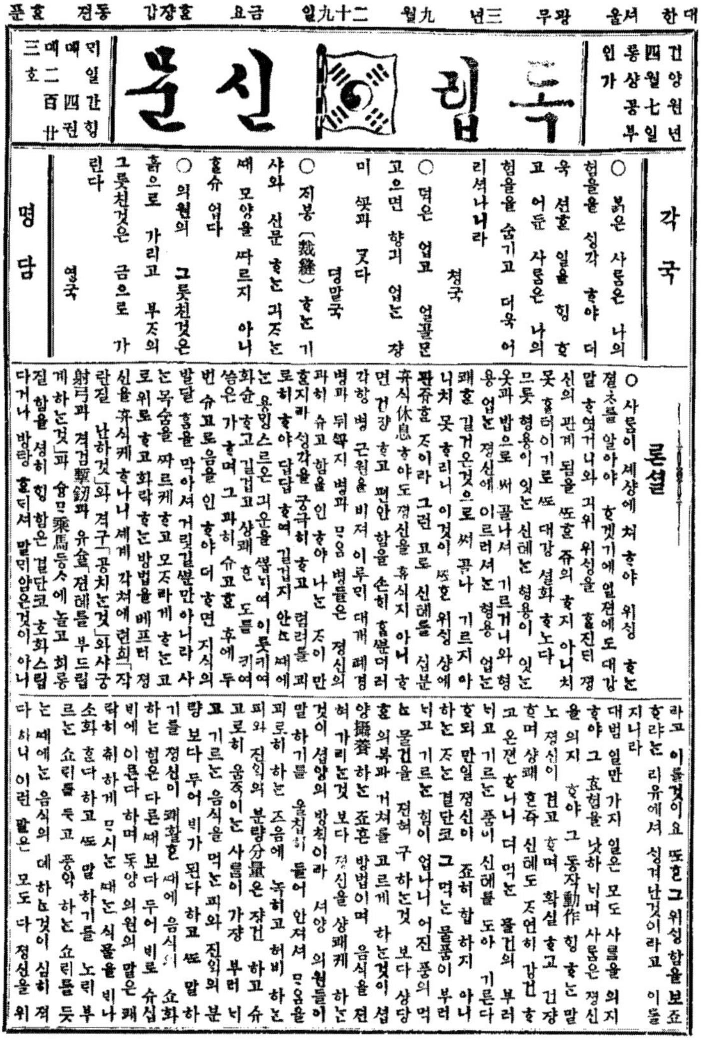

대한 셔울 광무 三년 九월 二十九일 금요 ᄒᆞᆫ장갑 동젼 ᄒᆞᆫ푼

건양원년 四월七일 롱샹공부 인가

독립신문

미일간힝 뎨四권 뎨二百卄三호

각국

○ 붉은 사름은 나의 험을 싱각 ᄒᆞ야 더욱 션ᄒᆞᆫ 일을 힝ᄒᆞ고 어둔 사름은 나의 험을 숨기고 더욱 어리셕나니라 — 청국

○ 덕은 업고 얼골만 고으면 향긔 업ᄂᆞᆫ 장미쏫과 ᄀᆞᆺ다 — 뎡말국

○ 직봉(裁縫)ᄒᆞᄂᆞᆫ 기사와 신문 ᄒᆞᄂᆞᆫ 긔ᄌᆞᄂᆞᆫ 때 모양을 ᄯᆞ르지 아니ᄒᆞᆯ슈 업다

○ 의원의 그릇친것은 흙으로 가리고 부ᄌᆞ의 그릇친것은 금으로 가린다 — 영국

명담

론셜

○ 사름이 세샹에 쳐ᄒᆞ야 위싱 ᄒᆞᄂᆞᆫ 절ᄎᆞ를 알아야 ᄒᆞᆯ겟기에 일젼에도 대강 말ᄒᆞ엿거니와 긔위 위싱을 ᄒᆞᆯ진ᄃᆡ 졍신의 관계 됨을 ᄯᅩᄒᆞᆫ 쥬의 ᄒᆞ지 아니치 못ᄒᆞᆯ터이기로 ᄯᅩ 대강 셜화 ᄒᆞ노라 므릇 형용이 잇ᄂᆞᆫ 신톄ᄂᆞᆫ 형용이 잇ᄂᆞᆫ 옷과 밥으로 써 길너셔 기르거니와 형용 업ᄂᆞᆫ 졍신에 이르러셔ᄂᆞᆫ 형용 업ᄂᆞᆫ 쾌ᄒᆞᆫ 길거온것으로 써 곰나 기르지 아니치 못ᄒᆞ리니 이것이 ᄯᅩᄒᆞᆫ 위싱 샹에 팔쥬ᄒᆞᆫ ᄌᆞ이라 그런 고로 신톄를 십분 휴식休息ᄒᆞ야도 졍신을 휴식지 아니ᄒᆞ면 건강ᄒᆞ고 편안 함을 슌히 ᄒᆞᆯᄲᅮᆫ더러 각항 병 근원을 비져 이루미 대개 폐경병과 뒤ᄯᅮ지 병과 ᄆᆞᄋᆞᆷ 병들은 졍신의 과히 슈고 함을 인ᄒᆞ야 나ᄂᆞᆫ ᄌᆞ이 만ᄒᆞᆫ지라 싱각을 궁극히 ᄒᆞ고 렴려를 피로히 ᄒᆞ야 답답ᄒᆞ여 길겁지 안ᄂᆞᆫ 때에ᄂᆞᆫ 용밍스러온 긔운을 샘니여 이릇키여 화슌ᄒᆞ고 길겁고 샹쾌ᄒᆞᆫ 도를 킈여 ᄉᆞᆷ은 가ᄒᆞ며 그 과히 슈고ᄒᆞᆫ 후에 두번 슈고로음을 인ᄒᆞ야 더ᄒᆞ면 지식의 발달ᄒᆞᆷ을 막아셔 거릿길ᄲᅮᆫ만 아니라 사ᄂᆞᆫ 목숨을 ᄶᆞ르게 ᄒᆞ고 모ᄌᆞ라게 ᄒᆞᄂᆞᆫ 고로 위로ᄒᆞ고 화락ᄒᆞᄂᆞᆫ 방법을 베프러 졍신을 휴식케 ᄒᆞ나니 세계 각쳐에 련회「작란질 난하것」와 격구「공치논것」와 샤궁射弓과 격검擊劒과 유술柔術「젼례를 부드럽게 하논것」과 승마乘馬등ᄉᆞ에 놀고 희롱질 함을 셩히 힝 함은 결단코 호화스럽다거나 방탕ᄒᆞᆫ데셔 말미암은것이 아니라고 이룰것이요 ᄯᅩᄒᆞᆫ 그 위싱 함을 보죠ᄒᆞᆫ랴ᄂᆞᆫ 리유에셔 싱겨난것이라고 이돌지니라

대범 일만 가지 일은 모도 사름을 의지ᄒᆞ야 그 효험을 낫하 니며 사름은 졍신을 의지 ᄒᆞ야 그 동작動作 힝ᄒᆞᄂᆞᆫ 말노 졍신이 견고ᄒᆞ며 확실 ᄒᆞ고 건장ᄒᆞ며 샹쾌ᄒᆞᆫ 즉 신톄도 ᄌᆞ연히 강건ᄒᆞ고 온젼ᄒᆞ나니 더 먹ᄂᆞᆫ 물건의 부러니요 기르ᄂᆞᆫ 품이 신톄를 도아 기른다ᄒᆞ되 만일 졍신이 죠히 합하지 아니ᄒᆞᄂᆞᆫ ᄌᆞᄂᆞᆫ 결단코 그 먹ᄂᆞᆫ 물품이 부러니고 기르ᄂᆞᆫ 힘이 업나니 어진 풍의 먹ᄂᆞᆫ 물건을 젼혀 구ᄒᆞᄂᆞᆫ것 보다 샹당ᄒᆞᆫ 의복과 거처를 고르게 ᄒᆞᄂᆞᆫ것이 셥양攝養ᄒᆞᄂᆞᆫ 죠흔 방법이며 음식을 젼혀 가리ᄂᆞᆫ것 보다 졍신을 샹쾌케 ᄒᆞᄂᆞᆫ것이 셥양의 방칙이라 셔양 의원들이 말ᄒᆞ기를 울칩히 들어 안져셔 ᄆᆞᄋᆞᆷ을 피로히 하ᄂᆞᆫ ᄌᆞ음에 녹히고 허비하ᄂᆞᆫ 피와 진익의 분량分量은 쟝건 ᄒᆞ고 슈고로히 움족이ᄂᆞᆫ 사름이 가쟝 부러니코 기르ᄂᆞᆫ 음식을 먹ᄂᆞᆫ 피와 진익의 분량 보다 두어 ᄇᆡ가 된다 ᄒᆞ고 ᄯᅩ 말하기를 졍신이 쾌활ᄒᆞᆫ 때에 음식이 쇼화ᄒᆞᄂᆞᆫ 힘은 다른때 보다 두어 ᄇᆡ로 슈십비에 이른다 하며 동양 의원의 말은 쾌락히 취ᄒᆞ게 마시ᄂᆞᆫ 때ᄂᆞᆫ 식물을 비나쇼화ᄒᆞᆫ다 하고 ᄯᅩ 말 하기를 노리 부르ᄂᆞᆫ 쇼리를 듯고 풍악 하ᄂᆞᆫ 쇼리를 듯ᄂᆞᆫ 때에ᄂᆞᆫ 음식의 대하ᄂᆞᆫ것이 심히 젹다 하니 이런 말은 모도 다 졍신을 위

독립신문 1899년 9월 29일 논설에 격검과 유술이 기록되어 있음.

먼저 용례가 있다. 풀어쓰면 '사람이 세상에 처하여 위생하는 전차를 알아야 하겠기에'라는 제하의 논설에 기록되어 있다. 이 내용을 보면 말하는 것(연회)과 격구(공치는 것), 사궁(활쏘는 기법) 격검과 유술(술, 신체 전체를 사용하여 부드러운 이치로 하는 것) 그리고 승마 등 기사들은 보았을 때 신체도 건강에 좋고 또 상무 정신을 함양하기 위해서는 반드시 해야 한다는 것이다.

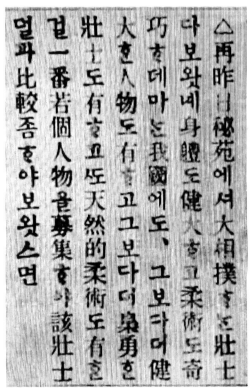

天然的 조선유술은 일본유술보다 위대하고 그 본질을 가지고 있다고 언급하고 있음.

특히 황성일보(1910년 6월 26일) 만평에는 우리의 조선유술이 천연적 본질을 가지고 있다는 내용이다. '재작일 비원(그저께 서울 창덕궁 북쪽 울안에 있는 최대의 궁원)에서 일본 상박하는 장사를 보았네 신체도 건대(健大)하고 유술(柔術)도 기교하데마는, 우리나라에도, 그보다 더 건대(健大)한 인물도 있고 그보다 더 효용한 장사도 있고 또 천연적 유술(柔術)도 있는 걸 만약 그 인물들을 한번 모집하여 그 장사들과 비교해 보았으면 하는 대목이 있다'는 것을 보면 본래의 그대로 본질을 가지고 있는 우리 조선유술이 일본보다 더 위대하다고 언급하고 있음을 알 수 있다.

또한 이규완은 조선유술과 일본 강도관 유도를 1930년~1940년대까지 평정한 이선길의 아버지라는 점이다. 어릴 때 부친에게서 조선의 무예인 유술과 각축(角觝) 택견을 배웠을 것이라 유추된다.

'(토야마 하사관학교에서) 그때 같이 공부하던 아홉 사람의 이름은 지금은 다 기억할 수 없으나 생각나는 이가 이규완인데 그 사람은 박영효집 사람이었고, 그 다음이 강원도 사람으로 임씨가 일본 생도를 공중에 들어 집어던지던 생각이 어렴풋하게 기억되는데, 그이가 기운이 장사라고 하던 것이 어제같이 생각이 된다. 그 밖에 정씨, 박씨, 조씨 등은 성만 기억이 될 뿐이다.'[10]

이와 같이 가늠해볼 때 이미 1880년 조선에 유술이 있었다. 대표적인 인물이 박무경과 임은명, 이규완 등 조선 훈련원 출신들의

---

10) 송건호(2002), 『송건호전집 13: 서재필과 이승만』, 한길사, p.39 중 서재필의 회고담 참조.

군사무예인 유술과 각축(角蹴)이었다.

따라서 조선의 훈련원은 임진왜란을 거친 뒤 군사훈련체계 조직인 훈련도감(訓鍊都監)이 설립되면서 훈련원이 있었으며 역사상 처음으로 무재(武才) 시험, 무예의 연마, 병서(兵書)의 강습 등을 전담하는 관청으로 설립되었다. 하지만 군대 해산과 함께 1907년 폐지되어 1906년 이를 미리 알고 있는 월남 이상재가 조직한 YMCA 유술을 무관 출신인 나수영, 류근수 등이 지도하게 되었던 것이다.

이상과 같이 종합해볼 때, 조선유술의 역사적 근원을 제시하고 그의 성립배경과 임진왜란 이후 일본에 전파되어 왔는지를 상세히 검토하였다. 또한 대한독립운동에 있어서 군사무예와 그때 당시 우리나라의 전통 무도신체문화로서 어떠한 영향을 주었는지를 정체성을 제시하면 다음과 같이 결과를 얻을 수 있다.

첫째, 조선유도 어원과 기원은 임진왜란 1598년 6월 22일 선조실록이다. 이는 이덕형에 의해 조선군사는 일본 왜적과 7년 전쟁을 하면서 갑주를 착용하고 칼과 조총을 가지고 있는 왜적에게 대처하는 병법으로서 백병전 살수(殺手)로서, 반드시 먼저 유도를 사용하여 상대를 제압하고(柔道制之) '부드러운 것이 강한 자에게 승리할 수 있었으며(柔能勝强者)' 이로 인해 조·일 전쟁에서 승리를 쟁취하였다.

둘째, 강항의 『看羊錄』에 있는 일본 각력인과 조선무사 유술가와의 대시합을 통해 알 수 있듯이 임진왜란 39년 이후 조선통신사 교류에 의해 일본으로 유도가 전래되었다는 것은 1637년 진신류 유도(真信流柔道)의 기원에 관한 어휘적 표현을 보더라도 부인할 수 없는 사실이다.

셋째, 1880년대 임은명, 이규완, 박무경 등이 조선무술인 유술과 각축, 택견 등을 했다는 기록이 존재하였으며 대한제국 황립 무관학교가 1895년(고종 32년) 4월 신식 군대인 훈련대가 편성되면서 무관학교는 5월 이들을 훈련을 시키고 지휘할 초급 무관을 양성하기 위한 훈련대 사관 양성소가 설치되었다. 1899년 독립신문에 유술(유술)이라고 되어 있다. 1910년대는 우리나라의 천연적 유술이 있다는 황성신문 기사에 기록되어 있으며 1911년 신흥무관학교 출신인 이극(李克)이 유술을 지도하였다.

넷째, 1906년 월남 이상재가 구국의 일환으로 100명 장사 양성을 하고자 강도관 유도가 유입되기 이전 이미 1880년대 임은명, 이규완, 박무경과 이후 1900년대 나수영과 류근수는 조선의 유술가였던 것은 부인할 수 없는 사실이다.

다섯째, 전통유술을 전승한 1953년 대한유도학교는 도장에서 공격과 방어의 연습을 통하여 신체와 정신을 단련하고 수행함으로서 자아를 발견하고 정진하였다. 대한유도학교의 초창기 무도교육이념(武道教育理念)에 함의(含意)된 도의상마(道義相磨), 욕이위인(欲而爲人)로서 예의를 중히 여기며 인류공영에 이바지하는 것으로 교육이념을 고취 시키고 있다.

이와 같은 주체적 의식을 가지고 역사관과 무도사상 그리고 정체성을 제시하였다. 이는 전통유술의 올바른 역사 인식과 소중한 문화유산의 의의와 가치가 있겠다. 뿐만 아니라 그동안 오랜 세월 수백 년 세월에 걸쳐 그 위대한 전통유술의 신체문화유산을 우리 후손들에게 전승·보급시켰던 조상의 얼과 무혼을 다시 한번 살펴봄으로써 대한민국 무도계 미래의 지평을 열 수가 있을 것이라 사료된다.

22.
백제의 멸망과 일본 무사의 상관관계 - 이광희

(1) 머리말

백제에 대한 역사적 가치가 보편적으로 알려지지 않은 가장 큰 이유는 역사적 사료가 부족했던 이유도 있지만 역사에 관한 연구 조사가 신라의 문화와 역사에 집중되다 보니 자연스럽게 백제라는 나라는 그 그늘에 가려질 수밖에 없었다. 하지만 실로 백제는 찬란한 문화유산을 가지고 있던 나라이며 군사력 또한 막강했다. 특히 陰의 기술을 쓰는 백제는 신라와의 네 번의 전쟁에서 5천의 군사로 5만의 군사를 막아 낼 정도로 강했다. 따라서 백제에 대한 신라의 고민은 갈수록 커져만 갔고 결국에는 당나라와 손을 잡아 나당연합군을 결성하여 백제를 공격하였으며 이로 인해 663年 백제는 멸망하게 된다.

백제는 비록 패망했지만 귀족들과 장수들은 일본으로 건너가 새로운 시대를 열었고 그 무사들이 약 700年間 나라의 중심세력으로 중추적인 역할을 한다. 또한 당시의 무사세력은 일본 사무라이의 시초가 되어 일본 내에 뿌리를 내렸고 일본이라는 나라가 성장하는 큰 원동력이 되었다. 『日本書紀』에 보면 백제가 멸망하여 그 중심세력들이 규슈로 이동을 한 후 정착하는 것을 확인할 수 있는데 그 수는 최소 3천 명 이상이었고 일본으로 망명한 백제의 渡來人에 의해서 백제 군사무술이 일본으로 전파되었으며 이러한 사실을 『日本書紀』를 통해서 알 수가 있다. 뿐만 아니라 일본은 섬나라여서 말과 철이 없었다. 사무라이라 함은 劍을 능수능란하게 다루는 자를 말하는데 철이 없는 일본이 사무라이의 시초라고 하는 것은 사실상 맞지 않다. 또한 일본은 섬나라여서 대륙의 문물을 받아들이며 발전해야만 했는데 많게는 100年 가까이 문화가 뒤처져 있었다. 따라서 백제인의 移住는 일본에게 있어서 발전의 기틀을 마련할 수 있는 더할 나위 없는 기회가 되었다.

헤이안시대에 접어들어 교토를 중심으로 한 호족들의 씨족 족보인 『新撰姓氏錄』에 보면 백제의 후손들이 기록되어 있고 『日本政記』

에는 백제계의 후손인 후지와라씨의 여식들이 천황가의 며느리로 간택되었던 기록을 볼 수 있다. 또한 45代 聖武天皇 때는 군부의 총지휘관을 백제계 후손으로 발탁을 했고 55代 文德天皇, 56代 淸和天皇 시기에는 백제계 후손을 근위대장으로 삼아 자신의 안위를 굳건히 하기도 했다. 이처럼 백제의 무사세력은 갈수록 그 힘을 한층 더 발휘하여 일본 안에서 크나큰 영향력을 행사했다는 것을 고대 원전 자료를 통해서 확인 가능하다.

백제의 군사 전술 전략이 일본에 전해졌고 이러한 병법이 후대에 이어져 여러 무술 流波를 형성하게 되므로 백제의 군사무술이 일본의 근현대 武道의 根幹이 된 것을 알 수가 있다.

(2) 백제의 멸망

백제를 떠올릴 때 의자왕과 삼천궁녀 낙화암과 같은 멸망의 어두운 역사만을 이야기하지 실로 강성했던 백제에 대해서는 제대로 알려져 있지 않다. 백제는 삼국시대에 강성한 나라였고 중국 요서 지방까지 세력을 확장했을 정도로 막강한 군사력을 보유했으며 병법 또한 우수했다.[1]

---

1) 국사편찬위원회, 『宋書 東夷列傳 百濟』, 百濟國 本與高驪俱在遼東之東千餘里, 其後高驪略有遼東, 百濟略有遼西 百濟所治, 謂之晋平郡 晋平縣(백제국은 본래 高[句]驪와 더불어 遼東의 동쪽 1천여 리 밖에 있었다, 그 후 고[구]려는 요동을, 백제는 遼西를 경략하여 차지하였다, 백제가 통치한 곳은 晋平郡 晋平縣이라 한다).

百濟는 원래 來夷였던 馬韓에 속했던 나라이다. 晋末에 高句麗가 遼東 樂浪을 略有하였고 百濟가 遼西의 晋平縣을 略有하였다. 晋나라 시기부터 中國에 대하여 늘 貢物을 바쳐 常朝하였다. 『職貢圖』에 보이는 百濟國使의 記錄은 百濟를 說明하는 조항이지 高句麗를 대상으로 한 것은 아니다. 그럼에도 불구하고 高句麗가 遼東 樂浪을 점유하였고 또한 遼西의 晋平縣을 略有하였다고 서술해놓고 있다. 이것은 앞에서 본 『梁書』의 구체적인 記錄이나 여기 『宋書』의 記錄과 차이를 보인다. 따라서 『職貢圖』 百濟國使條에 보이는 記錄에는 百濟라는 두 글자가 빠져 있음을 알게 된다. 그러므로 遼西의 晋平縣을 점유한 것은 高句麗가 아니고 百濟라는 사실을 다시 확인하게 된다. 우리나라 측의 史書인 『三國史記』나 『三國遺事』에는 이러한 사실이 실려 있지 않은데 이것은 新羅 中心의 歷史서술에서 나타난 결과이거나 그렇지 않으면 자료의 누락으로 볼 수밖에 없다고 생각된다.

백제는 660年에 신라와 당나라 연합군의 공격을 받기 시작했고 무려 3年에 걸쳐 전쟁은 계속되었다.[2] 계속되는 전쟁에 있어 어려운 국면에 처한 백제는 倭에 원군을 요청한다.[3] 당시 倭에 가 있던 부여풍왕자는 800여 척의 배와 약 2만 7천여 명의 군사를 이끌고

---

2) 『三國遺事』紀異 第一 太宗春秋公, 태종이 당의 소정방 등과 연합하여 백제로 진격하다. 660年 3月 나당연합군이 13만의 군사를 거느리고 신라와 함께 백제를 공격하다.
3) 『日本書紀』第26券 p.10(齊明6年) 660年 10月, 귀실복신이 구원군과 왕자 풍장의 송환을 요청함.

백제로 돌아온다.[4] 그러나 백제는 663年 8月 27日 28日 나당연합군과 百村江 전투를 마지막으로 고대 한반도에서 자취를 감추는데 『日本書紀』에는 다음과 같이 기록되어 있다.

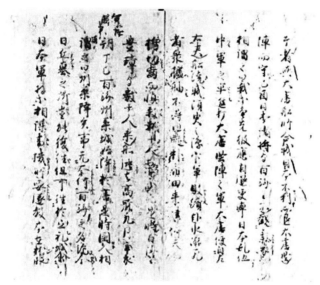

[그림1] 『日本書紀』에 기록된 내용(출처: 일본 국립 국회도서관), 『日本書紀』「国宝北野本」 著者: 貴重図書複製会 編, 出版社: 貴重図書複製会, 1941年(昭和16), 27券 10쪽.

4) 『日本書紀』 第27券 p.10, 663年 8月 27日, 일본의 船團과 당나라의 船團 즉 배가 전쟁을 시작했다. 당나라와 신라의 군사가 일본의 상륙을 막기 위해서 해안가 주변을 포위하고 있었고 일본의 船團은 먼저 당나라의 배를 부수지 않고는 상륙이 불가능했다. 처음 싸움의 시작에서는 일본군사의 배가 압도적으로 많았다. 그러나 진형을 잘 갖춘 당나라 측이 유리했고 일본은 퇴각할 수밖에 없었다. 다음 날 공격에서는 일본의 장수와 그리고 풍장(백제의 왕자 부여풍)은 기상관측도 하지 않았고 강 주변의 지형을 숙지하고 있던 적의 전술에 대하여 아무런 검토를 하지 않았다. 唐은 일본의 배를 좁은 지역으로 유인을 했고 전투는 시작됐다. 앞으로 돌진한 일본의 배는 가운데의 배와 뒤쪽의 배가 움직여지지 않는 상태에서 방향 전환이 불가능했다. 唐나라에게 좌우로 포위당한 일본 배는 화포에 무너졌고 백제의 왕자는 고구려로 도망을 갔다. 위의 기록에서 보면 알 수 있듯이 백제와 倭는 百村江 전투에서 나당연합군에 의해 완패를 한다.

卷第 二十七 天命開別天皇 天智天皇 2年 8月 - 戊申, 日本船師初至者, 與大唐船師合戰. 日本不利而退. 大唐堅陣而守. 일본이 당의 수군과 싸웠으나 패배함.

(3) 백제패망 이후 백제인 일본 유입경로와 중심세력

멸망한 백제의 지배층과 호족들 그리고 장수를 포함한 백제인은 일본으로 亡命하였는데『日本書紀』에는 다음과 같이 기록되어 있다.

[그림2] 『日本書紀』에 기록된 내용(출처: 일본 국립 국회도서관), 『日本書紀』「国宝北野本」 著者: 貴重図書複製会 編, 出版社: 貴重図書複製会, 1941年(昭和16), 27券 11쪽.

卷第 二十七 天命開別天皇 天智天皇 2年 9月 - 甲戌, 日本船師, 及佐平余自信

·達率木素貴子·谷那晉首·憶禮福留, 并國民等, 至於弖禮城. 일본의 수군

과 백제 국민들이 테례성에 이르름.

　9月 24日 백제인이 테례성에 도착하여 25日 일본으로 배가 출발
했다고 기록되어 있는데[5] 여기서 테례성은 김제라는 학자들의 주
장도 있고 전남 보성이라는 이야기도 있지만 확실한 기록은 없다.
佐平 余自信, 達率 木素貴子, 達率 谷那晋首, 達率 憶禮福留 등이 기록되
어 있다. 위의 문헌에 나오는 당시 좌평은 백제의 16개 관급 중에
서 제일 위의 職位 1품에 해당하며 주로 귀족 중에서 선발이 되고
유사시 왕을 대신할 수 있을 정도의 중요한 직책이다.[6]
　달솔은 좌평 다음으로 2품에 해당하고 정원은 30명에 보통 지방
지역을 총괄하는 직책이며 주로 將帥이다. 이때 당시 백제인 즉 일
본으로 건너간 渡來人이 약 3천 명 정도다.

5)　동북아 역사재단 「동북아 역사넷」, 『日本書紀』 卷第 二十七 天命開別天皇 天智天皇, 2年 9月, 明
　　日, 發船始向日本. 배가 출항함.
6)　국사편찬위원회 「한국사 데이터베이스」, 佐平五人, 一品. 『三國史記』 卷第 四十 雜志 第九, 外官,
　　백제 좌평의 품계에 대한 『북사』의 기록. 백제의 16관등제에서 제1관등. 『통전(通典)』 券185 변
　　방1 동이 상 백제 기록에는 '左率'로 나온다. 고이왕(古爾王)대에 초기에 군국정사를 관장하였던
　　좌·우보를 개편하여 만들었다. 貴族會議體(諸率會議體)의 의장의 기능을 하였다. 사비시대에 와
　　서 6좌평으로 분화되었다. 정구복 외(1997), 『역주 삼국사기』 4 주석편(하), 한국정신문화연구원,
　　p.627 참조.

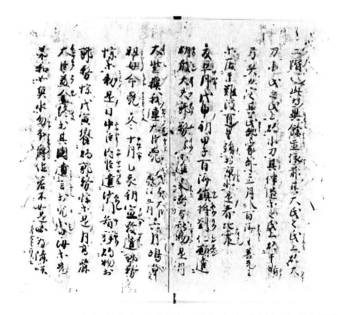

[그림3] 『日本書紀』에 기록된 내용(출처: 일본 국립 국회도서관), 『日本書紀』「国宝北野本」著者: 貴重図書
複製会 編, 出版社: 貴重図書複製会, 1941年(昭和16), 27券 12쪽.

卷第 二十七 天命開別天皇 天智天皇 3年 3月 - 三月, 以百濟王善光王等, 居
于難波. 有星殞於京北. 백제의 선광왕 등을 난파에 살게 함.

    백제멸망 후 중심세력은 일본으로 이주해 아스카문화의 꽃을 피
웠고 백제의 지배층이 새로운 지역을 평정하였다. 또한 일본으로
향한 백제인은 처음 규슈에서 정착을 하게 되고 점점 오사카와 교
토는 물론 관동지방으로까지 그 세력을 넓히며 확장을 하였는데
『日本書紀』를 보면 다음과 같이 기록되어 있다.

天智天皇 3年 664年 3月 백제의 善光王을 難波에 살게 하였다고 기록되어 있는데 여기서 難波는 지금의 오사카 난바를 뜻하는 것이며 훗날 백제인의 집성촌이 되고 豪族들로 하여금 이 지역을 다스리게 한다.[7]

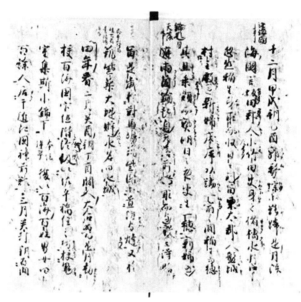

[그림4]『日本書紀』에 기록된 내용(출처: 일본 국립 국회도서관),『日本書紀』「国宝北野本」著者: 貴重図書複製会 編, 出版社: 貴重図書複製会, 1941年(昭和16), 27券 13쪽.

---

7) 동북아 역사재단「동북아 역사넷」, 天智天皇 3年 3月, 三月, 以百濟王善光王等, 居于難波. 有星殞 於京北. 백제의 선광왕 등을 난파에 살게 함. 禪廣으로도 표기된다.『舊唐書』에서는 扶餘勇으로 나온다. 631년 풍장과 함께 왜국에 파견되어 백촌강 전투 때에도 일본에 남아 있었다. 백촌강 전투 이후에 일본에 남아 있던 의자왕의 유일한 아들이다. 難波에는 推古朝 이후 외국 사신들을 영접하던 관사가 있었고, 孝德朝에서 조영한 난파궁이 있었다. 율령제가 실시되면서 이곳에 百濟郡이 설치되었다.

卷第 二十七 天命開別天皇 天智天皇 4年 2月 - 是月, 勘校百濟國官位階級. 仍
以佐平福信之功, 授鬼室集斯小錦下其本位達率. 復以百濟百姓男女四百餘人,
居于近江國神前郡. 백제의 관위를 검토하고 백제인들을 근강국에 살게 함.

  백제국 하위계층 및 좌평 복신의 가문 鬼室集斯 小錦下 백제 백
성 남녀 400여 명을 근강국에 살게 한다. 근강국은 지금의 시가현
이며 훗날 백제계 도래인의 집성촌이 된다.[8]

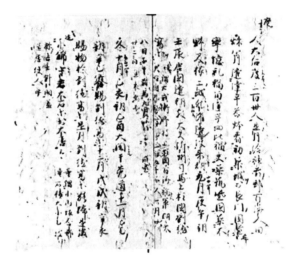

[그림5] 『日本書紀』에 기록된 내용(출처: 일본 국립 국회도서관), 『日本書紀』 「国宝北野本」, 著者: 貴重図書
複製会 編, 出版社: 貴重図書複製会, 1941年(昭和16), 27券 14쪽.

---

8) 국사편찬위원회 「한국사 데이터베이스」, 天智天皇 4年 2月, 是月, 勘校百濟國官位階級. 仍以佐平
福信之功, 授鬼室集斯小錦下[其本位達率]. 復以百濟百姓男女四百餘人, 居于近江國神前郡. 백제
의 관위를 검토하고 백제인들을 근강국에 살게 함. 天智 4年(665)에 '佐平福信의 공 때문에 鬼室
集斯에게 小錦下를 제수했다'라는 기록이 있다. 여기에 보이는 佐平福信은 백제의 부흥운동을 주
도하고 660년 백제멸망 시 왜국에 사신을 보낸 佐平 鬼室福信이다. 그는 백제부흥운동 과정에서
풍왕자와 갈등을 빚어 살해당한 비운의 인물이지만, 백제부흥운동기에 실질적으로 백제를 대표하
여 왜 왕권과 밀접한 관계를 맺고 있었다. 그의 공에 의해 동족이 우대를 받았다면 鬼室集斯는 복
신의 아들일 가능성이 높다.

卷第 二十七 天命開別天皇 天智天皇 4年 3月 – 是月, 給神前郡百濟人田. 백

제인에게 전(田)을 지급함. 秋八月, 遣達率答㶱春初, 築城於長門國. 遣達率

憶禮福留·達率四比福夫於筑紫國, 築大野及椽二城. 달솔 3인 답발춘초, 억

예복류, 사비복부 장문국과 축자국에 성을 쌓음.

天智天皇 4年 665年 3月 백제인에게 밭을 하사했으며[9] 가을 8月에

는 백제의 장수 달솔 3명이 축자국에 大野城을 쌓았다.[10] 이처럼 天

智天皇은 백제인이 살아갈 수 있도록 밭을 나누어주었고 축자국은

지금의 행정구역상 후쿠오카의 동부이며 大野城은 당시 백제의 장

수와 왜군이 혹시 모를 나당연합군의 공격을 방어하기 위해 쌓은

여러 곳의 城중에 하나이다.

9) 국사편찬위원회 「한국사 데이터베이스」, 天智天皇 4年 3月, 是月, 給神前郡百濟人田. 백제인에게
    전(田)을 지급함.
10) 국사편찬위원회 「한국사 데이터베이스」, 天智天皇 4年 8月, 秋八月, 遣達率答㶱春初, 築城於長門
    國. 遣達率憶禮福留·達率四比福夫於筑紫國, 築大野及椽二城. 장문국과 축자국에 성을 쌓음. 현
    재 福岡縣 大宰府市 북쪽에 있는 四王寺山(해발 410m)에 축조된 조선식 산성이다. 대재부의 배
    후에서 그곳을 직접 보호하는 기능을 갖고 있었는데, 그 배치와 구조가 부여왕궁 및 부소산성과
    비슷하다. 전체 길이 8㎞이며 토담과 석벽으로 산의 정상부를 두르고 있다. 내부에는 식량, 무기
    등을 보관하던 50여 군데의 건물터가 발견되었다. 한편 성벽 둘레에 5.2㎞에 이르는 토루를 만들
    고 남고북저로 된 포곡식 축성형식은 전남 부안의 주류산성과 유사하다.

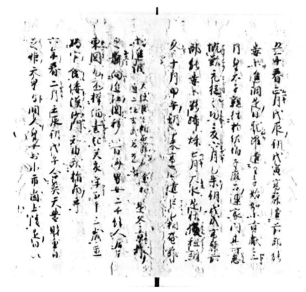

[그림6] 『日本書紀』에 기록된 내용(출처: 일본 국립 국회도서관), 『日本書紀』「国宝北野本」, 著者: 貴重図書 複製会 編, 出版社: 貴重図書複製会, 1941年(昭和16), 27券 15쪽.

卷第 二十七 天命開別天皇 天智天皇 5年 - 是冬, 京都之鼠, 向近江移. 以百濟

男女二千餘人, 居于東國. 凡不擇緇素, 起癸亥年, 至于三歲, 並賜官食. 倭漢

沙門知由, 獻指南車. 백제인 2천여 명을 동국에 살게 함.

天智天皇 5年 666年 겨울. 近江으로 이동,[11] 백제인 남녀 2천여 명을 동국에 살게 하고 수도를 近江으로 옮기면서 세력을 군건히 하

---

11) 국사편찬위원회 「한국사 데이터베이스」, 天智天皇 5年 겨울, 是冬, 京都之鼠, 向近江移. 以百濟男女 二千餘人, 居于東國. 凡不擇緇素, 起癸亥年, 至于三歲, 並賜官食. 倭漢沙門知由, 獻指南車. 근강으로 옮기고 백제인 2천여 명을 동국에 살게 함.

며 백제인으로 하여금 지역을 다스리는 根幹으로 삼는 것을 볼 수
있다.[12]

(4) 백제후손에 의한 군사기술 일본에 전파

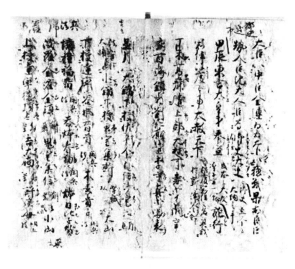

[그림7] 『日本書紀』에 기록된 내용(출처: 일본 국립 국회도서관), 『日本書紀』「国宝北野本」, 著者: 貴重図書
複製会 編, 出版社: 貴重図書複製会, 1941年(昭和16), 27券 25쪽.

---

12) 다카하시 마사아키(2020), 박영철 옮김, 『武士の日本史 - 사무라이의 역사』(한울 아카데미), 「무
사의 발생」, p.11. '무사는 헤이안시대 중기 귀족지배를 극복한 신흥세력으로 지방, 특히 동국(東
國) 농촌에서 무대로 하여 발생했다는 것이 상식이다'라고 적혀 있다. 일본학계에서는 당시 헤이
안시대의 중기에 지방의 무장 세력, 즉 동국지역에서 활동했던 무장 세력이 사무라이의 시작이
었다고 보고 있는데 위 문헌을 보면 알 수 있듯이 당시 天智天皇은 일본보다 앞선 선진문물의 기
술을 가지고 있는 백제계 도래인(渡來人) 2천여 명을 동국(東國)으로 보내어 살게 한다. 당시 동
국으로 간 백제계 도래인이 지역을 다스리는 것은 멸망 전 백제의 담로(擔魯)제도를 그대로 운용
한 것으로 보인다.

卷第 二十七 天命開別天皇 天智天皇 10年 1月 - 是月, 以大錦下授佐平余自信
·沙宅紹明[法官大輔]. 以小錦下, 授鬼室集斯[學職頭]. 以大山下, 授達率 谷
那晉首[閑兵法] 木素貴子[閑兵法] 憶禮福留[閑兵法] 答㶱春初[閑兵法] 㶱日
比子贊波羅金羅金須[解藥] 鬼室集信[解藥]. 以上小山上, 授達率德頂上[解
藥]. 吉大尙[解藥] 許率母[明五經] 角福牟[閑於陰陽]以小山下, 授餘達率等,
五十餘人. 童謠云, 多致播那播, 於能我曳多曳多. 那例例騰母, 陀麻爾農矩騰
岐, 於野兒弘爾農俱. 백제의 여자신 등에게 관위를 줌.

天智天皇은 백제의 호족 및 장수들에게 관급을 주며 나라를 다스
리게 하는 내용이 『日本書紀』에 비교적 자세하게 기록되어 있다. 물
론 모든 인원을 다 기록하지는 않았고 외 50여 명으로 축약했지만
『日本書紀』가 720년에 쓰인 것을 감안한다면 상당히 자세하게 기록
해놓은 것이다.

위의 원전 내용을 보면 여자신과 귀실집사는 좌평 종1품으로 백
제의 16개 관급 중에서 제일 높은 직에 해당한다. 특히 귀실집사
는 백제가 멸망하기 전에 부흥운동을 전개했던 귀실복신의 아들
로 당시 최고의 권력을 가지고 있던 인물이다. 天智天皇은 귀실집
사를 학직두에 임명을 하게 되는데 학직두는 지금의 교육부장관
이다. 또한 그의 아들 귀실집신은 해약(解藥)이라 하여 의약사로 활

동하게 하였으며 대산하라는 직위를 주었다.[13] 그리고 백제의 장수들의 기용부분인데 달솔 목소귀자를 포함한 달솔 곡나진수, 달솔 억예복류, 달솔 답발춘초 네 명의 장수를 한병법(閑兵法)에 대산하(大山下)의 직위를 주며 활약을 하게 한다.[14] 한병법이라 함은 당시 군사전술 전략은 물론 검술, 창술, 궁술, 격투술(유술) 등 모든 전쟁에 있어 필요한 기술을 가르치는 것을 말한다. 한병법의 대산하의 등용된 백제의 달솔들은 모든 군사기술을 倭에 전하게 되고 이러한 사실을 위에 『日本書紀』의 기록을 통해서 알 수 있다.[15]

위의 기록을 보면 알 수 있듯이 일본이 정식 율령국가로 발돋움하는데 있어 백제의 선진문물이 크나큰 역할을 했으며 또 백제의 귀족 및 장수들, 즉 首腦部가 나라의 주축이 되어 움직였다는 것을 알 수가 있다. 뿐만 아니라 이후 백제의 武士세력은 점점 더 크게

---

13) 동북아 역사재단 「동북아 역사넷」, 天智天皇 10年 671年 1月, 佐平余自信, 沙宅紹明 授大錦下-法官大輔, 鬼室集斯 小錦下 - 學職 頭授達率 木素貴子 閑兵法, 達率 谷那晋首 閑兵法, 達率 憶禮福留 閑兵法, 達率 答㶱春初 閑兵法, 㶱日比子, 贊波羅, 金羅金須 解藥, 鬼室集信 解藥 - 大山下, 授達率 德頂上 解藥, 吉大尙 解藥 - 小山上 授餘達率等 外50餘人, 『日本書紀』, 卷第 二十七 天命開別天皇 天智天皇, 10年 1月, 백제의 여자신 등에게 관위를 줌. 『日本書紀』天武天皇 2年(673) 閏6月條에 의하면 沙宅昭明이 사망하자 그의 학식을 높이 평가하여 外小紫位를 추증하였다고 한다. 『日本書紀』齊明天皇 6年 9月에 복신과 함께 백제부흥운동을 주도한 達率 餘自進과 동일인물이다. 天智天皇 8年에는 좌평 鬼室集斯 등 남녀 7백여 명과 함께 거주지를 近江國 浦生郡으로 옮겼으며, 天智天皇 10年 정월에는 大錦下 관위를 받았다. 『新撰姓氏錄』우경 제번 高野造조에서는 餘自進의 후손을 칭하고 있다.

14) 동북아 역사재단 「동북아 역사넷」, 동아시아의 역사, 중앙집권적 국가체제 성립과 전개, 백제는 5세기 후반 개로왕대에 지방에 담로를 설치하고 왕의 자제와 종족들을 파견하였다. 사비시기에 이르러 담로제에서 방군성체제로 개편하였으며 전국을 5방으로 나누어 그것의 중심인 5방성(五方城)을 두어 古沙城, 得安城, 久知下城, 刀先城, 熊津城에 방령을 파견하였고 방령은 통상 達率 이상으로 임명하였는데 達率은 종2품으로 지금으로 비교하자면 사단장급 이상이다.

15) 한병법(閑兵法)은 天智天皇朝에서 군사력에 관한 훈련을 담당하였으며 당시 백제계 도래인인 達率 木素貴子, 達率 谷那晋首, 達率 憶禮福留, 達率 答㶱春初 4인에게 大山下의 관급을 주어 활동하도록 하였다. 日本古典文學大系 『古事記』, 岩波書店, 1958年.

확장하여 일본 내 무사정권의 시대를 열었고 백제의 장수들에 의해 군사무술은 계속해서 이어져 내려간다. 이런 사실을 문헌을 통해 잘 알 수가 있는데도 불구하고 국내 무예계에서는 많은 무예들이 일본에서 시작되어 한국으로 유입된 것으로 잘못 인식하고 있다. 그러나 그 根源을 보면 고대 한반도에서 시작해서 일본으로 건너가 전해졌다는 것을 역사적 사료를 통해 확인 가능하다.

[그림8] 귀실신사의 사당

[그림9] 귀실집사의 정자인 集斯亭.
출처:日野觀光協會(https://www.hino-kanko.jp/sight/kishitsujinjya/)

鬼室神社

〒529-1604 滋賀県蒲生郡日野町村井1284番地(日野まちかど感応館内)

TEL: 0748-52-6577 / FAX: 0748-52-6017

　귀실신사는 일본 시가현 가모군에 있으며 귀실집사의 신사 본당 뒤에는 귀실집사의 묘비가 있고, 그 옆에는 안내문이 있다.

　近江朝廷が大津に都を定めた頃, 現在の韓国, 時の百済 (くだら) 国から我国へ

渡来をした多数の渡来人の中の優れた文化人であった鬼室集斯 (きしつしゅう

백제는 찬란한 아스카문화를 일본에서 꽃을 피웠다. 비록 한반
도에서 사라지고 일본으로 이주를 했지만 새로운 곳에서 그들의
문화와 군사무술은 더욱 발전하였고 그 중심에는 백제가 있었으며
역사의 사료가 그것을 증명하고 있다.

백제가 일본에서 뿌리를 내리고 정착한 것은 羅唐聯合軍에 의한
멸망 후인 663年이지만 일본의 고대 씨족 족보인『新撰姓氏録』을 보
면 663年보다 더 오래전부터 교류가 있었던 것을 알 수가 있다.

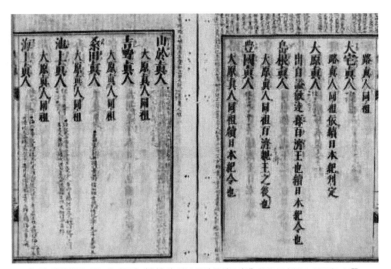

[그림10]『新撰姓氏録』에 기록된 내용(출처: 일본 국립 국회도서관), 著者: 万多親王, 1669年, 14쪽.

---

16) 近江조정이 大津에 도읍을 정할 때 현재의 한국의 옛 백제라는 나라에서 일본으로 건너온 많은
도래인 중에서 문화인이였던 '귀실집사'라고 하는 고관의 무덤이 신사의 본당 뒤에 사당으로 모셔
져 이 신사의 이름이 붙여졌다.

大原眞人 - 出自諡敏達孫百濟王也續日本紀合也.

　대원진인은 민달천황의 황손이며 백제왕의 후손이라고 속일본기
에 기록되어 있다.

　『新撰姓氏錄』은 환무천황(桓武天皇) 18年(799)에 本系帳에 의거하여
편찬이 시작된 일본의 고대 씨족족보이며 위 문헌은 1669年에 만
들어진 사본이다. 하지만 환무천황은 완성하지 못하고 세상을 떠
났고 아들인 차아천황(嵯峨天皇)이 그 뜻을 이어 815年에 편찬을
마쳤다. 위의 문헌을 보면 大原眞人이라는 백제계 인물이 기록되어
있는데 민달 백제왕의 자손이라고 적혀 있다. 敏達은 일본의 30代
천황인 비다쯔텐노(敏達天皇, 572~585)를 뜻하며 백제의 왕족이 일
본의 천황이라는 것은 일본과 백제의 관계를 쉽게 알 수 있는 것
이다.[17]

---

17)　서보경(2018), 「『新撰姓氏錄』의 편찬 자료와 勘校」, 일본연구 제76호, 6月 30日, p.7.

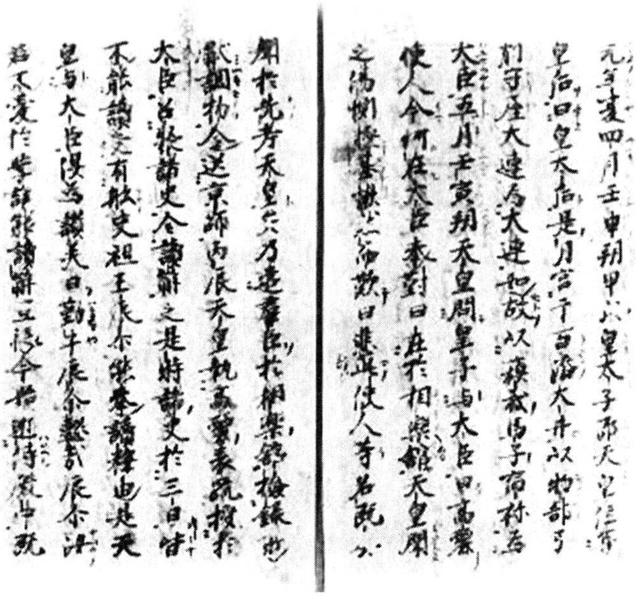

[그림11] 『日本書紀』에 기록된 내용(출처: 일본 국립 국회도서관, 『日本書紀』「国宝北野本」, 著者: 貴重図書複製会 編, 出版社: 貴重図書複製会, 1941年(昭和16), 20券 4쪽.

卷第 二十 渟中倉太珠敷天皇 敏達天皇 元年 - 4月 是月, 宮于百濟大井 以物部

弓削守屋大連爲大連如故 以蘇我馬子宿禰爲大臣. 백제대정궁을 조영하다.

이처럼 민달천황은 천황에 오르자 바로 고대 한반도의 백제궁과 같은 백제대정궁을 지어 생활했음을 기록에서 찾아볼 수 있다.[18]

---

18) 동북아 역사재단 「동북아 역사넷」, 『日本書紀』 卷第 二十 渟中倉太珠敷天皇 敏達天皇 元年, 4月, 백제대정에 궁을 조영함.

[그림12] 『新撰姓氏錄』에 기록된 내용
(출처: 일본 국립 국회도서관), 著者: 万多親王, 1669年, 128쪽.

和朝臣 - 出自百濟國孝慕王十八世孫武寧王也.

화조신 - 백제국 도모왕 18세 자손으로 무령왕의 자손. 原文에서는 孝慕王

이라고 인쇄가 되어 있지만 백제의 도모왕(都慕王)을 뜻하는 것이며 朝臣은

家臣 중 최상위의 호칭이다.

百濟朝臣 - 出自百濟國孝慕王三十世孫惠王也.

백제조신 - 백제국 도모왕 30세 자손으로 혜왕의 자손.

　이와 같이 백제의 장수들은 헤이안시대(平安時代)가 열리면서 수
도가 교토로 옮겨지자 천황가와 함께 세력을 더욱 키워가며 일본
의 중심이 된다. 뿐만 아니라 당시 천황가에서는 백제의 호족들 중

에서 주로 며느리를 삼았고 그중에서 가장 명문가인 후지와라씨 (藤原氏) 가문의 여식들이 황후가 되거나 천황의 夫人이 되었는데 후지와라씨는 민달천황의 후손이다.[19]

또한 백제계의 후지와라 성씨가 내대신(內大臣)이 되어 지금의 내무부장관으로 활동을 하기도 하며 文武天皇朝(문무천황조)에는 近衛大將, 즉 현재의 경호처장을 백제계 후지와라씨 중에서 발탁을 해서 기용하는 것을 볼 수 있고 50代 환무천황(桓武天皇)때는 우대신에 후지와라노 다마로(藤原田麻呂)와 후지와라노 코레키미(藤原是公)를 임명하여 나라를 다스리는 것을 볼 수 있다. 우대신은 조선시대로 말하면 우의정에 해당한다.

19) 유홍준(2013) 『나의 문화유산 답사기』(창비) 「일본편 - 규슈」, p.333. 969年 이후 천황은 모두 후지와라씨(藤原氏)딸이 낳은 아들이 즉위했고 정치적 실권은 후지와라씨가 쥐고 있었다.

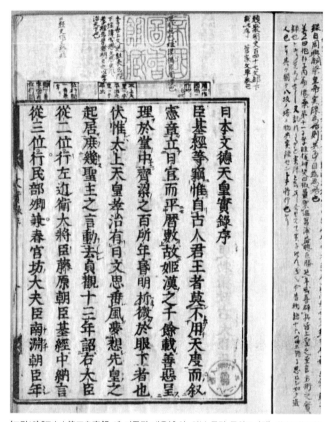

[그림13] 『日本文德天皇実録』에 기록된 내용(출처: 일본 국립 국회도서관), 著者: 藤原基
經 編, 出版社: 元章, 寬政8年, 1796年, 第1券 20쪽.

日本文德天皇實錄序 貞觀 13年 左近衛大將 臣藤原朝臣 基經中納言 從三位.

위 『文德天皇實錄』을 보면 근위대장으로 후지와라노 모토쯔네(藤
原基經)를 등용한 것을 확인할 수 있다. 당시 야마토정권의 軍府와

近衛府는 후지와라씨가 독점을 했다.[20]

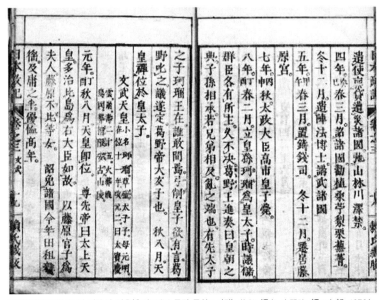

[그림14] 『日本政記』에 기록된 내용(출처: 일본 국립 국회도서관), 著者: 賴襄, 出版社: 賴又次郎, 1876年, 第3券 20쪽.

元年 丁酉 八月 天皇卽位 尊先帝曰太上天皇 多治比島爲右大臣女故. 以藤原

宮子爲

夫人. 藤原不比等女.

원년 정유 팔월 천황즉위 존선제일태상천황 다치비도위우대신여고. 이등원

궁자위

부인. 등원부비등여.

20)   笹山晴生(1985) 『日本古代衛府制度の研究』(東京大学出版会) 참조.

『日本政記』는 1845년에 賴山陽에 의해 만들어졌으며 총 16券으로 되어 있다. 위의 문헌은 1876년에 만들어진 사본이며 목판본이다. 위의 『日本政記』第 3券 20쪽을 보면 문무천황 원년(文武天皇 元年) 가을 8月에 천황 즉위가 있었고 후지와라노 미야코(藤原宮子)를 부인으로 삼았다. 이는 후지와라 노후히토(藤原不比等)의 여(女)라고 기록되어 있다. 후지와라 노후히토는 후지와라 성씨 씨조(氏祖)의 차남이며 이들은 모두 백제후손이다. 또한 후지와라노 미야코 부인은 45代 성무천황(聖武天皇)을 낳았다.[21]

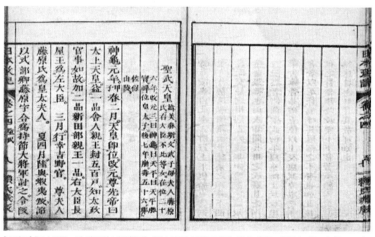

[그림15] 『日本政記』에 기록된 내용(출처: 일본 국립 국회도서관), 著者: 賴襄, 出版社: 賴又次郎, 1876年, 第4券 9쪽.

21) 野村忠夫(1995年 - 平成7年), 「藤原式家」, 『奈良朝の政治と藤原氏』(吉川弘文館).

神龜元年 甲子 春二月 天皇卽位. 尊夫人藤原氏爲天皇夫人. 以武部卿藤原宇

合爲

持節大將軍.

신귀원년 갑자 춘2월 천황즉위. 존부인등원씨위천황부인. 이무부경등원우

합위

지절대장군.

위의 『日本政記』第4券 9쪽 문헌을 보면 45代 성무천황은 문무(文武)의 아들이고 어머니가 후지와라씨(藤原氏)이며 부인 또한 후지와라씨로 기록되어 있다. 그리고 724年 갑자년(甲子年) 춘2月에 즉위를 했고 4月에는 후지와라노 우마카이(藤原宇合)를 지절대장군(持節大將軍)으로 임명하여 군부를 다스린 것을 볼 수 있다. 당시 지절대장군은 군부의 총지휘관이다. 이것은 곧 백제의 군사무술이 전해졌다는 증거이며 이처럼 백제계의 천황은 내각은 물론이고 군을 움직이는 사령탑에 백제인을 두어 자신의 안위를 굳건히 하고자 함이었다. 이로써 백제인에 의해서 군이 움직여졌던 것을 알 수가 있고 백제의 군사무술이 일본무사들에게 전해져 내려간 것을 확인할 수 있다.

(5) 백제후손에 의한 일본 무사세력의 확장

백제의 모든 문화가 일본으로 건너가 아스카문화로 꽃을 피웠으며 획일적 기반으로 자리매김을 했는데 특히 철기문화는 日本武道에 지대한 영향을 주었다.

아래 원전 기사 내용을 보면 백제인이 일본을 다스리며 특히 백제의 장수들에 의한 무사정권은 갈수록 그 세력이 커지고 후지와라씨는 안팎으로 막강한 힘을 과시하게 되었다는 것을 알 수 있다.

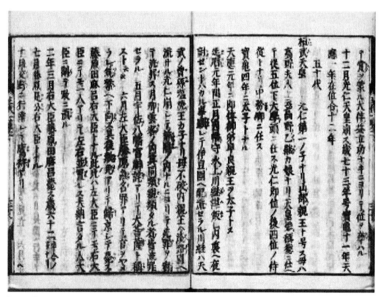

[그림16] 『日本王代一覧』에 기록된 내용(출처: 일본 국립 국회도서관), 著者: 林鵞峯, 出版社: 秋田屋太右衛門, 1800年, 2券 33쪽.

桓武天皇2年 3月 右大臣 藤原田麻呂, 7月 右大臣 藤原是公 右大臣ナル.

환무천황 2年 3月 우대신에 후지와라노 다마로, 7월 우대신에 후지와라노 코레키미가 등용되었다고 기록되어 있다.

『日本王代一覽』은 1650年 만들어졌으나 위 문헌은 1800年에 만들어진 사본이다. 이와 같이 1800年에 편찬된 『日本王代一覽』에서도 『日本政記』와 같은 내용으로 백제 도래계의 후손인 후지와라씨의 자손들이 內閣에 등용되어 중추적인 역할을 하는 것을 볼 수 있다.

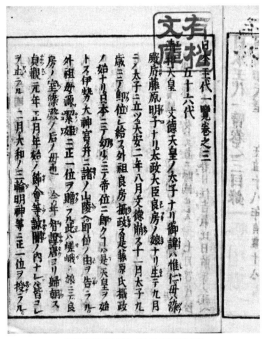

[그림17] 『日本王代一覽』에 기록된 내용
(출처: 일본 국립 국회도서관), 著者: 林鵞峯, 出版社: 秋田屋太右衛門, 1800年, 3券 3쪽.

文德天皇ノ太子ナリ御諱ハ惟仁,母ハ染殿后藤原明子ナリ,太政大臣良房ノ娘ナ

リ生テ九月ニ立ツ,天安二年 八月文德崩壞ス,十一月太子九歲ニテ卽位レ給フ.

外祖良房攝政.

문덕천황의 태자이며 시호는 유인(惟仁)이다. 어머니는 후지와라노 아키라케

이코이며 태정대신(지금의 국무총리)인 요시후사의 딸이다. 천안(天安)2年 8月

에 문덕조정이 끝나고 11月에 태자가 아홉 살에 즉위, 외조부 요시후사가 섭

정을 한다.

위 내용에 의하면 후지와라씨는 단순한 천황가의 가신(家臣)이

아니고 어린 천황 대신에 섭정을 하여 나라를 다스리는 것을 문헌

을 통해서 알 수가 있다. 이처럼 백제계 도래인은 군부를 포함하여

나라 안팎으로 크나큰 권력을 행사했다.[22]

[그림18] 『新撰姓氏錄』에 기록된 내용(출처: 일본 국립 국회도서관), 『新撰姓氏錄』, 著者: 万多親王, 1669
年, 17쪽.

---

22)　吉川真司編(2002), 『日本の時代史 5 平安京』(吉川弘文館).

春日眞人 - 敏達天皇皇子春日王之後也.

춘일진인은 민달천황의 황자로써 춘일왕의 후손이라고 기록되어 있다.

또한 일본 고대 씨족 족보인『新撰姓氏錄』을 보면 춘일진인(春日眞人)이라는 사람이 기록되어 있는데 민달천황(敏達天皇)의 후손으로 나온다. 즉 춘일씨가 민달천황의 후손이고 백제 도래계이며 춘일씨의 후손이 후지와라씨(藤原氏)이다.[23]

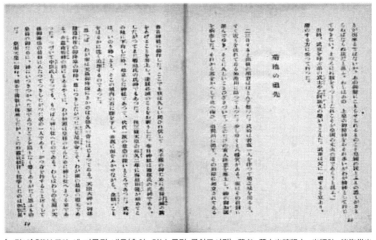

[그림19]『菊池武時』에 기록된 내용(출처: 일본 국립 국회도서관), 著者: 荒木出精版之, 出版社: 淡海堂出版, 日本 少年歷史文學選, 昭和 19年(1944年), 16쪽.

23) 上田萬年(1934),『姓氏家系大辞典』(姓氏家系大辞典刊行会) 第1巻.

武時は若黨一人伴って菊之城を出るとすぐ近くの流れてる菊池川に沿って上がった. 少しゆくと八幡宮がある. 彼はその社前に進んでゆき, そこに久しいことひざまづいて, このたびの重大決意を奏上し, 神の御加護を祈念した. それから道をかへして北へ向ひ, 迫間川に出て, その川岸に建立されてある春日神社に参拝した. ここでも彼は久しい間ひれ伏して天子樣に御ために北條討滅の旗をあげることを奏上し, 逆賊必滅のことをお祈りした. 春日神社は藤原氏の氏神であり, したがってまた菊池氏の氏神でもあった. 後三條天皇の延久二年に藤原則隆が始めてこの地に下向した時, 建立した神社であって, 代代一族の尊崇の深いところであった.

무시는 젊은 사람과 함께 국지성을 나가 가까운 국지강을 따라 올라갔다. 조금 걷자 팔번궁(八幡宮)이 나왔고 그는 그 신사에 다가가 거기에서 오랜만에 무릎을 모으고 이번 여행에 중대결의를 아뢰며 신의 가호를 빌었다. 그리고 길을 따라 북쪽으로 향하자 박간천(迫間川)이 나왔고 그 강 언덕에 세워진 춘일신사에 참배했다. 여기에서도 그는 오랜만에 엎드려 황제를 위하여, 북조 토멸의 기(旗)를 올리기를 염원했고 역적필멸(逆賊必滅)을 기도했다. 춘일신사는 등원씨(藤原氏)의 씨신(氏神)이었고 또 국지씨(菊池氏)의 씨신(氏神)이기도 했다. 후삼조천황 2년에 등원칙융(藤原則隆)이 처음으로 이곳으로 왔을 때 건립한 신사이고 대대로 일족의 존숭(尊崇)의 장소였다.

위의 원문 내용을 보면 春日神社에서 菊池氏와 藤原氏가 참배를 한다고 나와 있는데 춘일씨는 국지씨와 등원씨의 조상이며 춘일신

사는 그 조상신을 모셔놓은 곳이다.[24]

또한 등원씨(藤原氏)는 일본어 음독으로 후지와라씨라고 발음하며 후삼조 천황 2년에 처음으로 후지와라노 노리타카(藤原則隆)가 춘일신사를 건립했다고 기록되어 있다. 훗날 후지와라씨가 국지씨가 되고 국지씨는 서향씨가 된다. 즉, 백제계 민달천왕의 후손이 춘일씨이며 춘일씨는 후지와라씨가 되고 후지와라씨는 국지씨가 되며 국지씨는 다시 서향씨가 된 것이다. 이렇게 성씨가 바뀌는 것에는 여러 가지 이유가 있지만 그중 몇 가지 예를 들자면 나라에 공을 세워서 천황으로부터 성씨를 하사받는 경우가 있고 또는 새로운 영지를 하사받거나 개척을 할 때 성씨를 바꾸고 그 성씨의 시조가 되는 일본의 관례에 의해서 바꾸는 경우도 있다.

[그림20] 『日本外史字類』에 기록된 내용(출처: 일본 국립 국회도서관), 『日本外史字類』上券, 著者: 榧木寬則 編, ₩出版社: 山中市兵衛, 1876年, 91쪽.

국지조선(菊池祖先), 즉 국지씨(菊池氏)가 민달천황(敏達天皇)의 후손이라고 기록되어 있다.[25]

24) 平泉澄(1976 改版, 原著 1941), 『菊池勤王史』(皇學館大學出版社).
25) 菊池秀之(1984), 『因緣の菊池氏』

第三編　史蹟名勝

第一章　菊　池　氏

第一代　則　隆

後三條天皇の延久二年(紀元一七三〇)藤原則隆肥後國菊池郡に下向し深川村に居城し氏を菊池と稱しより子孫相繼ぎ二十四代四百六十餘年の久しきに迫び光彩ある菊池歷史の端緒を開けり。

菊池氏の祖先は中關白藤原道隆より出づ、道隆の子隆家太宰權帥となりしが後一條天皇寬仁三年(紀元一六七九)刀伊の賊對馬●壹岐を略して筑前の沿岸を侵す、隆家戰略を運らして之を擊退する事を得たり、其子政則勇武にして父に從ひ功あり、政則の子は則ち菊池家の始祖則隆なり。

菊池入郡前の則隆の官途は武藝申狀には大夫將監とあり譜過の系圖には太宰少監とある、これに始め殺衛府の將監に任ぜられ後に太宰少監に任ぜられて居たものだ●そうで近衛將監は從五位下で大夫とは五位の男名だから大夫將監と稱したと云ふ、太宰少監は太宰府の判官で當時の府官には多く府中に緣のある人から採用して居つたといふ。

第二代　經　隆

經隆は則隆の子なり、兵藤彥固太郎と稱す、菊池郡花房村の村社若宮神社は經隆を祀れるものなり

經隆が氏藤を苗字としたのは肥後津江の氏藤村の名を貧ふたものである、郡て其城の所知所領を有した有樣は後世の大小名

一七三

[그림21] 『菊池郡誌』에 기록된 내용(출처: 일본 국립 국회도서관), 著者: 熊本県菊池郡教育会 編, 出版社: 熊本県教育会菊池郡支会, 1919年(大正8), 101쪽.

後三條天皇の廷久2年(紀元一七三〇) 藤原則隆 肥後國 菊池郡に下向し深川村

に居城し氏を菊池と稱しより子孫相繼ぎ24二十四代 四百六十餘年の久しさに

迨び光彩ある菊池歷史の端緒を開け。[26]

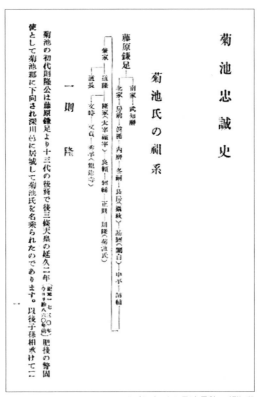

[그림22] 『菊池忠誠史』에 기록된 내용(출처: 일본 국립 국회도서관), 著
者: 熊本県立菊池高等女学校々友会編, 出版社: 熊本県立菊池
高等女学校々友会, 1939年(昭和14), 7쪽.

---

26) 후삼조천황 정구(廷久) 2년에 후지와라 노리타카(藤原則隆)가 비후국(肥後國) 국지군(菊池郡)의
심천마을에 가서 거주하며 국지(菊池)라는 성씨로 불리게 되고 자손이 24代에 걸쳐 460여 年 동
안 번창하며 국지씨 역사의 단서를 열었다.

菊池の初代,則隆公は藤原謙足より十三代の後裔で後三條天皇の廷久2年肥後

の警固使として菊池郡に下向され深川邑に居城して菊池氏を名乗られたのであ

ります.[27]

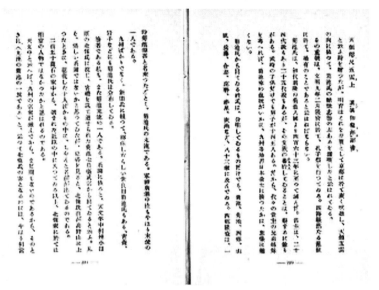

[그림23] 『勤皇菊池一族』에 기록된 내용(출처: 일본 국립 국회도서관), 著者: 菊池寛, 出版社: 講談社,
1942年(昭和17), 116쪽.

菊池氏出てる姓氏は, 分明してるものだけとも, 菊池, 菊地, 西郷, 山鹿, 兵藤,

合志,

託磨, 赤星, 廣瀬, など, 八十三家に及んでる西郷隆盛は, 一時菊池源吾と名乗っ

27) 국지의 초대 노리타카공은 후지와라노 카마타리로부터 13代의 후예로 후삼조천황 2年에 비후
의 경고사로 국지군(菊池郡)으로 내려가 심천마을에 거주하며 국지씨로 불리게 되었다. 경고사
(警固使)란 당시 외적의 침입을 막고 국가의 방어를 맡은 수비대로 천황에게 상당한 신임을 받
은 자(者)가 주로 부여받는 중요한 직책이다. 森田悌(1994),「警固」,『平安時代史事典』(角川書店).

たごとく, 菊池氏の末流である.

국지씨에서 시작된 성씨(姓氏)는 확실하게 국지, 국지, 서향. 산록, 병등, 합
지, 탁마, 적별, 광뢰 등 83家이고 서향융성(西鄕隆盛)은 국지원오(菊池源吾)라
는 이름의 국지씨 말기의 사람이다.

위의 문헌을 보면 서향씨(西鄕氏)는 후지와라(藤原)에서 나왔다는
설명이다. 여기서 서향(西鄕)을 일본식 발음으로 하면 사이고우(さ
いごう)가 되는데 이 사이고우 집안도 예부터 규슈 북부 지역의 유
명한 장수 집안이고 사이고우 타카모리(西鄕隆盛)도 이 집안의 후
손이다. 따라서 일본의 '사무라이'는 663년 나당연합군의 공격에
의해 백제의 멸망으로 도일(渡日)을 한 백제의 무사세력에 의해서
시작이 된 것이며 이 무사세력은 약 700여 년 동안 그 힘을 과시하
고 일본의 중심이 되어 무사체제로 일본이라는 나라를 통치하였
다. 에도시대(江戶時代) 말기에 와서는 정부군에 대항하다 전투에
패하고 스스로 자결을 한 사이고우 타카모리(西鄕隆盛)에 의해서
실질적으로 무사들이 사라지는 계기가 되었다.[28] 그러므로 사무라
이는 시작도 끝도 백제계 도래인(渡來人)에 의해서 이루어졌던 것이
다.[29]

---

28) 『西鄕隆盛文書』(東京大学出版会), 日本史籍協会叢書 102, 1967年.
29) 다카하시 마사아키(2020), 박영철 옮김, 『武士の日本史 - 사무라이의 역사』(한울 아카데미),
   pp.14~15. 사무라이란 일본의 고대 중세부터 시대의 예능인(藝能人)이라고 했는데 그 뜻은 학
   문, 미술, 가무음곡, 유희 등 넓은 분야에 걸쳐 수련으로 체득한 각각의 기술과 능력을 '예능'이
   라고 불렀다.

국내의 古文書에는 사무라이에 관한 자료가 사실상 없다. 왜냐면 한반도에서의 武士의 개념과 일본의 사무라이의 개념은 차이가 있는데 옛 한반도에서 武士는 武官을 뜻했고 일본에서의 사무라이는 검을 다루는 기술자, 즉 기술을 가지고 있는 예능인으로 분류를 했기 때문이다. 그러나 일본도 처음부터 사무라이를 예능인으로 여기지는 않았으며 헤이안시대(平安時代) 초기만 해도 지방의 농어촌 지역을 다스리는 무장 세력이 사무라이였고 武士였다. 이처럼 일본의 초기의 사무라이는 고대 한반도의 武士와 크게 다르지 않았다.

그러다가 막부시대, 즉 무사세력이 나라를 다스리는 시대가 열리고 각 지역의 영주는 자기의 영토를 지키며 다스리기 위해서 武士를 더욱 양성했고 무사들은 영주를 위해 목숨을 바치며 녹봉을 받는 주종관계가 되면서부터 한반도의 武士와는 약간의 차이가 생기게 된 것이다. 武士와 사무라이는 검을 다루는 것은 마찬가지였지만 武士는 나라를 위해서 자신을 희생했고 사무라이는 자기가 모시는 주군에게 귀속되어 있는 신분이므로 주군에게 충성을 했기 때문에 주종관계와 다름없었다.

(6) 맺음말

이 연구는 663년 백제가 나당연합군에 의해 패망하고 일본으로 건너간 경로와 유입에 대하여 다양한 각도로 고서를 살펴보며 백제 군사무술이 어떻게 일본에 전파되었는지를 연구조사하였다. 또한 백제계 도래인(渡來人)의 무사세력이 고대 일본에 어떠한 영향을 주었는지를 알아보고 다음과 같은 결론을 얻었다.

첫째, 당시 좌평은 백제의 16개 관급 중에서 제일 위의 직위(職位) 1품에 해당하며 주로 귀족 중에서 선발이 되고 유사시 왕을 대신할 수 있을 정도의 중요한 직책이었다. 또한 달솔은 좌평 다음으로 2품에 해당하고 정원은 30명에 보통 지방 지역을 총괄하는 직책이었을 뿐만 아니라 주로 장수(將帥)였다. 당시 백제인 즉 일본으로 건너간 도래인(渡來人)은 약 3천여 명 이상이었다.

둘째, 일본이 정식 율령국가로 발돋움할 수 있었던 것은 백제의 찬란했던 문물이 그대로 일본에 전해졌기 때문이고 백제의 귀족 밑 장수들, 즉 수뇌부(首腦部)가 일본이라는 나라의 주축이 되어 이끌어갔기 때문이다. 특히 백제의 무사(武士) 세력이 확장하여 일본 내 무사정권의 시대를 맞이하였으며 백제의 군사무술이 일본에 전래되었다.

셋째, 문무천황은 원년(元年)에 후지와라노 미야코(藤原宮子)를 부인으로 삼았다. 문헌에는 후지와라 노후히토(藤原不比等)의 여(女)라고 기록되어 있는데 후지와라 노후히토는 후지와라 성씨 씨조(氏祖)의 차남이며 이들은 모두 백제후손이다. 뿐만 아니라 45대 성무천황(聖武天皇)의 자료를 꼽을 수 있다. 성무천황은 724년 갑자년(甲子年)에 즉위를 하였으며 후지와라노 우마카이(藤原宇合)를 지절대장군(持節大將軍)으로 임명하였다. 지절대장군은 군부의 총지휘관이다. 이처럼 백제계의 천황은 내각은 물론이고 군을 움직이는 사령탑에 백제인을 두어 자신의 안위를 지키고자 하였다.

넷째, 일본의 사무라이는 663년 나당연합군의 공격에 의한 패망으로 도일(渡日)을 한 백제의 무사세력이 그 시초이다. 백제계의 무사세력은 약 700여 년 동안 그 힘을 과시하고 일본의 중심이 되어 무사체제로 일본을 통치하였고 에도시대(江戶時代) 말기에 와서는 정부군에 대항하다 전투에 패하고 스스로 자결을 한 사이고우 타카모리(西鄕隆盛)에 의해서 실질적으로 사무라이들이 사라지는 계기가 되었다. 즉 일본의 사무라이는 시작도 끝도 백제계 도래인(渡來人)에 의해서 이루어졌다.

이상과 같이 한국과 일본의 고대 과거사를 보면 일본이라는 나라가 어떻게 발전을 했으며 또한 일본 안에서 어떻게 무사세력이 확장하여 일본을 움직였는지 알 수 있다.

옛 고대 한반도의 전쟁사 및 무도사(武道史)에 대해서 국내의 연구가 매우 미진한 상태이다. 일본으로 건너간 고대 백제의 역사를 재정립한다는 것은 우리 민족관과 역사성을 정립하는 것이다. 과거 뼈아픈 역사를 반복하지 않으려면 과거의 역사를 통해 현시대의 역사관을 다시 재정립하여 그 문화의 실체를 후손들에게 물려줄 수 있는 자산을 확보하고 기록해야 하는 것이다. 이는 지난 과거 백제가 멸망했지만 그 후손들은 일본 속에서 새로운 역사를 재창출하였기에 우리는 이를 타산지석으로 삼아 온고지신의 정신으로 우리의 옛 역사와 문화를 후손에게 올바르게 알리고 부활시켜야 할 것이다.

23. On the Origin of Baekje MILITARY MARTIAL ARTS and the Path and Inflow of Japanese Military Martial Arts

Kwanghee Lee

Keimyung University, Daegu, Republic of Korea

Ilhoon Song

Yongin University, Yongin, Republic of Korea

Abstract

① Purpose

This study examined the origin of Baekje military martial arts and the path and inflow of Japanese military martial arts from various angles, which were concluded as follows.

② **Method**

This study examined the origin of Baekje military martial arts and the path and inflow of Japanese military martial arts in depth, and grasped the current situation and problems of Baekje military aspect, presented Baekje military form and Japanese military form, and sought identity.

③ **Results**

At that time, the left-wing was the first of the 16 official positions of Baekje, and it was an important position to be selected from the nobles and to replace the king in case of emergency. At that time, about 3,000 people came to Baekje, or Japan, and the brilliant culture of Baekje's Aska culture was passed on to Japan. In addition, the longevity of Baekje' s nobles, the head of the government, led the country as the mainstay of Japan.In addition, Baekje's Musa forces expanded to mark the era of Musa regime in Japan, became Emperor in the first year of Emperor Munmu, and made Fujiwara no Miyako a wife. The Emperor of the 45th Emperor of the Holy Moo was crowned in 724, and the Emperor of the Baekje system tried to protect his comfort through Baekje people who moved the military as well as the cabinet. The outbreak of Japanese warriors was founded by the warrior forces in the fall of Baekje by the attack of the Allied forces in 663. In other words, at the end of the Edo period, the warriors were practically disappeared by Saigou Takamori, who lost his battle and self-determination, and the beginning and end were made by Baekje.

④ Conclusion

As mentioned above, reestablishing the history of ancient Baekje that went to Japan is a way to establish our national view and history. This is because Baekje was destroyed in the past, but its descendants are re-creating new history in Japan, so we should revive our culture once again as a god of law.

Keywords

Baekje Military Martial Arts, JapaneseMilitary Martial Arts, Musa, Culture, Yusool

(1) Introduction

Baekje is an ancient country with a brilliant cultural herit-
age. It has left a great mark on East Asia. Their military
power was the best cavalry, and they were able to invade
Goguryeo, Silla, Tang, and Why by cultivating the warriors
of the day. The territory was Baekje territory in the southern
part of East Asia, and Baekje culture spread to all parts of
Japan. Aska culture, as we often know it, has also created an
opportunity for Japan to enter a new era, which has helped
Japan become a huge country.

In particular, the Japanese Military Martial Arts Act also
points to its origins and formation process. The origins and
genealogy show that it is a descendant of Baekje and their
actions. In addition, the Japanese ancient documents detail
where the descendants moved and expanded their military
warriors after the fall of Baekje. The reason why Baekje
used the military law of war in the military aspect is not yet
known in domestic academia. It is noteworthy that all the
forces have exiled to the Kyushu region of Japan since the
fall of Baekje, and that the descendants of Jangbogo,
descendants of the unified Silla Baekje region, have also

been exiled.

In addition, the Japanese martial arts or military law records the swordsmanship, the technique used in the war, and the ancient writings that can be confronted with several people. It is a necessary feed for Baekje military history research because it mentions who the founder is in terms of genealogy. Since swordsmanship, martial arts, and military law against enemy forces are included, in-depth Baekje military research should be conducted.

However, Japan goes through the process of integrating the military martial arts of the Japanese ancient war law as a way to move into imperialism in modern times. The period began in 1986 at the Japanese Metropolitan Police Agency and in 1906, the Japanese martial arts society, which is a righteousness, underwent a process of forcibly integrating all military martial arts into martial arts. At this time, along with the distortion of history, it made a constitutional form as a military martial arts of the Japanese imperialism, and there are also the war law that has been introduced in the meantime, and sometimes it is kept secretly. The Yupa is a descendant of Baekje and the law of the law remains.

However, some martial arts in Korea are in a dangerous

state because they are re-established in Japanese imperialism. In other words, Japanese imperialism was organized as a black dragon association in the organization of the Japanese Mudeokhoe and it was a righteous organization that devoted all its efforts to the invasion of Joseon. Therefore, Baekje's military aspect, the War Military Law, was distorted.

Then, the representative preceding studies of Baekje's military aspect are as follows. The Changes of the Military Operation System of Baekje Sabigi and the Battle of Sulfuric Acid Bee by Kang Jong-won(2017)[1], The Expansion and Military Role of Military Participants in the Three Kingdoms and Unified Silla by Kang Bong-yong(2000)[2], the Historical Evaluation and Significance of the Bisa and Baekje Revival Army War by Gil Byung-ok(2019)[3], and the Maintenance and Character of Baekje Military Organization by Park Hyun-sook(1998)[4] 8)'s formation and management of Baekje alliance - Regarding the request of King Wojing's Dodok Baekje military service in Songseo, The military organization and its operation of Baekje in the Sabi period by Lee Munki(1998)[5], and Silla's. The number of troops, the number of troops, the number of troops, the formation of troops, and the formation of battle formation.

The previous studies were analyzed by the preparation of the war and the operation of the military organization system in the aspect of Baekje military. In addition, the historical evaluation of the Baekje period and the defeat due to the participation of any military allies in the defeat of the battle of the Baekje era were studied. It is a study that can look at the degree of fragments related to why and what kind of exchanges they had with them before Baekje was defeated. And so far, studies related to Korean and Japanese martial arts have focused on military martial arts or martial arts, techniques related to martial arts, and changes over the course of the times.

However, there are not enough studies on the origin of Baekje military martial arts and the path and inflow of Japanese military martial arts.

The necessity of this study is to investigate, analyze and discuss the direction of Baekje military aspect through the origin of Baekje military martial arts and the identity of the path and inflow of Japanese military martial arts, and to investigate in detail what kind of exchanges were with Baekje and Japan and what military martial arts were.

The purpose of this study is to examine the origin of Baekje military martial arts and the path and inflow of Japanese military martial arts from various angles and to examine how Baekje military martial arts have been spread to Japan in detail and to form the basis of Baekje military martial arts.

This study examined the origin of Baekje military martial arts and the path and inflow of Japanese military martial arts in depth, and grasped the current situation and problems of Baekje military aspect, presented Baekje military form and Japanese military form, and sought identity. In other words, historical papers, reports and books, ancient documents, and Internet data related to the scope of the research were investigated, analyzed, and discussed. In particular, the review of royal records and materials, including traditional Korean and Japanese books, was not covered by existing research, but also has a more accurate, realistic and objective value in content. This study was to proceed with specific research issues related to the origin of Baekje military martial arts and the path and inflow of Japanese military martial arts.

First, the origin of the fall of Baekje and the Japanese military martial arts were investigated, analyzed, and discussed. Second, the path and central forces of Baekje, which were

Baekje after the fall of Baekje, were investigated, analyzed and discussed. Third, the study investigated, analyzed, and discussed the descendants of Baekje and the establishment of the Japanese warrior lineage. Fourth, the study investigated, analyzed, and discussed Baekje culture and Japanese military warriors.

In conclusion, the origin of Baekje military martial arts and the path and inflow of Japanese military martial arts were examined. The Baekje military aspect was drawn in detail.

(2) On the Origin of Japanese Military Martial Arts and the Destroyment of Baekje

The origin of the Japanese military martial arts is where it is, and there are many waves in the formation process and mention different history, which is causing confusion and confusion in the martial arts.

The background of all martial arts is formed by war first, and the law beyond human instinctive life and death is completed at the end of life and death. Rather than saying that an individual has created a martial arts, it refers to the process of reestablishing and systematically establishing the martial arts that he has learned and trained in the meantime. The martial arts that are out of the form of practical martial arts are not martial arts that have led to a tradition system. Since it is a method completed by oneself in life, death and many battles, it is necessary to think about how to effectively extinguish the enemy, and the physical technique changes in what kind of method the enemy uses. In that sense, I would like to present Baekje martial arts. It is obvious that Baekje's Asuka culture hidden in history and how their martial arts YuSool were formed will be the beginning of Baekje's military system. If so, when Baekje is raised, it only talks about the dark history of destruction such as King Chair and Samcheon Palace Lilchstone. There are not many people who know about Baekje, which was really strong. How much do we know of Baekje, a powerful empire that ruled over the Shandong Peninsula and the capital in the deep continental Yoshu region.

Baekje, which had attacked four times with the best gallery in front of Silla, was forced to cross the current sea by retreating against the huge barrier of the Allied forces. In particular, on August 27, 663, Baekje finally concealed its traces on the ancient Korean peninsula. At that time, the Japanese clerk recorded this, which seems to be as follows.

On August 27, the Japanese fleet and the Tang fleet, or ship, began the war. The Tang and Silla armies were besieging the coast to prevent the landing of Japanese ships, and it was impossible to land without breaking the Tang Dynasty ship first.

At the beginning of the first fight, the Japanese military was overwhelmingly large, but the Tang Dynasty, which was well-formed, was favorable and Japan had to retreat. In the next day's attack, Japanese longevity and Pungjang(Prince of Baekje) did not even observe the weather and did not review the enemy's tactics that were familiar with the terrain around the river.

The party lured the Japanese ship into a narrow area and the battle began, and the Japanese ship that rushed forward was unable to turn away from the middle and rear ships without moving. The Japanese ship, surrounded from side to side by the Tang Dynasty, collapsed in flames(hwapo), and the Prince of Baekje fled to Goguryeo.[6]

Baekje, who was in the process of fighting before the Battle of Baekchon River, asked for the army, and why sent 800 ships and about 27,000 soldiers to Baekje with the Prince of Baekje at that time. Despite sending many troops, Baekje and Why were greatly defeated, and Baekje exiled to Japan, which seems to be as follows.

On September 24, Baekje arrived at Terye Castle and sailed to Japan on the 25th. There is a story of scholars named Kimje and there is a story of Boseong in Jeonnam, but there is no definite record. There are records of the left-wing woman, Dalsol, Dalsol, Dalsol, and Dalsol.[6]

According to the above nuclear power plant article, at that time, the left-wing is the first of the 16 official positions of Baekje, and it is an important position to be selected from the nobles and to replace the king in case of emergency. In particular, Dalsol is the second largest after the left-hander, and at that time, the number of people is 30, which is usually the position of the local area. At that time, about 3,000 people came to Baekje, or Japan, but at least 100,000 scholars are seeing it.

(3) Path and Central Power of Baekje Introduction to Japan after the Baekje Destroy

All Japanese cultures are made by Baekje's Aska culture, where Baekje was destroyed, all the central forces moved to Japan and evaluated new areas. In addition, Baekje people who headed to Japan settled in Kyushu and expanded their power to Osaka and Kyoto as well as Kanto. The article of the nuclear power plant of "Japan Seogi" below shows as follows.

In March of the 3rd year of Emperor Chunji, in March of 664, Baekje was living in a wreck. The wreck means Osaka Nanba now, and later it becomes Baekje's village and the barons rule this area.[6]

Baekje subclass and the family of the left-wing Boksin House of Deacons of the Baekje people to live in the Forsaken Army of the Baekje people. "The Forsaken Army of the Geungang country is the present Shiga Prefecture and later becomes the village of Baekje people. In the third year of King Chunji, 664, he built a defensive property on the hemp and the Shaft Shaft(Kyushu); Mercury.[6]

As such, Baekje entered Kyushu safely and settled down,

but the Nadang coalition was still afraid, so now it builds Baekje Saturn in Kyushu Fukuoka Tazaifu.

In August of the fall, three people were named Dalsols, the long-lived master of Baekje.[6]

As such, King Cheonji gave out the fields so that Baekje could live, and the congratulatory address is the eastern part of Fukuoka in the current administrative district. Daeya-seong is one of the many castles built by Baekje's longevity and why the army to defend the attack of the Nadang coalition.

Five years, sixty-five years, winter. He moved to the river, and 2,000 Baekje men and women lived in Dongguk. He moved the capital to the river, and he took 2,000 Baekje people to strengthen the power of the emperor and make Baekje the basis for ruling the country.[6]

In January of 10, 671, the Ten Years of the Emperor Chunji(Daesanha-Jangmu Daebo) The Deacon of the House of Deacons(Sosanha-Jakjikdu) The Deacon of the House of Deacons(Hanbyeong-gu) The Deasol Gokna Jinsu(Hanbyeong-gu) The Dalsol Eokyebokryebok(Hanbyeong-gu)(Dismissal) Deoksang(Dalson-Dalson) Gil-Gang(Dalson-Dalson-Dalsonha) Descended Dasol and 50 others.

In this way, the contents of the Emperor Chunji give the royal family and longevity of Baekje and rule the country are relatively detailed. Of course, it did not record all the personnel, and the other 50 people were abbreviated, but considering that the Japanese clerk was written in 720, it is actually described in considerable detail.

According to the above contents of the nuclear power plant, the female god and the deacon are the highest among the 16 official classes of Baekje. ,In particular, the deacon was the son of the deacon who developed the revival movement before Baekje was destroyed. King Chun Ji-cheon will appoint a deacon to the school, and the school is now the minister of education.

In addition, his son, Gwissin, was called a cancellation and acted as a medical doctor and gave him the position of Dae-sanha. And it is the most important part of Baekje's longevity, and it gives a position of Daesanha of Han Byeong-il to several longevity including Dalsol's voice.

The term "one-man law" here refers to the skills necessary for all wars, such as swordsmanship, spearship, archery, and martial arts, as well as military tactics at the time. The Dahl-sols of Baekje, which was adopted under the Daesan of the

Hanbyeong Law, convey all the techniques to the reason. This fact can be seen through the records of the nuclear power plant "Japan Secretary".

As you can see from the above records, what was able to become a formal state was that Baekje's brilliant culture was passed on to Japan, and the longevity of Baekje's nobles, the leader, led the country as the main axis of Japan. In addition, it is undeniable that Baekje's military martial arts have been introduced since Baekje's military forces have expanded more and more and opened the era of the Japanese military regime. It is detailed in their genealogy, and I want to reveal the reality in the next chapter.[6]

Finally, in the domestic military history and martial arts, many martial arts are misconceived as being introduced into Korea from Japan, but the origin of them can be seen through historical sources that they began from the ancient Korean peninsula and were transmitted to Japan. Therefore, we will have to study with more interest and enthusiasm for ours and regain ours once again with refutation.

(4) The Descendants of Baekje and the Establishment of Japanese Musa Genealogy

Baekje blossomed a brilliant Asca culture in Japan, and even if a country is destroyed, if there is a soul and culture of the country, it will be revived again. For example, Baekje lives in a lake. However, after hundreds of years of disappearance, when the lake is again created, the fish of Baekje that fits the soil is revived.

As such, the Emperor's family in Japan, no matter how much they want to deny it, is the descendants of Baekje, and the Emperor's family does not bow or worship the Yasukuni Shrine. It is mentioned as a descendant of Baekje, Orji.

The center of Japanese culture is Baekje's Asuka culture, which is also the origin of martial arts. Martial arts are transmitted and generated through exchanges of war and culture. No matter how many Japanese claim the Japanese origin, there is a problem with what kind of faction is called. There are more than 200 factions of Japanese martial arts and YuSool. The beginning was a general noun and a proper noun, which led to obscurity, but as history passed, it extinguished its unique aspect and simplified technology, creating obscurity. This is a framework that leads to the form of self-artificial martial arts and leads to the establishment type.

Then, in order to know the exact origin of Japanese military martial arts and YuSool, Baekje's "Shin Chan Sung" was presented. Baekje's roots and settlement in Japan were 663 years after the fall of the Nadang Union Army, but the old literature shows that there was an exchange longer than this and that it is a clan that divided blood together beyond simple exchanges. It is a family tree of the ancient clan of Japan made in 820. It is recorded as a Baekje person named Daewonjin, and it is said to be the descendants of King Mindal Baekje. Mindal means the Emperor Vidatsu(Mindal Emperor 572~585), the 30th Emperor of Japan, and that the royal family of Baekje is the Emperor of Japan, that is, it is easy to see that Japan was the kingdom of Baekje at that time.[7]

In addition, the first year of the Emperor Mindal, in April 572, Baekje Daejung Palace.[6]

As you can see from the contents, it can be easily seen from the records that the Emperor of Mindal lived in Baekje Daejung Palace like Baekje Palace on the ancient Korean peninsula.

Especially, the Baekje barons become the center of Japan

as the capital is moved to Kyoto as the Heian era opens, and the power is further developed with the Emperor. In addition, at that time, the Emperor was mainly a daughter-in-law among the Baekje's barons, and the most famous of them, Fujiwara family, became empresses or the wife of the Emperor. Fujiwara is a descendant of Emperor Mindal.[7]

In addition, Fujiwara Sung of Baekje became the substitute for me and acted as the Minister of the Interior. I can see that the current chief of security, the current chief of security, was selected from Baekje Fujiwara, and in the 50th Emperor Hwangmu, I can see that Fujiwara no Tamaro and Fujiwara no Korekimi were appointed as preferential candidates. Woo Dae-sin, when he was in the Joseon Dynasty, is equivalent to Woo Ui-jeong.[8]

On the 20th page of the Japanese regular season, there was an Emperor's throne in August of the first year of Emperor Munmu, and Fujiwara no Miyako was his wife. This is recorded as the woman of Fujiwara old Hito, Fujiwara old Hito is the son of Fujiwara castle, and all of them are Baekje descendants.

In addition, the most important data is the 45th Emperor of the Holy Moo. According to the literature below, the Emperor is the son of the Moon, his mother is Fujiwara, and his wife is also recorded as Fujiwara. In 724, he was crowned in February of the year, and in April, Fujiwara no Umakai was appointed as a general of the army. This is natural in some ways, but the Emperor of Baekje tried to solidify his comfort by putting Baekje in the headquarters of the army as well as the cabinet.

(5) Baekje Culture and Japanese Military Mussadism

All Baekje cultures moved to Japan and blossomed into Aska culture, where Baekje culture became a uniform basis for Japanese culture. In particular, it is no exaggeration to say that the iron culture not only presented direction to the Japanese martial arts but also had a great influence on the Japanese martial arts, namely YuSool, and it is arms(swords, spears, daggers, etc.) and armor. This armor and armor are also Baekje's costumes and are very easy and good for YuSool.

What culture did they have after they encountered? Perhaps it was possible for Baekje to fall and then go to Japan and revive Baekje barons again in Japan. Despite such literature, it is not established in public institutions or academia. When we know Japan and re-examine where their culture occurred, our history will be re-established and our culture can also establish the right history.

In "King of Japan", Baekje ruled Japan, and especially the uninhabited regime by Baekje's longevity grew more and more, and Fujiwara showed a powerful power both inside and outside.[8]

In this way, the Japanese royal family, which was compiled in 1800, can be seen that the descendants of Fujiwara, a descendant of Baekje's arrival system, are used in the cabinet and play a pivotal role.[9]

Let's take a look at the data on how Fujiwara is a descendant of Baekje. In the ancient clan family of Japan, "Shin Chan Sung" shows the ancient clan family of Japan, and it comes out as a descendant of the Emperor Mindal. In other words, Chunil is a descendant of Emperor Mindal and Baekje is a descendant of Chunil.[7]

Especially, local and Fujiwara visit the Chunil Shrine. Here, Chunil is the ancestor of Kookji and Fujiwara, and Chunil

Shrine is the place where the ancestor god is housed.

And Fujiwara Castle is recorded as having been a servant in the second year of Emperor Husamjo and became Fujiwara Noritaka. Here Fujiwara becomes a local seed and the local seed becomes Seohyang later. In other words, in a simple way, the descendants of King Mindalcheon, Baekje, are Chunil, Chunil is Fujiwara, Fujiwara is local, and local is Seohyang again. There are many reasons for this change in the surname, but for example, some of them are given a surname by the emperor by setting up a ball in the country, and some are changed by the custom of Japan, which changes the surname when receiving or pioneering a new estate.

In particular, Seohyang explained that he came from Fujiwara. The surname that started from the locality was definitely local, local, and west. It is 83 families including mountain, bottled, hapji, turbidity, enemy, and light mine. Seohyang Fengseong is the person of the end of the local government named Kook Ji-won. Here, when we pronounce the western style in Japanese style, it becomes Saigow. This Saigow family is also a famous longevity family in the northern part of Kyushu from the old days, and Saigow Takamori, which we know well, is also a descendant of this family.

Therefore, the samurai, which Japan refers to, was started by the warrior forces of Baekje who had Doyle due to the fall of Baekje in 663 by the attack of the Allied forces of Nadang. This warrior forces showed their power for about 700 years and ruled the country of Japan as a warrior system. It was the occasion for them to disappear. In other words, the samurai was made by Baekje people at the beginning and end.

(6) Concluding

Most martial arts or martial arts, including judo, have a positive effect on emotional development as well as physical fitness, so a large number of men and women of all ages participate in the training.[10][11][12][13] In addition to self-management, martial arts have a positive effect on the formation of life values and self-confidence through competitive experiences, and this has been propagated as a necessary part of training for the protection of the people and the training of military personnel with the duty of national defense.[14]

In particular, judo, a unique Japanese martial art, is a representative sport that has elevated nationality by achieving good results in various competitions such as the Olympics and World Championships in Korea.[15] It has a great influence on the social and national aspects as well as the relationship between Korea and Japan. It is thought that it may have spread through historical confrontation and exchange, and when excellent martial arts emerges as a national necessity and spread, it is related not only to the social influence of martial arts, but also to the continuation of participants in the martial arts.[16][17][18][19]

Baekje did not only play a role in unilaterally transferring advanced Chinese culture. It also served as a bridge for East Asian cultural propagation, which transformed the newly accepted advanced culture into a unique culture of its own and spread it to neighboring Silla, Gaya, and the Japanese archipelago across the sea. Baekje provided Japan with a new advanced culture needed to establish ancient state governance techniques and ruling ideologies through the braking system of Ogyeongbaksa, and Japan developed a relationship to support Baekje with some military and military supplies in case of emergency. The wooden coffin of King

Muryeong's tomb was presumed to have been imported from Japan, and Tokyo, a burial product, was also found to be related to the Japanese landscape. Based on this interpretation, it can be inferred that Baekje propagated its advanced culture to Silla and Japan, which served as national security through diplomacy to Silla and Japan, rather than simply cultural exchanges.[20]

The study of Korean and Japanese martial arts has been conducted in conjunction with the ideology of Japanese martial arts, and has been described as a step-by-step process called Tao after the development of alcohol to ancient art. In addition, there is no specific and practical explanation of the formation of psychology and techniques centered on cultural backgrounds, as it has the limitation of identifying only mental and physical ideas based on the interpretation of swordsmanship. In 1990, the direction of Japanese martial arts research has been strongly highlighted in terms of cultural convergence with Korea and China and neighboring countries.[21] However, the move poses many problems as it deliberately excludes cultural benefits from the Korean Peninsula and emphasizes the direct influx of Chinese culture as a way to overcome the limitations of traditional ethnocentrism. In other words, the martial arts world of Korea, China, and Japan today has a self-interpretation with a rough and improvised historical nature made in modern times, but it is necessary to verify the overall perspective and partial chronological historical literature.[22][23] In particular, Japan's martial arts community once again needs to be reinforced because it has suggested its historical roots in favor of Japan's center or its organizations as it does not grasp them.[24] Therefore, it is possible that the traditional martial arts of Korea, including Taekwondo, could be carried into Japan through historical confrontation and exchange.

This study examined the origin of Baekje military martial arts and the path and inflow of Japanese military martial arts from various angles, and examined how Baekje military martial arts were spread to Japan in detail, and presented the influence on forming the basis of Baekje military martial arts.

First, at that time, the left-wing was the first of the 16 official positions of Baekje, and it was an important position to be selected from the nobles and to replace the king in case of emergency. In other words, Dalsol was the second after the left, and at that time, the number of people was 30, not only the position of generalizing the local area, but also the longevity. At that time, there were about 3,000 people who came to Baekje, or Japan.

Second, Japan was able to become a formal state, but the brilliant culture of Baekje's Asda culture was passed on to Japan. In addition, the leaders of Baekje's nobles, the leaders of the nobles, led the country as the main axis of Japan, especially Baekje's warrior forces expanded to reach the era of the Japanese regime. This is an undeniable fact that Baekje's military martial arts were introduced.

Third, it became the Emperor in the first year of Emperor Munmu and made Fujiwara no Miyako as his wife. In other words, Fujiwara is recorded as the woman of Fujiwara old Hito. Fujiwara old Hito is the son of Fujiwara castle, and all of them were Baekje descendants. In addition, the data of the 45th Emperor of Sungmu can be cited. Emperor Sungmu was crowned in 724 and Fujiwara no Umakai was appointed as the general commander of the military. In particular, the Emperor of Baekje tried to protect his comfort by putting Baekje in the headquarters of the army as well as the cabinet.

(7) References

Journal articles

[1] Kang JW. Changes in Military Operation System of Baekje Sabigi and the Battle of Huangshan Bee. Baekje Journal of Baekje, 22, pp.79~106(2017).

[2] Kang BY. Military Service System in Samguk and Unified Silla Periods. ThePaekche Yonku, 32, pp.173~201(2000).

[3] Kil BO. The Historical Evaluation and Significance of the War of the Revival Army in Baekje. Future Military Society of Korea, 15, pp.3~22(2019).

[4] Park HS. The Maintenance and Character of Baekje Military Organization-Focusing on the Sabi Period-. Korea University Historical Research Institute(Formerly Historical Research Society), 47, pp.41~72(1998).

[5] Lee MK. The Military Organization and Its Operation of Baekje in the Sabi Period, Paekche Research Institute of Chungnam National University. Paekche Research, 28, pp.269~304(1998).

[10] Choi SK. An Analysis of and Recommendation for the Japanese Karate's Process of Flowing into Korea. Inter-

national Journal of Martial Arts, 3(1), pp.1~4(2018).

[11] Lee SI & Yang JH. The Relationship between Eitquette Awareness and Development in Sociality according to Judo Practice of Adolescent. Korea Sport Research, 18(5), pp.907~918(2007).

[12] Kim BC & Park JS & Jo SG. Analysis on Difference in the Importance of Attack and Defense Techniques of Judo Players in Middle and High Schools and Universities. International Journal of Martial Arts, 6(1), pp.20~34(2021).

[13] Kim JS & Cheon WK & Park JS. Exploring the Motives of College Taekwondo Poomsae Athletes for Participating in the Poomsae Competitions. International Journal of Martial Arts, 5(1), pp.1~13(2020).

[14] Han SI & Kim J & Lee GM. The Effects of Sports Personality of Judo Athletes on Self-control and Non-violence. Journal of the Korean Physical Education Association-humanities and Social Sciences, 51(2), pp.135~146(2012).

[15] Kim JH. The Study on the Service Quality of Judo Gym Using Importance-performance Analysis(IPA). International Journal of Martial Arts, 5(2), pp.55~71(2020).

[16] Jo S & Park J & Kim B. Self-protection Sport: An Analysis of the Connection between the Expe-rience of Winning a Competition and the Experience of Being Selected as a Representative Player of Middle and High School and College Judo Players. Protection Convergence, 5(2), pp.27~37(2020).

[17] Park TW & Cho SR. The Effect of Personality Types of Elite Judo Athletes on Athletic Satisfaction and Perceived Performance. Journal of the Korean Sports Association, 14(3), pp.139~149(2016).

[18] Kim BC. A Study of Changes in Sporting Confidence of Judo Athletes Following the Extent of Physical Training. International Journal of Martial Arts, 4(1), pp.1~9(2019).

[19] Choi HS & Kim BC. The Effect of Martial Arts Training of Noncommissioned Officer Cadets on Leadership Skills and Innovative Behavior. International Journal of Military Affairs, 5(1), pp.48~55(2020).

[21] Kim GP. A Research on Training Cultures of Modern Martial Arts. Journal of Korea Sports Research, 17(5), pp.1169~1178(2006).

[22] Lee JH. The Philosophical Discourse on Eastern Martial

Art and Western Sports. The Journal of Korean Alliance of Martial Arts, 10(2), pp.36~46(2008).

[23] Jang JR. Significance Depending on a Form Change of Martial Arts. The Journal of Korean Alliance of Martial Arts, 6(1), pp.129~153(2004).

[24] Kim MH. The Study on the Modernization of Japanese Martial Art. Journal of Sport and Leisure Studies, 14, pp.275~288(2000).

Conference proceedings

[20] Yang KS. The Cultural Exchange of Ancient East Asia. International Conference of the 58th Baekjae Culture Festival(2012).

Additional references

[6] The Replication Society of the Private Book. Japanese Book of Japan(1941).

[7] Many Pro-King. New Surname(1669).

[8] ReYang, Japanese PeriodM(1876).

[9] LimahBong. The Modern One(1800).

세상에는 옳고 그름이 반드시 있다. 이와 같은 경계가 없다면 무질
서 속에서 사회는 혼란에 빠지고 세상은 엉망진창이 될 것은 불 보
듯 뻔하다. 그러나 요즘 무술계는 옳고 그름이 없는 듯하다. 스승
도 없이 책이나 동영상으로 독학하여 자칭 고수라고 칭하는 사람
들이 있는가 하면, 스승의 가르침이나 훈육이 싫어서 자기들끼리
삼삼오오 모여서 스승 없이 무술 수련을 하는 사람들도 늘어간다.
때마침 코로나로 인해서 좋은 핑계를 대고 있지만 이런 부류의 사
람들은 코로나가 오기 이전부터 옳지 못한 행동을 아무런 스스럼
없이 자행해왔으며 심지어는 일본에 고작 며칠 가서 배우고 돌아
온 후 자신이 스승이 되어 남들을 가르치는 사람도 있다.

　또한 최근 유튜브에는 '고수'라는 타이틀의 동영상들이 많이 돌
아다니는데 고수를 찾아가서 직접 배우기도 하며 여러 가지 무술
을 체험하는 프로그램의 동영상이다. 그 취지는 상당히 좋고 하고
자 하는 열의도 좋아 보인다. 그런데 문제는 '붕어빵에 붕어가 안

들어가 있는 것처럼' 도대체 고수가 보이질 않는다. 과연 누가 고수란 말인가?

이뿐이 아니다. 한 무술체육관에서 대여섯 종목을 가르치는 곳도 있는데, 무술체육관은 백화점이 아니다. 백화점이야 고객이 여러 곳을 옮겨다니며 고생하는 것을 덜어주기 위하여 많은 상품을 한 건물에 구비해놓은 것이지만 무술이 어떻게 백화점 상품과 같다는 말인가? 많이 가르치는 것이 중요한 것이 아니라 하나라도 제대로 가르쳐야 하지 않을까? 게다가 가짜가 진짜 행세를 하며 큰소리를 치고 온갖 마케팅에 열을 올린다. 그러면서 이러한 모든 것이 시대의 흐름이라고 변명 아닌 변명으로 일관하며 정당화하는 사람들이 넘쳐난다. 그래도 예전에는 일말의 양심이라도 있어 부끄러워할 줄은 알았는데 요즘은 너도나도 그러고 있으니 부끄러워하는 것은 고사하고 그 대열에 합류하지 못하면 살아남지 못한다고 말한다. 이렇게 무술계가 썩어가며 악취가 나는데도 정부 관련 부처는 강 건너 불구경하듯 그저 두 손 놓고 바라만 보고 있다.

세상이 변했으니 변화해야 한다고 말하며 해서는 안 되는 행동을 하는 사람들, 잘못된 것을 잘못이 아닌 다름이라고 말하며 다름을 인정해달라고 하는 사람들, 무술을 단순한 상업 목적으로 이용하는 사람들, 이런 사람들로 무술계는 포화상태다. 이제는 정부가 나서서 깨끗하게 정화를 해야 하지만 아무런 움직임도 기미도 보이지 않는다. 무술은 오래전부터 호국정신(護國精神)에 의해 전쟁에서 서로 치열한 싸움을 해가며 나라를 지키고 발전을 거듭해온

것이다. 아무리 시대가 변해서 건강삼아, 혹은 취미생활로 한다고
는 하지만 너무나 퇴색한 것이 안타까울 따름이다. 혹자는 말한
다. "열심히 하는데 왜 그러냐?"라고. 열심히 하는 것도 좋지만 올
바르게 해야 한다. 남산을 가야 하는데 열심히 관악산으로 가면
되겠는가? 이제 무술계가 썩어가는 것도 더 이상 보고 싶지 않다.
정부가 나서야만 하고 민간에서도 단체들이 힘을 합쳐 규정을 만
들고 무술계를 정화해야 할 시기가 왔다. 그 길을 앞장서서 나아갈
것이며 올바른 마음가짐을 가진 많은 무술 지도자들과 함께 힘을
합쳐 이루어나갈 것을 굳게 다짐해본다. 마지막으로 책이 나오기
까지 물심양면으로 도움을 주신 많은 분들께 진심으로 감사의 말
씀을 드리며 글을 마친다.

海堂 이광희